东南大学法学博士文库

刑法解释基础理论研究

葛恒浩/著

XING FA JIE SHI JI CHU LI LUN YAN JIU

法律出版社
LAW PRESS · CHINA

总 序

博士，古时为学官名，他们精通经艺，教授生徒；如今则属学位名，位于学位序列的最高一级，占据国民教育体系的最顶端。古今分别虽然悬殊，但就学识渊博、学问精专而言，则是相通的。如今，一个人若能取得博士学位，无疑标志着他由学习阶段进入了学术阶段，真正具备了独立的思考能力、敏锐的洞察意识、严谨的批判精神。如此人才，对提升国家的理论自信，塑就国民的文化自信，深化科教强国战略而言，是决然不可或缺的。因此，博士的培养一直是国家教育资源的重要倾注所在。而伫立其间的法学博士，在当下“法律是治国之重器”的战略论断下更显得意义非凡，这也是当下法学博士所应担当的时代重任之所在。基于当今宏大的历史使命，东南大学法学院与众多高校一起，共同肩负起了法学博士的培养之责。

东南大学位于六朝古都南京，承续江左文枢

余脉。其法学学科肇始于1928年国立中央大学,1995年,东南大学复建法律系,2006年9月19日成立法学院。二十多年的春华秋实,十余载的开拓进取……回首往事,感慨万千,筚路蓝缕,虽苦犹甜;放眼今朝,备受鼓舞,展望未来,生机无限。如今的东南大学法学院年轻而朝气蓬勃,朴实而气象万千。在不断的奋进中,法学院已初步形成了与学校"双一流建设"要求相匹配的学科优势与特色。在研究生培养上也是全面开花,陆续获批法律硕士专业学位授权点、法学一级学科硕士学位授权点。2016年正式获批的法学一级学科博士授权点被列为江苏省重点学科,更是开启了法学院法学博士培养的新篇章。早于2008年,东南大学法学院就在马克思主义学科点独立招收法学博士研究生。十载虽短,但也足以检验出一所高校法学院的博士培养水平,足以沉淀出一所法学院博士生群体的学术品性。

南京作为中国特大城市,背枕钟山,比邻长江,得天之独厚,自古便享繁华。如此这般的熙攘喧嚣,对于学术所需要的静谧,实在是一种反差。这就需要博士生们耐下性子,沉下心来,于喧闹之中觅得清净,于浮华之中自我积淀。可喜的是,我们的博士生做到了,博士学位论文的最终出版便是最好的证明。当然,这依然是不够的。因为,博士学位论文作为每位博士的学术开端,不免显得稚嫩与不足,需要博士们对其展开进一步的查漏补缺、推敲打磨,借此实现学术素养的再次升华。

思想在于交流,学术在于批判。博士学位论文的完善、学术素养的升华,最好的方式便是直面同行学人的质疑和批评。基于以上考虑,我们决定推出《东南大学法学博士文库》。一方面,为博士们对外展示自己的智识成果提供一个平台,为学界的理论研究输出一点智慧结晶,以飨读者;另一方面,我们也希望通过博士学位论文的付梓出版,对博士们的学术积淀情况进行一番检验。因此,学界同仁们的指教与斧正于我们弥足而珍贵。不仅对博士本人的学术成长，而且对法学院博士生培养工作的拔升，均都受益非常。

我们也深知，学术沉淀非一日之功，学术新人的培育非一时之力。我们只是希望借助《东南大学法学博士文库》这一起点，以良好的初心为优秀作品的雕琢、为学术新人的首秀提供一方平台，如此便足以。

是为序。

东南大学副校长　周佑勇

2018 年 5 月 17 日

目录

前　言 ………………………………………………… 1

第一章　刑法解释的基本问题 ………………… 1
　第一节　刑法解释理论的发展 ……………… 1
　第二节　刑法解释理论的问题 ……………… 7
　　一、刑法解释方法的种类 ………………… 7
　　二、主观解释与客观解释 ………………… 13
　　三、刑法解释方法的位阶 ………………… 17
　　四、扩张解释与类推适用 ………………… 20
　　五、实质解释与形式解释 ………………… 23

第二章　刑法文义解释方法 ……………………… 27
　第一节　文义解释方法的属性 ……………… 27
　　一、文义解释方法的初始性 ……………… 27
　　二、文义解释方法的辅助性 ……………… 34

三、文义解释方法的限定性 …… 36
第二节 核心含义与边缘含义 …… 37
第三节 扩张解释与类推适用 …… 48
一、区分标准 …… 48
二、学说评论 …… 55
第四节 描述性概念与规范性概念 …… 66

第三章 刑法体系解释方法 …… 82
第一节 体系解释的历史变迁 …… 82
第二节 体系解释的基本要求 …… 88
第三节 体系解释的主要内容 …… 90
一、以刑释罪 …… 90
二、同类解释 …… 111

第四章 刑法目的解释方法 …… 119
第一节 面向目的之解释过程 …… 119
第二节 目的解释之发展历程 …… 123
第三节 目的解释之基本内容 …… 126
一、主观解释论与客观解释论的对立 …… 126
二、主观解释与客观解释之一体属性 …… 137
第四节 目的解释之应用路径 …… 156
一、利益衡量 …… 156
二、合宪性解释 …… 166

第五章 刑法解释方法位阶 …… 181
第一节 位阶之有无之争 …… 183

一、肯定说之基本观点 …………………………… 183
二、否定说之基本观点 …………………………… 185
第二节 位阶之问题指向 …………………………… 188
第三节 目的之最高位阶 …………………………… 195
一、刑法解释始于文义 …………………………… 195
二、刑法解释终于目的 …………………………… 197

第六章 刑法解释思维模式 …………………………… 201
第一节 概念思维的优势与缺陷 …………………………… 203
一、概念思维的优势 …………………………… 203
二、概念思维的缺陷 …………………………… 206
第二节 类型思维的优势与模式 …………………………… 213
一、类型思维的优势 …………………………… 213
二、类型思维的模式 …………………………… 218
第三节 类推之普遍属性 …………………………… 227
第四节 类型思维之运用 …………………………… 234

结 论 …………………………… 243

参考文献 …………………………… 249

后 记 …………………………… 266

前 言

刑法方法论的任务是保证刑事司法裁判的确定性、提升刑法理论的精密性和促进刑法方法论的实践应用。域外法律解释方法和刑法教义学体系的引介和采纳,使我国刑法方法理论业已经历了对法律解释方法的基本概念、原则和原理的初步理解阶段。受罪刑法定原则的制约,在法律解释方法的刑事部门化过程中,刑法方法论呈现一些独具个性的理论问题。

刑法文本在外在形式上表现为刑事法律语言。组成法律语言的那些文字包含着法律共同体认同的含义和不具备法律专业知识的公民能够理解的含义,这些含义通常是稳定的。科技、经济和制度的日新月异对文字含义提出新的挑战,而且由发展和进步所引发的文化、价值观念变动也让文字含义的稳定性处于一种相对状态。立法者基于特定的现实需要和主观意图使用那些文字以追求特定的实效,因此文字被人为刻意地注入了应对某段历史情势的功利性的和权力性的因素。由于具有严厉属性的刑法关涉公民的生杀予夺,司法者在进行刑事审判时,是沿袭众所周知和习以为常的文字核心含义还是吸纳应运而生和标新立异的文字边缘含义,究竟是忠实遵循立法者的意思还是优先选择解读者的领悟,就成为必须面对的重要问题。刑法学界关于扩张解释与类推适用的争议,以在方法论技术层面能否以及如何区分扩张解释与类推适用为主要内容。该问题涉及在何种程度上刑法解释结论尚在文义范围之内,解释活动在又何种境况下超出文义范围而成为刑法所禁止的类推。

可能的语义范围属于公认的刑法文义解释的界限,其是划分扩张解释与类推适用的通行标准。但可能的语义范围并不是一个具有完善操作性的应用标准,因此,关于可能的语义范围刑法学界提出很多学说。这些学说围绕着公民预测可能性、犯罪构成要件、犯罪类型、处罚必要性、法益、体系解释、目的解释等若干具体指标构建,希冀以此增强可能的语义范围的确定性和操作性。为探寻和确定可能的语义范围,刑法解释的具体方法或者技巧有很多;我们通常称之为“解释方法”的文义解释、体系解释、历史解释和目的解释只是某种宏观的解释视角、解释理由或者解释要素,而非真正意义上的、具有可操作性的分析工具。从论证的角度观察,刑法解释活动是解释者在刑法解释方法的名义之下通过某些方式和运用某些内容而得出具有说服力的解释结论的过程。由于文义或者语义在本质上属于人类的观念集合,可能的语义范围高度依赖法律共同体达成共识以及共识的形成过程。

探索刑法语义范围涉及在体系解释下对刑法分则各罪的具体行为类型和适用范围予以明确划分。刑法体系解释主要致力于追求刑法分则具体犯罪构成要件之间的融洽关系以及罪名法定刑之间的轻重得当。同类解释旨在完成明晰罪状的任务;它是指对刑法条文中的“等”和“其他”所指代的隐含性内容的理解应以“等”

和“其他”前后之语言对相关事物的属性、数量和时空位置等信息的描述。同类解释要求应从结构、数量、性质和功能等四个方面对行为予以分门别类的理解。以刑释罪旨在实现轻罪与重罪的法定刑协调;它是指根据法定刑的轻重来决定表述模糊的构成要件适用范围的大小,从而实现有序的刑法体系和正义的刑事裁判结论。

确定刑法语义关乎在刑法目的解释下对主观解释与客观解释的抉择。主观解释论与客观解释论有着较为悠久的对立历史。它们所争论的是,时过境迁、时移俗易,当刑法的文字含义出现新的内容时,这种新内容所引起的构成要件范围变动是否具有正当性或者合法性。主观解释论立足于立法时刻的客观态势和主观认识,运用主观解释得出的结论通常拥有较为充足的法律或者学理依据,但未必能够获得良好的社会效果或者普遍的公众认可。客观解释论立足于司法时刻的客观态势和主观认识,运用客观解释得出的结论一般能够适应当下的新需求或者新观念,但有可能缺乏足够的正当性或者合法性依据。无法一概而论地判断主观解释论与客观解释论何者更为客观。刑法目的解释包含利益衡量和合宪性解释。利益衡量是一种对个人利益、法律制度利益和社会公共利益的综合衡量方法。在刑法体系中,其主要表现在对正当化事由成立与否的判断。合宪性解释是一种根据宪法规定和宪法精神对刑法进行解释的具体方法,更准确地说,合宪性解释是对拟定的解释结论进行宪法层面的考核和检验。其主要存在于对一般条款和不确定概念进行解释的场合和对多种可能的解释结论进行选择的场合。由于现代的刑事政策将预先设定的价值因素直接融入刑法解释的过程中,因此,在刑事司法中刑法合宪性解释与刑法的刑事政策化或者刑事政策的刑法化基本具有等同的意义。

对可能的语义范围的争议,还涉及形式解释与实质解释的对立。从法律方法角度观察,形式解释论与实质解释论可能是关于刑法方法论运用的动机的争论。在实质解释论看来,当某种行为不处于刑法用语的核心含义之内时,处罚的必要性与可能的语义范围之间呈现正相关的关系;处罚的必要性越高,作出扩大解释的可能性也越大。而形式解释论认为,可能的语义边界是客观的和先在的,应当首先判断进行形式判断再进行实质判断。争论的关键在于,处罚的必要性是否对语义的边界有影响。由于形式解释论与实质解释论对某些概念的对立理解往往呈现出“物理”与“效用”的对立,因此,在刑法方法论中宜重视描述性要素与规范性要素的区分,对归属于自然科学研究对象的、不依赖文化规范存在的、客观的事实概念进行自然和日常意义上的保守理解,而对归属于社会科学研究对象的、依赖文化规范存在的、主观的价值概念进行实质和功能意义上的正义阐释。

此外,各种法律解释方法的排序问题是一个长期困扰法学家的问题,此问题在刑法学界同样存在。法律解释方法的位阶是关于法律解释方法科学性的重大疑问。关于刑法解释方法的位阶众说纷纭、莫衷一是,但大体可以分为肯定说和否定说。肯定说通常将刑法解释的位阶区分为适用顺序和效力等级两个层面。适用顺序大致按照文义解释、体系解释、历史解释、目的解释和合宪性解释的先后运用顺序,而效力等级则主要涉及文义解释与目的解释在不同场合中何者具有优先性。否定说主要以刑法解释方法之间关系的复杂性和刑法解释方法只是对刑法解释结论的事后论证为由,否定在各种刑法解释方法之间存在某种优先性或者适用顺序。在对各种刑法解释方法进行排序或者否定排序的意义之前,刑法解释方法的位阶是什么或者说其最终指向何种问题还未彻底澄清。申言之,首先需要阐明一个前提性问题,即刑法解释的位阶问题是关于作为论证方式或者解释理由的刑法解释方法何者具有优先性的问题,还是意在解决它们的先后适用顺序以增强运用的科学性的问题,抑或两者兼而有之。

关于可能的语义范围的争议还衍生出一个更为宏大的命题,即扩张解释与类推是否从根本上缺乏彻底区分的可能性。这个命题由语言的多义性、模糊性和不确定性等特征在刑法方法领域所肇之终极追问。作为罪刑法定原则的重要组成内容,禁止不利于被追诉人的类推是刑法学的基本原理之一。类推到底是什么、在人类思维中类推如何运作以及是否有可能完全禁止类推式的思考,仍需要继续深入研究。在目前的刑事司法实践思维中,具有抽象性、稳定性和封闭性的概念思维仍占据主流地位,在直观性、灵活性和开放性等方面更具理论和实践优势的类型思维尚未成为主要思维模式。类型思维有助于回溯行为类型的创制过程和发现立法者所采用的利益取舍和价值判断,从而有助于在司法裁判中根据当下的客观环境和价值观念对其予以重塑。类型思维所依凭的法律发现或者法律适用模式是不同于传统的包摄模式的等置模式,其核心要素或者结构是类推、类比或者比较。在通常的刑法观念中,在刑法扩张解释与类推之间有一条丝毫不能逾越的边界,解释活动一旦越界即违背罪刑法定原则,不利于被追诉人的类推结论理所应当地被绝对禁止。这不禁令人思考以下问题:那条边界是真实存在的吗?如果存在,那它又是如何形成的?禁止不利于被追诉人的类推原则中的类推与上述的类推、类比或者比较之间是否存在冲突?为何有些解释过程和解释结论被称为扩张解释,而有些解释活动又被认为是超越了解释的界限而成为了类推?扩张解释与类推之间果真有着本质或者根本上的区别吗?类推具有普遍性吗?如果那条边界以不确定和不可循为特征,甚至是无法捕捉、虚无缥缈的,那么扩张解释与类推的区分将不再是一个刑法方法论的理论问题,而是演变为一个基于普遍价值观念的、具有相对性的具体个案判断问题。

总而言之,本书以可能的语义范围为初始起点和中心线索,研究了为确定可能的语义范围而划定的各种学说标准,分析了关于可能的语义之理解空间和实践效用的形式解释论与实质解释论之论争,总结了体系解释方法在刑法条文语言的模糊和省略之处的应用原理,梳理了涉及可能的语义之时代坐标和正当源泉的主观解释论与客观解释论之间的关系,探索了刑法解释方法位阶之问题指向和本来样貌,确认了扩张解释与类推适用之间的相同思维模式。

第一章　刑法解释的基本问题

第一节　刑法解释理论的发展

理解和解释是人类认知内在自我和外部世界的基本和根本的方式。阐明法律的解释活动与创制法律的立法活动始终相伴而生。如今,人们对裁判结论形成过程的理解早已摆脱概念法学式的机械和教条,所有的法律都需要解释已经成为法律共同体的基本共识。由立法中心主义转向司法中心主义的关键在于,法学研究的方法和内容从基于生活事实的理性规则构建模式转变为基于法律规范的理性生活构建模式。

刑法解释是法律解释的一个部门法分支。在观念形态上,刑法解释学从属于法律解释学,两者之间的关系是种属关系。法律解释学的任务是使以文字为表现形式的法律规范在现实中有效地维持秩序、保障自由、平衡利益并接近乃至达致正义。刑法解释学分享和承继法律解释学的基本原理,而刑法解释的概念和内容也基本从属于具有普遍性的法律解释。在实践形态上,刑法解释活动是法律解释在以如何判处刑罚为核心的刑事司法实践领域的具体应用。但是,由于罪刑法定原则是刑法的核心原则,刑法具有明显异于其他法律的严厉性和强制性,因此,刑法解释受以民主原则和人权原则为思想背景和观念根源的罪刑法定原则的限制,而在某些方面严格于民法解释等部门法解释。

在刑法学领域,随着德日阶层化犯罪论体系及其各罪诠释观点的引入,刑法解释学已替代传统的刑法解读式研究成为一项广为接纳的显学。实际上,刑法解释学的勃兴是在20世纪90年代末期中国法学方法论意识觉醒的大背景下展开的。现在中国刑法学者可以轻易地说出许多刑法解释方法,如文理解释、论理解释、语法解释、字面解释、体系解释、历史解释、意图解释、目的解释、主观解释、客观解释、当然解释、反面解释、扩张解释、限缩解释、比较解释、补正解释以及合宪性解释,等等。这些解释方法正在被应用于对刑法总则的普遍性规定和刑法分则的各罪规定的解释之中。作为法律体系中最具强制性和严厉性的基本法律,关涉生杀予夺的刑法首先应当通过维持刑法文本的确定性,从而保障公民自由不受具有强制和扩张本性的公权力的恣意侵害;在此基础上,还须应对变动不居的生活事实,通过运用刑法文本的适当张力从而实现法益保护目的。刑法的运作面临着保障人权和保护法益的双重机能取向,它们各自代表自由与秩序这两种并不能完全相互兼容的法律价值目标。司法者应当在人权与法益、自由与秩序之间谨慎地维持正义的天平。这要求司法者在刑事司法活动中运用刑法解释方法,以罪刑法定主义为最高指导原则、以刑法文本为核心对象、以犯罪论体系为专业的知识架构,进行精细的分析与说理,最终获得逻辑自洽和价值始终的可接受性强的裁判结论。

“刑法适用解释的实质是在坚持罪刑法定的前提下,法官行使自由裁量权。”[①]法治是人类为创建和谐的和长久的、以个体为基础的共同生活所选择的规则之治。由于法律的贯彻和实施必须以树立法律权威为前提,所以法律必须保持一定的稳定性并且在逻辑上保持一贯性。“如果法律变化太快,法治将不复存在,因为人民根本无法适应。如果法律自相矛盾缺少连贯性,那么将令人无所适从,更不用说要求人们履行相互矛盾的法律。”[②]法律的稳定性、准确性、完整性和可预见性等实际上是对法律确定性的制度要求。[③] 法律的确定性也因是形式法治的一种代称而往往给人以刻板和守旧的感知。如今,绝对的形式法治和概念法学的时代已经一去不复返,法律解释的存在及其必要性已经成为基本的共识。法律解释不仅在共时上有助于促进法律在逻辑和价值上的协调,而且在历时上有助于缓解稳定的法律与发展的社会之间的矛盾。由此,以确定性为外观标签的法律因为法律解释的存在而拥有实质性的内容和意义。“法律语词具有一个这样的语义空间,从法律安定性,即法的可计算性和可预见性的角度来看,是一个不利因素。然而从往往被忽视的法的‘适应性’角度来看,却是一个莫大的优点:这个意义空间使一般性的法律语词具有了某种与其所规范之多样性的生活状态以及法律问题,并且尤其是与整个事实情境及占主导地位的社会伦理观念的变迁相适应的能力。从而在这一领域,同样可以发生法律的意义变迁过程。……这使得人们有可能在对法律安定性的需要和对情境取向的正义的需要之间进行折冲樽俎。”[④]

---

① 周少华:《刑法之适应性——刑事法治的实践逻辑》,法律出版社 2012 年版,第 330 页。

② [美]凯斯·R. 孙斯坦:《法律推理与政治冲突》,金朝武等译,法律出版社 2004 年版,第 126 页。

③ 参见周少华:《刑法之适应性——刑事法治的实践逻辑》,法律出版社 2012 年版,第 65 ~ 82 页。

④ [德]齐佩利乌斯:《法学方法论》,金振豹译,法律出版社 2009 年版,第 67 页。

然而,不受任何控制的法律解释活动具有瓦解法治的风险。法律解释通过承认作为立法者仆人的司法者的理性和智慧,从而使法律的确定性有所缓和。但是,由司法者决定回溯性地释放出立法者的意图和前瞻性地预见立法的目的,可能会导致完全个性化的主观偏见进入上述实质内容之中。“虽然刑法解释能够以其灵活性特质增强刑法的适应性,但是在解释之际也必须维护刑法的确定性。”① 规则是基于特定的目的从事物本质、特性、功能以及发展变化中抽象而来的供人类活动所遵循的某些规律和法则。法律规则是一种由理性和强力两部分内容组成的特殊规则。尊重社会风俗习惯、维护道德伦理观念、塑造政治权力结构和追寻公平正义价值的理性赋予了法律规则合理性和正当性,而以国家暴力为主要表现形式的强力则能够保证法律规则受到普遍遵循和得以实施。既然所有的法律皆需解释,那么在法律解释中也必然存在一些被反复地应用和遵循的普遍规律。文义解释、体系解释、历史解释和目的解释是法律解释的主要方法、要素、理由、方向、立足点或者出发点。由于这四种方法在价值和功能方面有所差异,它们很可能会就同一案件事实和法律规范而得出不同甚至截然相反的解释结论。在刑法理论中,刑法解释方法这一概念是对司法者在刑法适用过程中所采用的各种思维方式的笼统描述,其并不能清晰地展现和揭示出刑法解释方法如何具体运用和操作。在运用文义解释、体系解释、历史解释和目的解释等解决刑法分则各罪适用问题之时,刑法理论通常首先会从宏观的角度叙说采用哪些具体的解释方法,进而在解释方法称谓的掩盖下进行自圆其说的说理。通常所谓之法律解释方法未必是一种能够在法律适用中足以得出妥当解释结论的操作工具,有时在方法的称谓之下它们只是为解释活动提供了某些思维路径或者观

① 周少华:《刑法之适应性——刑事法治的实践逻辑》,法律出版社 2012 年版,第 351 页。

察角度而已。在刑事司法实践中，接受过专业训练的司法工作人员能够在刑事诉讼中有意识地运用各种刑法解释方法，却无法在刑事裁判文书中明白无误地描述其究竟采用了何种方式、方法或者策略，以及受到了哪些社会和政治因素的影响。刑法方法论的主要任务是，揭示和描述在刑事裁判中司法者究竟在刑法用语和条文的背后考量了哪些意图或者目的以及经历了怎样的利益衡量和价值判断。

在传统的四要件犯罪论体系语境下，由于平面式的体系缺乏关于违法与责任的从客观到主观、从事实到价值、从形式到实质的先后判断层级，解释者只要能够以社会危害性理论为核心判断标准、根据刑法分则的规定对具体罪名的客体要件、主体要件、客观要件和主观要件等犯罪构成要件予以大致拆解和重新组合即可基本认定犯罪的成立，四个要件在一定程度内的此消彼长并不会在根本上阻断犯罪的成立。这种缺乏逻辑性和层级性的犯罪论体系自身无法在刑法分则的各罪阐述中衍生出在逻辑和价值上都具有融贯性的丰富解释成果及其细致的说理过程。因此，尽管四要件犯罪论体系为解释者提供了较大的自由解释空间，但刑法方法论无从发展和发达。

在阶层犯罪论体系引入我国之后，刑法方法论逐步兴起。作为源自德国和日本的刑法知识资源的阶层犯罪论体系以构成要件符合性、违法性和有责性作为核心组织结构，其中贯穿关于事实与价值、客观与主观、形式与实质的双向多重判断。阶层犯罪论体系主要为犯罪的成立与否提供了固定的系统依据。换言之，具有抽象属性的阶层犯罪论体系向解释者供给了一套在案件事实和法律规范之间可以便捷应用的通用性知识系统。从阶层犯罪论体系在刑事司法过程中所发挥的功能来看，由于现行刑法并非以阶层犯罪论体系为知识背景而创设，在犯罪论知识系统发生转换的语境之下，阶层犯罪论体系在刑事司法中表现为刑罚法规背后的关于违法和责任的优势说理体系。由此,阶层犯罪论体系运用逻辑自洽和价值始终的学理方式为现行刑法提供正当性依据。简约的刑法文本表述受到复杂的刑法理论资源的论证和支持。但是,阶层犯罪论体系中并不必然包含刑法方法论的知识,关于刑法解释方法的理论是附随阶层犯罪论体系一同引入的。通常被运用的各种刑法解释方法并非源自阶层犯罪论体系,而是法律解释理论在刑法适用领域的延伸。由于阶层犯罪论体系具有顺畅的逻辑构造和现代的价值取向,其为刑法解释方法在各罪中的广泛适用提供了言说的平台和空间。详言之,阶层犯罪论体系讲求由客观到主观、从形式到实质、由事实至价值的阶层性和体系性判断,为保证解释过程和结论的自洽性和逻辑性,刑法解释方法就必须配合刑法总则中的阶层犯罪论体系在刑法分则的各罪阐释中发挥比传统犯罪论更具优越性的说理作用。恩吉施认为,对于谋杀案的处理,不仅要适用作为大前提重要部分的《德国刑法典》第 211 条,而且还要考虑谋杀者的责任能力、有无正当理由和免责理由。由此,“那个完整的大前提将如是说:根据德国刑法,任何谋杀者将被处以终身的自由刑,当他是作为一个有责任能力的人,不存在正当的理由或免责的理由,故意地杀害他人,谋杀出于谋杀嗜好,满足性欲,贪婪,或其他卑劣的动机……而实施的”。① 这说明刑法分则条文所描述的事实构成特征仅仅是三段论大前提的一部分,完整的大前提还需要借助刑法解释学或者刑法教义学所构建的犯罪论体系才能得以完整呈现。法律条文间的关系并非自动呈现,而是要借助法律解释学。法律解释学所具有的整合功能在大前提的形成中发挥着巨大作用。从法律方法角度出发,阶层犯罪论体系是达致具备合法性和合理性的刑事司法裁判的论证工具之一。刑法解释学在结构上存在于三段论大前

① 参见[德]卡尔·恩吉施:《法律思维导论》,郑永流译,法律出版社 2013 年版,第 72 页。

提的判断过程中;刑法解释学发挥作用的方式是通过逻辑和价值两个层面的努力以使大前提更加具体和完整地呈现。在刑事司法适用中,刑法解释方法与阶层犯罪论体系共同发挥着裁判正当性的论证功能。

阶层犯罪论体系在宏观方面上的违法和责任要件的划分和归属争议,以及微观层面上的因果关系判断和违法性本质等具体问题的论争,让致力于引介不同国家和不同时代的阶层犯罪论体系并试图将之转化和改造为适宜本土文化环境的犯罪论体系的中国刑法学者应接不暇。由此,刑法总论成为刑法理论研究的主要和重要内容,而刑事司法实践更为关注的刑法分则各罪解释研究尚未出现博兴。关于刑法方法论的主要争论围绕着主观解释论与客观解释论、形式解释论与实质解释论这两个基础性命题展开。应当在主观解释论与客观解释论之间作出何种选择的刑法解释立场之争,实际上是针对历史解释与目的解释何者更具备适用的正当性或者优先性的讨论。而以中国刑法学界首次学派之争的形式解释论与实质解释论之争,则以构成要件如何理解和适用为中心议题,在方法论层面涉及文义解释的功能及其界限的对立。以上两个命题促进了刑法解释理论的发展。

第二节 刑法解释理论的问题

一、刑法解释方法的种类

萨维尼于19世纪初提出法律解释具有逻辑、语法和历史等三个要素。这三个要素的地位并不是平等的,语法要素和历史要素是逻辑要素的条件;逻辑要素是“对法律表达出来的思想予以发生学阐述”,语法要素是“对法律表达思想所使用媒介进行阐明”,而历史要素则是“对法律所规定的历史对象予以阐述,通常需要对该法律得以诞生的那个时代进行考察”。[①] 逻辑要素完整涵盖了语言塑造法律制度、法律包含特定思想、思想源于历史情境的法律的形成过程，因此，涉及语言表达的语法要素和涉及过往回顾的历史要素被包含在逻辑要素中，它们是逻辑要素的两种具体表现形式。大约三四十年之后，萨维尼在其名著《当代罗马法体系》中提出法律解释的四个基本要素：语法要素、逻辑要素、历史要素和体系要素。其中，逻辑要素涉及法律表达的意图的具体组成部分相互之间的逻辑关系，体系要素涉及由所有法律制度和法律规则连接而成的大统一体的内在关联。[②] 逻辑要素已经不具备先前的优越地位，具体而言，“它包括一项法律规范中的各个词语彼此之间在句法上的关联，但也包括将一项规范与法律定义及其他对（作为案件解决之基础的）整个事实构成起补充作用的规定结合起来的逻辑关联”。[③] 逻辑要素的逻辑既包括构成一条法律的语言描述的各个具体部分之间的语法逻辑关系，又包括该条法律与其他具有补充功能的定义性规定和补充性规定之间的适用逻辑关系。在内容上，逻辑要素分别与语法要素和体系要素之间具有交叉关系，这也导致语法要素和体系要素的内涵和外延变得复杂。语法要素旨在通过研究立法者的语言规则以获得法律中语词的意义，体系要素旨在通过考察个别的法律在整个法律体系中的地位和作用以获得立法者的意图。然而，在语言规则中寻找语言的意义的活动离不开逻辑，在法律体系中梳理法律规则的关系的过程也需要逻辑，因此，独立的逻辑要素缺乏足够的理论和实践意义。如今，逻辑要素已不是一个广受认可的解释要素，其

---

① 参见［德］萨维尼、雅克布·格林：《萨维尼法学方法论讲义与格林笔记》，杨代雄译，法律出版社 2014 年版，第 8 页。

② 参见［德］萨维尼：《当代罗马法体系Ⅰ》，朱虎译，中国法制出版社 2010 年版，第 166～167 页。

③ ［德］齐佩利乌斯：《法学方法论》，金振豹译，法律出版社 2009 年版，第 60～61 页。

被分解并融合于语法要素和体系要素。在称谓上,要素是等同于方法的"……每一个要素都应当属于解释的方法"。①

拉伦茨提出"字义""法律的意义脉络""历史上的立法者之规定意向""目标及规范想法""客观的目的论""合宪性解释"等解释标准。② 与萨维尼的不同之处在于,一方面,使用"标准"这种称谓是因为"我们即将要讨论的——部分与萨维尼之理论重叠的——解释标准,并非——像很多人所想的——是不同的解释方法,毋宁是一些解释观点,任何主张其解释结果正确者,对这所有的解释观点都必须一并考量"。③ "标准"的说法的学术认可度和接受度不高。提出"标准"是为了与"方法"相区别,提示解释者应当全面考虑各种解释方面的观点,避免其仅依赖使用单一的解释方法。但这种称谓也会存在一定的问题,有学者指出:"标准这个用语可能不大妥当。盖在这里,被例示出来的解释因素有五个或五类之多,且这些因素在解释时,又都应被运用上。当将之称为标准,不但会受日常所谓'多重标准'之负面隐义的误导,而且多重标准所影射之差别待遇:对相同事件,按其主体之不同,而适用不同标准,亦与法律应当平等适用之根本精神冲突。"④我们通常将标准一词用于衡量某一事物是否在质或者量上达到某种预定程度的场合,而"法律解释标准"可能会令人将之误解为用来解释法律的固定的准则或者指数。另一方面,这些标准比萨维尼的四要素说更加丰富,"这些观点与萨维尼所提出

① [德]萨维尼、雅克布·格林:《萨维尼法学方法论讲义与格林笔记》,杨代雄译,法律出版社2014年版,第78页。

② 参见[德]卡尔·拉伦茨:《法学方法论》,陈爱娥译,商务印书馆2003年版,第200~219页。

③ [德]卡尔·拉伦茨:《法学方法论》,陈爱娥译,商务印书馆2003年版,第200页。

④ 黄茂荣:《法学方法与现代民法》,法律出版社2007年版,第333页。

的四项解释要素并不完全重叠，毋宁已经超越它们”。[①] 字义标准旨在分析语言所表达的法律意义；法律的意义脉络标准旨在通过考察法律的外部体系获得法律内部体系的贯通，相当于体系解释；历史上的立法者之规定意向、目标及规范想法旨在探索立法者意图或者立法目的，其实是历史解释；客观目的论标准即是客观目的解释。明显的区别在于，合宪性解释标准强调当存在多种解释结论而难以抉择时应以宪法的规定和精神作为优先的判断标准。

时至今日，萨维尼的四要素说仍然是法律解释的基础性知识，关于法律解释的研究成果尽管在概念表述或者具体内容上有所增减，但在方法论的基本原理和整体架构上仍未对萨维尼的主张作出根本性超越。“尽管其称谓有所不同，但是当今几乎一切法律适用者都遵循萨维尼的准则，尽管它并非法律规定或者具有约束力。”[②] 总体而言，德国主流学说沿用了萨维尼的四分法，即认为法律解释方法包括文义解释、体系解释、历史解释和目的解释四种。例如，恩吉施对语法解释、体系解释（逻辑的—体系的关联）、产生史解释和目的解释等四种解释方法展开探讨。[③] 又如，霍恩分析了语义——语法解释、历史解释、系统解释和目的解释。[④] 再如，韦塞尔斯认为，每一个解释皆是从法律条文的所用文字上开始（文理解释）；当字义多义时，以法律的产生史（历史解释）和在整个法律体系中的系统相关性（系统解释）作为进一步的辅助手段；解释的重点是问寻法律的

---

① [德]卡尔·拉伦茨：《法学方法论》，陈爱娥译，商务印书馆2003年版，第219页。

② [德]伯恩·魏德士：《法理学》，丁晓春、吴越译，法律出版社2013年版，第302页。

③ 参见[德]卡尔·恩吉施：《法律思维导论》，郑永流译，法律出版社2013年版，第89～95页。

④ 参见[德]N. 霍恩：《法律科学与法哲学导论》，法律出版社2005年版，第132～137页。

特别保护功能和法律的客观意思与目的(客观—目的解释)。①

目前,日本法学方法理论中已出现根据实质与形式或者参照事项与适用方法进一步区分法律解释方法的情形。“日本学者井田良教授指出,如果进行形式的分类,解释方法主要有:平义解释、当然解释、扩大解释、缩小解释、类推解释与反对解释;如若进行实质分类,解释方法主要有:文理解释、体系解释、历史解释与目的解释。”②所谓的实质解释方法仍然是萨维尼意义上的四种基本法律解释方法,所谓的形式解释方法是体现实质解释方法的具有可操作性的实践技艺。与之类似的是,“日本学者笹仓秀夫将解释方法分为解释的参照事项与条文的适用方法,法条自身的含义、条文之间的体系关联、立法者的意思、立法的历史背景、法律意思(正义、事物的逻辑、解释的结果),属于解释的参照事项;平义解释(按文字字面意义适用)、宣言解释、扩张解释、缩小解释、反对解释、当然解释、类推、比附、反制定法的解释(变更解释或者补正解释),则属于条文的适用方法。……在对一个法条(或法条用语)进行解释时,解释的参照事项是可以并用的,而条文的适用方法不可能并用,只能采用其中一种方法”。③“参照事项”仍未超出萨维尼意义上的法律解释方法;而“适用方法”也与井田良教授的形式解释方法大体相同,它们都是具体应用法律解释方法的实践层面的技术。

日本理论的上述趋势其实是根据论证角度与论证技术的不同而对法律解释方法所作的划分。齐佩利乌斯将法律解释看作一个对各种解释论据进行衡量和选择的论辩过程,恰当解释结论的产生

---

① 参见[德]约翰内斯·韦塞尔斯:《德国刑法总论》,李昌珂译,法律出版社2008年版,第24页。

② 转引自张明楷:《刑法分则的解释原理》(上),中国人民大学出版社2011年版,第42页。

③ 转引自张明楷:《刑法分则的解释原理》(上),中国人民大学出版社2011年版,第42~43页。

是运用各种理由为恰当语义提供正当性论证的过程。可能的语义界限或者语义空间被视为合法性问题,“支持对某一法律语词在其语义空间内作某种解释的人,应当使其决定正当化,即为其决定提供理由。也就是说,解释应以论辩的方式展开。……法律解释——即在各种可能的语义中确定恰当语义的活动——实质上即是在支持对特定法律语词赋予此意义或彼意义的各种理由进行衡量的过程”。在语义的框架内有“基于法律目的的论据”“基于体系的论据”“基于正义的论据”“基于结果的论据”。① 基于法律目的的论据的内容是目的解释,涉及对主观解释与客观解释的讨论。基于体系的论据的内容是体系解释。基于正义的论据追求在对各种具有竞争关系的解释论据进行衡量之时,将体系、历史、比较、习惯等论据置于正义理念的引导下以实现案件的正义解决。基于结果的论据是从不同解释结论所引发的不同实际后果的角度进行的思考。语义、体系、历史和目的等是推理出正当解释结论或者为解释结论提供正当性依据的可论辩性材料,而“论证”则是最终实现法律正义的工具和手段。因此,作为理由的语义等内容仍然是萨维尼意义上的解释要素,它们是构成妥当解释结论的必不可少的质料;同时,决定这些材料应当如何被组织、安排和运用的是一些并未明确显露出来的论证或者论辩规则。

我国刑法通说将刑法解释方法分为文理解释和论理解释;其中,论理解释又分为当然解释、扩张解释和限制解释。② 传统二分法立足于法律文本的形式和裁判结论的实质对各种刑法解释方法进行分类,将刑法解释方法区分为文理解释和论理解释暗含了从形式

---

① 参见[德]齐佩利乌斯:《法学方法论》,金振豹译,法律出版社 2009 年版,第 67~87 页。

② 参见高铭暄、马克昌主编:《刑法学》(第 8 版),北京大学出版社、高等教育出版社 2017 年版,第 24 页;《刑法学》编写组编:《刑法学》(上册·总论),高等教育出版社 2019 年版,第 53~54 页。

到实质、从规范到价值的解释活动的深层内部逻辑。但是,此种分类方式的缺陷在于,其未能完整地包含体系解释、历史解释和狭义目的解释等重要解释方法,也无助于刑法解释方法的细化和深化,还由于可操作性较弱而不利于刑法解释方法发挥实践效果。

张明楷教授在借鉴日本学者观点的基础上对解释理由与解释技巧作了区分。具体而言,“将平义解释、宣言解释、扩大解释、缩小解释、当然解释、反对解释、类推解释、比附以及补正解释,称为解释技巧;将文理解释、体系解释、历史解释、比较解释、目的(论)解释等,称为解释理由。对一个刑法条文的解释,只能采用一种解释技巧,但采用哪一种解释技巧,取决于解释理由,而解释理由是可以多种多样的”。① 此处的解释理由相当于前述之实质解释方法、解释的参照事项,而解释技巧与前述之形式解释方法、条文的适用方法基本相同。解释理由与解释技巧的划分,实际上是在刑法解释方法中区分了解释的宏观视角与解释的具体技术。

本书旨在研究宏观层面的刑法方法论的基础理论,基本不涉及技术层面的解释技巧,因此根据广受认可的四分法将文义解释、体系解释、历史解释和目的解释作为主要的研究对象和研究框架。

二、主观解释与客观解释

主观解释论与客观解释论之争属于法律解释目标的范畴。在概念上,主观解释论与客观解释论呈现完全对立的状态。“主观解释理论认为,法律是有约束力的宣示,它以参与作出立法决议的人的意图为基础。由此,主观解释理论的典型观点主张法律解释必须尽可能与参与立法决议的人的个人观念相一致。相反,客观解释理论的典型观点则是,不应去考察立法者的意图,而是要考察‘法律本身

---

① 张明楷:《刑法分则的解释原理》(上),中国人民大学出版社 2011 年版,第 43 页。

的意图'。"[①]根据主观解释论,法律解释的目标是彰显立法者制定该法律的意图;而在客观解释论看来,法律解释的目标是揭示法律自身所蕴含的意图。

主观解释论与客观解释论各自具有部分的真理性。"主观论的真理在于:法律与自然法则不同,它是由人类为人类所创造的,它表现立法者创造可能的——符合社会需要的——秩序的意志。法律背后隐含了参与立法之人的规定意向、价值、追求,以及其对于事物的考量。""客观论的真理在于:法律一旦开始适用,就会发展出固有的实效性,其将逾越立法者当初的预期。法律介入——立法者当时不能全部预见的——多样而且不断变更的生活关系中,对一些立法者根本没有考虑到的问题,法律必须提供答案。一段时间以后,它渐渐地几乎发展出自己的生命,并因此远离原创者原本的想法。"[②]主观解释论准确地描述了立法者基于特定的秩序需求而创制法律的客观事实,但主观解释论无法应对稳定的法律与变动的生活之间的永恒张力,因此,"主观论只包含部分真理,仅此已足以明了:不向客观论借用一些思想是不够的"。[③] 客观解释论通过承认法律存在自身之目的而应对立法者无法预料的、不断变迁的生活事实,但客观解释论无法妥当解释法律自身的目的是否存在和法律自身的目的如何断定这两个关键问题。一方面,法律拥有属于自身之目的意味着法律像生物一样具有独立的生命力,但这只是一种理论的假设和想象。"'法律的意志'这种表达方式,不当地把法律拟人化,而这种拟人化只是用来遮掩——立法者原本的意向与法律'经演进之后'的标准内涵之间的——紧张关系,这种遮掩并不济事,紧张关系仍

① [德]齐佩利乌斯:《法学方法论》,金振豹译,法律出版社2009年版,第31页。

② [德]卡尔·拉伦茨:《法学方法论》,陈爱娥译,商务印书馆2003年版,第198页。

③ [德]卡尔·拉伦茨:《法学方法论》,陈爱娥译,商务印书馆2003年版,第198页。

然存在。"[①]"所谓的'客观'解释追求的不是现有的,而是非现实的东西。条文没有自己的意志。"[②]另一方面,当新型的生活事实对原有的法律规定提出裁判要求时,法律自身之目的标明法律中应当被注入能够判断新型生活事实的是非曲直的新观念,但这种难以回答自身究竟来自何方的新观念面临是否具备足够合法性的重大疑问。"法律的这种客观的观念应取决于可为大多数社会成员接受的观念内容呢,还是取决于那些在'能够定调子的阶层'中占主导地位的观念内容?同样,要确认一个社会当中具有多数公认力的社会准则并使之具有可操作性也是不容易的。"[③]因此,德国许多法学家认为主观解释论与客观解释论之间并不是非此即彼的关系,宜兼采此两者。

众所周知,我国多数刑法学者持客观解释论的观点;但有必要区分的是,客观解释论者所采纳的究竟是纯粹的客观解释论还是同时包含主观解释论和客观解释论但又偏向于客观解释论的某种折中说。纯粹的客观解释论完全否定主观解释,否认法律解释的目标包括对立法者意图的探寻。"刑法解释的目标应是存在于刑法规范中的客观意思,而不是立法者制定刑法规范时的主观意思或立法原意。"[④]"进行历史解释,是为了通过历史参考资料寻找刑法的真实含义,而不是探讨立法原意,不可将历史解释与主观解释论混为一谈。"[⑤]因此,张明楷教授属于纯粹的客观解释论者。陈兴良教授亦赞同客观解释论,指出:"从司法实践的情况来看,对法律

---

① [德]卡尔·拉伦茨:《法学方法论》,陈爱娥译,商务印书馆2003年版,第199页。

② [德]伯恩·魏德士:《法理学》,丁晓春、吴越译,法律出版社2013年版,第333页。

③ [德]齐佩利乌斯:《法学方法论》,金振豹译,法律出版社2009年版,第32页。

④ 张明楷:《刑法学》(上),法律出版社2016年版,第29页。

⑤ 张明楷:《刑法学》(上),法律出版社2016年版,第37页。

进行完全的主观解释是不可能的，因为立法意图并不是独立于解释者而自在地存在于法律文字中的，解释也不完全是一个客观地发现立法意图的过程。……因此，在对法律解释过程中，必然掺入解释者的理解，并根据客观需要对法律进行解释。在这个意义上，我们应当坚持的是客观解释论。”①尽管陈兴良教授明确主张客观解释论，但由于并不否定主观解释，只是认为纯粹的主观解释论是不可行的，因此其观点仍属于折中说的一种。“主观解释论与客观解释论关注的重点是有所不同的，前者关注的是法的实证性，而后者关注的是法的正当性。无疑，法的实证性与法的正当性都是法所应有的品性，因而两者难以舍弃。在这种情况下，在法解释问题上的折中说也就有其存在的合理性。……关键的问题是如何协调两者的关系。”②

有学者指出在折中说内部有以主观解释论为基础兼采客观解释论的观点和以客观解释论为基础兼采主观解释论的观点。③ 前者认为原则上应采用主观解释论以忠实于立法者在立法时的原意，只有在正义观念和现实状况等发生重大变化时应例外地采用客观解释论。相反，后者认为原则上应采用客观解释论，只有在客观解释的结论荒谬时才根据相关资料探求立法原意。在主观解释与客观解释适用的先后顺序和前提条件上，折中说内部的两种观点有着明显的区别。但问题是，在现实的理解活动中，我们经过或多或少法学训练的大脑是否能够截然划定主观解释与客观解释的先后思考顺序？由此衍生的问题是，主观解释论与客观解释论之间是否真的存在矛盾或者对立关系？更宏大的问题是，主观解释论与客观解释

① 陈兴良：《罪刑法定主义》，中国法制出版社2010年版，第233页。

② 陈兴良：《刑法的知识转型（方法论）》，中国人民大学出版社2012年版，第99页。

③ 参见王政勋：《刑法解释的语言论研究》，商务印书馆2016年版，第71~75页。

论是关于主观解释活动与客观解释活动的应用及其相互关系的理论,在应用的层面上主观解释活动与客观解释活动之间的关系究竟如何？解释的理论是否准确地描述了解释的现实？有必要对上述这些问题加以研究。

三、刑法解释方法的位阶

那些具有不同称谓、含义和功能的法律解释方法之间是否具备并行不悖的和谐系统关系？在实践层面上,由于司法者必须根据法定的实体和程序规范对案件作出确定的裁判结论,一旦具有冲突关系的不同解释方法导致相互矛盾或者截然对立的解释结论之时,应当如何作出恰当的司法决断？在萨维尼看来,不同的解释方法(因素、要素)各自代表着不同的角度、观点和取向,它们并不具有凭借一己之力足以达致妥当解释结论的功能,意欲完成整个解释过程就必须综合运用具有不同功能和意义的多种解释方法。适用过程中的这些解释方法之间的位阶关系是一个法律方法论难题。以时间为线索总结,我国刑法学界对刑法解释位阶问题的研究经历了"顺序说""顺序与效力说""效力说"和"否定说"。

顺序说认为,刑法解释方法的位阶是指各种刑法解释方法的适用顺序。有学者首先将各种具体刑法解释方法区分为文理解释和论理解释两类,其中文理解释包括字面解释和语法解释,论理解释又包括扩张解释、限制解释、当然解释、反面解释、系统解释、沿革解释、比较解释和目的解释;以上两类十种解释方法的运用大体应遵循以下规则:第一,文理解释优先于论理解释;第二,单一规则,即如果通过文理解释,实现刑法规定含义明确的结果,则不再运用论理解释方法;第三,综合规则,即在解释刑法规定时综合运用文理解释和论理解释;第四,论理解释优势规则,即对刑法规定的同一用语进行解释时,如果文理解释的结论与论理解释的结论相冲突,则应取论理解释的结论。[①] 也有学者从贯彻罪刑法定原则的角度提出刑法解释方法的适用顺序应当是文义解释→体系解释→历史解释→目的解释→合宪性解释。文义解释是解读刑法文本基本的和首选的方法，当其能够合理地界定刑法语词含义时，则没有必要进行论理解释；包括体系解释、历史解释、目的解释和合宪性解释的论理解释是对文义解释的一种有序的、渐进的超越。[②]

顺序与效力说提出，应当从顺序与效力的角度对刑法解释方法的位阶进行区分，亦即刑法解释方法的位阶实际上包含了刑法解释方法的适用顺序与效力等级两个问题。有学者认为，刑法解释方法的位阶应当从价值维度、序列维度和效力维度等三个层面展开。刑法解释方法位阶的价值维度是指刑法解释应以维护刑法安定性优先兼顾促进刑法正义性为价值目标。刑法解释方法位阶的序列维度是指刑法解释应遵循文义解释→体系解释→历史解释→目的解释→合宪性解释的运用顺序。刑法解释方法位阶的效力维度，是指在可能文义之界限点上，文义因素绝对优先；在可能文义的界限内，目的解释居解释之冠；合宪性解释是对其他解释方法结论的最后检验。[③] 也有学者提出，刑法解释方法的位阶表现为适用位阶和效力位阶两个层面。刑法解释方法之间的适用位阶是指“文理解释→体系解释→目的论解释”的适用序列。刑法解释方法之间的效力位阶，是指当目的论解释的结论与文理解释的结论发生冲突时应优先适用文理解释的结论。[④] 还有学者主张，适用位阶遵从文理解释→体系解释→历史解释→目的论解释的解释顺序；在效力位阶上，文

---

① 参见李希慧：《刑法解释论》，中国人民公安大学出版社1995年版，第132～133页。

② 参见梁根林：《罪刑法定视域中的刑法适用解释》，载《中国法学》2004年第3期。

③ 参见苏彩霞：《刑法解释方法的位阶与运用》，载《中国法学》2008年第5期。

④ 参见程红：《论刑法解释方法的位阶》，载《法学》2011年第1期。

理解释和目的解释具有决定的意义。①

效力说将刑法解释方法的位阶问题视作单纯的效力等级问题，在刑法解释方法之间某些解释方法对解释结论的选取具有决定性。有学者指出，文理解释和目的解释具有决定性，而体系解释、历史解释、比较解释等解释理由不具有决定性。文理解释和目的解释的决定性具有不同的含义。文理解释的决定性在于，所有的刑法解释都要从法条的文理开始，而且不能超出刑法用语可能具有的含义。目的解释的决定性在于，在对一个法条可以作出两种以上的解释结论时，只能采纳符合法条目的的解释结论。②

否定说认为，刑法解释方法之间不存在绝对的优先关系，刑法解释方法只是提高解释结论的论证充实性的材料或者保证解释结论的正当性的理由，刑法解释结论由对多种情势的综合考量而决定，而非借助刑法解释方法逻辑推导而得出，因此，刑法解释方法的位阶是一个伪命题。有学者认为，文义解释因存在诸多局限和需要其他解释方法印证和检验而不具有优位性；客观目的解释仅在目的性缩限时具有绝对优先性；主观目的解释仅在提供不处罚的立法资料时具有特殊价值。刑法解释是一个商谈和试错的过程，通常是在解释结论已经确定之后再选择采用何种解释方法。③ 也有学者认为，刑法解释方法的位阶关系，只是一种关于解释方法的大致排序，不具有可操作性，至多具有借鉴意义。刑事裁判的形成需要考虑判决的社会效果和社会接受性，这是解释方法本身所不能胜任的，也是为刑法解释方法位阶关系论所忽视的。因此，刑法解释方法位阶

① 参见戚劲松：《刑法解释方法的位阶与运用》，载《国家检察官学院学报》2015年第4期。

② 参见张明楷：《刑法分则的解释原理》(上)，中国人民大学出版社2011年版，第45～46页。

③ 参见周光权：《刑法解释方法位阶性的质疑》，载《法学研究》2014年第5期。

关系论归根结底是一个假命题。①

四、扩张解释与类推适用

在刑法解释理论中，极具争议的是刑法解释的限度问题，即在哪个尺度上解释结论是扩张解释的结果，而到了哪个程度得出的结论即是刑法所禁止的类推结果。此问题其实是如何区分解释与类推的问题。“从中外刑法学者对于‘类推解释’与扩张解释的区分看，其区分标准恰恰正是法律漏洞补充与法律解释之间的界限标准。”②在民法领域，法官从事的法律适用活动究竟是解释还是类推不是一个重要的问题。“由于民法中对可以填补法律漏洞这一点毫无争议，自然也就没有必要在类推和法律解释之间进行明确的界分，而且事实上也确实往往并没有进行这种界分。”③关于刑法解释与类推的区分难题的思考其实一直存在，只是语义超出常规的理解而向外扩张的情形更容易引起人们关于是否违反禁止类推原则的担忧。

由此衍生的具体问题有：学术界经常运用的类推、类推解释、类推适用以及类比推理等概念是否相同？如果上述概念是相异的，那么它们的内涵和外延以及相互之间的关系是什么？虽然刑法承认扩张解释的结论而否定类推的结论，但形成两种不同结论的思维方式是否相同？如果扩张解释与类推是不同的思维方式运作而来的不同结果，它们的核心区别是什么？如果扩张解释与类推的思维方

---

① 参见温登平：《刑法解释方法位阶关系否定论》，载陈金钊、谢晖主编：《法律方法》（第13卷），山东人民出版社2013年版，第360～370页。

② 周少华：《“类推”与刑法之“禁止类推”原则——一个方法论上的阐释》，载《法学研究》2004年第5期。

③ ［德］瓦尔特·佩龙：《德国视角下对解释与类推的区分》，载梁根林、［德］埃里克·希尔根多夫主编：《中德刑法学者的对话——罪刑法定与刑法解释》，北京大学出版社2013年版，第177页。

式是完全相同的，是否仍有希望提出某种标准对两者进行理论和实务的区分？

关于类推解释与类推适用的关系，有学者提出在1979年《刑法》规定类推制度和最高人民法院拥有司法解释权的背景下，类推适用是对类推制度的运用，而类推解释是最高人民法院以司法解释的形式对本应按照类推程序处理的案件直接规定依照某最相类似的条文定罪处罚。[①] 类似的见解认为："……类推适用是一项定罪判刑的法律制度，而类推解释则是一种解释法律的方法。"[②]在1997年《刑法》废除类推制度和确定罪刑法定原则之后，学界对类推、类推解释与类推适用基本在相同的意义上予以混用。有学者正确地指出："'类推'的本质含义就是对法律没有规定的事项进行所谓的'解释'，这种'解释'当然是超出了法律的文义范围，从而已经不再具有解释的性质。实际上，从'类推'的基本含义出发，根本不可能存在一种'类推'而又是'在文义范围内作成'的'解释'；……'类推'概念只能用以指代'类推适用'，而不能演绎出'类推解释'。"[③]由于所谓的"类推解释"存在于具有法律漏洞的场合，是一种填补法律漏洞的方式，因此本书赞同以"类推适用"替代不准确的"类推解释"概念。

关于类推与类比推理的关系，有学者认为两者有所不同。类比的类似性是一种相同大于相异的强类似，因而可以根据事物之本质将其归入某一概念或者类型之中；类推的类似性是一种相异大于相同的弱类似，因而不能按照一般的法律解释方法将其涵括在某一概

① 参见刘明祥：《论刑法学中的类推解释》，载《法学家》2008年第2期。

② 刘志远：《刑法解释的限度——合理的扩大解释与类推解释的区分》，载《国家检察官学院学报》2002年第5期。

③ 周少华：《"类推"与刑法之"禁止类推"原则——一个方法论上的阐释》，载《法学研究》2004年第5期。

念或者类型之中。[①] 也有学者认可类推与类比推理在方法论上的同一性，“从方法论角度而言，解释法律离不开类型思维模式，也难免要用类比推理的方法，如果是从这种意义上理解类推解释，自然没有理由予以禁止”。[②]

关于扩张解释与类推适用是否有本质或者实质的区别，大多数学者认为扩张解释与类推适用有本质区别，并提出许多具体的界定标准。有学者提出，扩张解释与类推适用在是否处于刑法条文用语可能的含义之中、是否具有一般公民的预测可能性、是否采用符合形式逻辑的推论和是否从罪刑法定主义理念出发等四方面存在构造上的差异。[③] 少数学者主张扩张解释与类推适用并无本质区别。有学者主张：“从扩张解释和类推解释的根据来看，二者也没有任何实质性差别，它们都是在同一刑法理念指引下衍生出的刑法适用方法。”[④]有学者指出：“合理的扩大解释与类推解释的区别仅仅在于解释结论是否超出了刑法规范本身的蕴涵范围，而不在于思维模式和认识方法不同。”[⑤]类似的见解认为：“……类推解释和扩大解释之间，只存在程度上的差别。广义上讲，刑法适用的过程，就是一个寻找事实和刑法规范所规定的行为类型之间的相似性的类比或者说类推的过程。”[⑥]

---

① 参见陈兴良：《刑法的知识转型（方法论）》，中国人民大学出版社2012年版，第107～108页。

② 刘明祥：《论刑法学中的类推解释》，载《法学家》2008年第2期。

③ 参见冯军：《论刑法解释的边界和路径——以扩张解释与类推适用的区分为中心》，载《法学家》2012年第1期。

④ 吴丙新：《扩张解释与类推解释之界分——近代法治的一个美丽谎言》，载《当代法学》2008年第6期。

⑤ 刘志远：《刑法解释的限度——合理的扩大解释与类推解释的区分》，载《国家检察官学院学报》2002年第5期。

⑥ 黎宏：《“禁止类推解释”之质疑》，载《法学评论》2008年第5期。

五、实质解释与形式解释

实质解释论与形式解释论之争是中国刑法理论重要的学派之争。实质解释与形式解释的理论对立在现行刑法颁布后业已存在，学派之争的兴起以刘艳红教授的《实质刑法观》与邓子滨教授的《中国实质刑法观批判》为典型标志之一，而张明楷教授的《实质解释论的再提倡》和陈兴良教授的《形式解释论的再宣示》则令学派之争进入"白热化"状态。实质解释论与形式解释论之争吸引众多学者参与讨论，但随之出现的问题是，"双方不仅在基本范畴的指涉与运用上较为混乱，还存在误读、曲解甚至虚构对方观点的现象"。[①] 因此，需要通过旗帜性学者的论述阐明实质解释论与形式解释论的本来面貌和核心区别。

张明楷教授指出，实质解释论的内容主要有三点：(1)对构成要件的解释必须以法条的保护法益为指导，而不能仅停留在法条的字面含义上。(2)必须将字面上符合构成要件、实质上不具有可罚性的行为排除于构成要件之外。(3)当某种行为并不处于刑法用语的核心含义之内，但具有处罚的必要性与合理性时，应当在符合罪刑法定原则的前提下，对刑法用语作扩大解释。在遵循罪刑法定原则的前提下，可以作出不利于被告人的扩大解释，从而实现处罚的妥当性。不能只考虑行为与刑法用语核心含义的距离远近，也要考虑行为的违法性与有责性程度；处罚的必要性越高，对与刑法用语核心距离的要求就越缓和，作出扩大解释的可能性就越大。形式与实质之间不存在何者绝对的优先性。在行为不处于刑法用语可能具有的含义内时，应将行为排除于构成要件之外；此时，形式优先于实质。在构成要件的表述包含了不值得科处刑罚的行为时，应不得处

① 劳东燕：《刑法解释中的形式论与实质论之争》，载《法学研究》2013年第3期。

罚不当罚的行为;此时,实质优先于形式。①

陈兴良教授指出,将符合法律文本的形式特征但并不具有处罚必要性的行为排除在构成要件之外是形式解释论的应有之义。形式解释论与实质解释论之间的分歧焦点在于能否通过实质判断将实质上值得科处刑罚但又缺乏形式规定的行为入罪,两者的根本对立在于刑法没有所谓形式规定的情况下能否将具有实质上的处罚必要性的行为通过扩大解释予以入罪。对此问题,形式解释论的观点是断然否定的,而实质解释论则持肯定立场。因此,两者的根本区分在于,解释刑法时是否先进行形式判断再进行实质判断。②

实质解释论与形式解释论都声明遵守罪刑法定原则,都赞同刑法解释中的形式判断和实质判断,都认为应当将形式上符合构成要件但不具有处罚必要性的行为作出罪的处理。两者的核心争议在于,在入罪的场合对处罚必要性的功能有不同的认识。质言之,在实质解释论看来,处罚必要性是判断可能的语义范围大小的重要影响因素。处罚必要性越高,可能的语义范围则可能越大,行为被包含进构成要件的可能性就越大。在形式解释论看来,可能的语义范围是客观的和先在的,某一行为是否属于可能的语义范围是可以首先予以形式判断的,此时处罚必要性并不在这种判断中发挥任何作用。形式解释论不承认处罚必要性应当或者可以对可能的语义范围的判断发挥作用,具有客观性和先在性特征的可能的语义范围可以排除实质判断而通过形式判断获得。而实质解释论否认可能的语义的客观性和先在性,认为处罚必要性在某种程度上决定着可能的语义范围。然而,实质解释论和形式解释论都未对处罚必要性进行准确界定。这个源于日本刑法学的在内涵和外延上都不甚明朗的专业术语被双方直接采纳和运用并作为学术争论的核心内容。

---

① 参见张明楷:《实质解释论的再提倡》,载《中国法学》2010年第4期。

② 参见陈兴良:《形式解释论的再宣示》,载《中国法学》2010年第4期。

处罚必要性的概念尚处于缺失状态，导致我们只能对其大致含义进行顾名思义式的理解。处罚必要性的解释论功能尚不明确，导致实质解释论与形式解释论在入罪的场合存在鲜明的观点分歧。因此在研究中首先需要界定处罚必要性以及分析其功能。如果处罚必要性是一个模棱两可的概念，那么实质解释论与形式解释论之间的理论对立则存在可质疑之处。

真正的军警人员抢劫是否属于作为抢劫罪加重事由的冒充军警抢劫以及故意毁坏财物罪中"毁坏"一词应采纳何种学说，是实质解释论与形式解释论在具体罪名解释方面批判对方的实例。对于冒充的含义，张明楷教授认为冒充包括假冒与充当，军警人员显示其身份抢劫的应认定为冒充军警人员抢劫。[①] 对此，陈兴良教授认为："在绝大多数情况下，语词的含义是较为确定的，因而不存在通常语义与可能语义之区分。对此也就只能采用语义解释而不能进行实质解释。冒充一词就是如此，它的含义就是假冒。"[②]对于毁坏的学说，张明楷教授持一般的效用侵害说，即毁坏不限于从物理上变更或者消灭财物的形体，而是包括使财物的效用丧失或者减少的一切行为。因而，低价抛售他人股票属于毁坏财物。[③] 对此，陈兴良教授主张："毁坏首先是一种行为，在财物效用受到损害的情况下，我们还要考察该财物效用的损害是否是由行为人的毁坏行为所引起的。……如果本案高进低出买卖股票使他人财物遭受损失的行为可以解释为毁坏，那么，刑法规定的毁坏一词就丧失了界限功能，故意毁坏财物罪就演变为故意使他人财物遭受损失的犯罪，无论是毁坏一词作何种宽泛的解释，高进低出买卖股票的行为都难以为毁坏

① 参见张明楷：《刑法分则的解释原则》（上），中国人民大学出版社 2011 年版，第 67～69 页。

② 参见陈兴良：《形式解释论的再宣示》，载《中国法学》2010 年第 4 期。

③ 参见张明楷：《刑法学》（下），法律出版社 2016 年版，第 1026 页。

一词所涵摄。”①由此,实质解释论与形式解释论的代表性学者对冒充与毁坏的含义有不同的理解,但这并不说明关于两个语词含义的争论是实质解释论与形式解释论理论对立的表现或者结果。也许它们是该学派之争在刑法分则中的一种具体体现,但也有可能它们只是对法律语言含义的寻常的理解分歧。虽然在实质解释论与形式解释论之争中讨论冒充与毁坏的含义,但由于对语义的理解既涉及个人的知识结构又关乎整个社会的文化观念,冒充与毁坏的观点对立是否只是实质解释论与形式解释论的旗帜性学者对具体罪名含义理解上的被有意关注的薄弱之处?因此,冒充与毁坏的含义之争是否属于实质解释论与形式解释论的内在问题亦存在可探讨之处。

① 参见陈兴良:《形式解释论的再宣示》,载《中国法学》2010年第4期。

第二章　刑法文义解释方法

第一节　文义解释方法的属性

在法律领域,法律语言的表达方式和表现形式是法律条文或者法律文本。对刑法而言,所有的理解和解释活动都应当以刑法条文或者刑法文本为对象。文义解释方法具有初始性、辅助性和限定性等属性。

一、文义解释方法的初始性

文义解释的初始性意味着,文义解释是一切解释活动的开端和基础。一旦解释者审视法律文本,解释活动即已开始。体系解释、历史解释和目的解释都必须以文义解释为前提。

有学者基于防止过度解释的考量而提出"无须解释的事项不许解释"或者"法治反对解释"的命题。此观点虽然承认在哲学解释学的意义上任何法律应用其实都是在解释法律,但是为了防止出现增加交流的成本与目的解释等实质性解释因素过度进入解释过程而影响解释结论确定性的现象,提出在存在共识的法律问题上无须再进行解释。[①] 在刑法理论中,类似的观点有:"……由刑法文本的特殊性及作为其灵魂的罪刑法定原则所决定,文义解释(亦称平义解释、语义解释、文理解释)应当成为解读刑法文本基本的和首选的方法,能够根据文义解释法合理地界定刑法语词含义的,则没有必要进行论理解释。"[②]"在对刑法规定进行语义解释时,如果某一行为并未被通常语义所包含,则须进一步辨别是否在语义的射程之内。只有当它被可能的语义所包含,但存在多重含义时,才需要采取其他各种方法最终确定其含义。"[③]此种观点实际上与魏德士所批评否定的"明晰性规则"或者"平义规则"相同,该规则即认为清晰明确表达的法律规定不需要任何解释。批评的理由有两个:第一,语言表达可能随着被表达、被接受的环境的改变而改变,因此语言表达不会持久地保持明晰;第二,法律并非孤立存在,由于立法者会犯错误,看似清晰的文义可能与同一法律的其他规定、新颁布的法律或者位阶更高的法律之间产生矛盾冲突。[④]

在法律解释学尚未达到发达状态、刑法解释体系尚未完全确立、法律解释观念尚未在司法实践中被广为接受、机械司法和不依据法律进行裁判现象依然严重的时代,法治反对解释的观点极易造成对法律解释活动的阻隔,反而难以真正地落实法治。首先,共识的达成是解释的结果,而非无须解释的理由。"简单的案件所以简单,是因为大家对句法原则或实质性原则有着共同认识。当法官依赖于词汇在语境中的通常含义时,当然存在各种各样的解释原则,

① 参见陈金钊:《文义解释:法律方法的优位选择》,载《文史哲》2005年第6期。

② 梁根林:《罪刑法定视域中的刑法适用解释》,载《中国法学》2004年第3期。

③ 陈兴良:《形式解释论的再宣示》,载《中国法学》2010年第4期。

④ 参见[德]伯恩·魏德士:《法理学》,丁晓春、吴越译,法律出版社2013年版,第311~312页。

只是解释者们通常没有意识到它们罢了。之所以有这种现象,是因为这些原则作为解释性工作不容置疑的背景的一部分如此明显,以致人们对它熟视无睹。"①即使已经形成共识的、无可争议的法律解释结论,这也只是在简单案件中通过不明显的、暗含的解释活动而成立的广为接受的暂时结果。"表面上的意义是由于一种无意识的解释性推理,接受者自发地赋予语言表达的意义。当法律人认为某一法律文本是'清晰和明确的',这意味着:基于无意识的解释,该文本表面上对其读者而言似乎是清晰的。"②其次,共识是否已经达成并非能够明确和清晰表现出来。有时我们自认为已经达成的共识只是基于个人的理论视野和社会理解能力而作出的一种主观性判断,不同的人很有可能仍然持有不同的主张。最后,在法治国家和法治社会完全建成之前,曲解法律的机械司法和无视法律的不依据法律裁判的现象大量存在,与其说解释法律具有瓦解法治的风险,毋宁说曲解法律乃至无视法律才是更严重的法治风险。我国的司法实践中的问题并非过度解释或者解释被滥用,而是法律解释的式微。因此,与其提倡法治反对解释的超前命题,不如客观地承认在法律适用过程中以文义解释为开端的、通向意图或者目的的解释活动无处不在。只有让司法者充分意识到自己总是在进行法律解释,他才可能审慎对待自身的理解和解释行为。总之,"法律非经解释,便不能适用。在法官的工作中,法律的适用和法律的解释是合而为一的,有解释才有适用,有适用必有解释"。③

理解和解释无处不在,理解和解释的必要性显而易见。一个简

① [美]凯斯·R.孙斯坦:《法律推理与政治冲突》,金朝武等译,法律出版社2004年版,第227页。

② [比]马克·范·胡克:《法律的沟通之维》,孙国东译,法律出版社2008年版,第174页。

③ 周少华:《刑法之适应性——刑事法治的实践逻辑》,法律出版社2012年版,第334页。

单的生活现象是,“我们在与人交谈或阅读报章时,是在不自觉的情况下,对于所听或所读心领神会。无论是观看电视节目、听一场讲座,或阅读一篇主题熟悉的文章,只要是我们的文化和语言,就可以根据直觉理解,无须刻意盘算要用什么方法去理解。尽管并不察觉,我们却是用某些方法,让我们正确地理解”。①作为心理活动的解释和理解不仅是个人主观方面的内部活动,其正确或者恰当答案的获得必须依赖具体的语言环境。“有时,即使是最直接的沟通,也不是那么简单明确的。例如,要明白一个父亲对女儿说的话:‘你会在午夜之前回来,是吗?’除了要掌握个别单字的表面意思之外,也可能要明了隐藏在背后的暗示。我们要仔细分析整个语境,才可以判断它是一个询问、一个假定,抑或是一个命令。”②正是由于具体语境的存在,理解和解释的规律几乎无法被表达为系统的、具体的、固定的规则。“没有一个机械化的规则系统可以帮助我们准确明白‘我爱你’这三个字在一个少女向男朋友说出时、一个丈夫向结婚25年的妻子说出时、一位母亲向她的孩子说出时或是一个青年人对着一辆保养得完美无瑕的1954年出厂的雪佛兰房车说出时所包含的一切意义。解释的‘艺术’性质正是在此。成年人可能以为自己明白‘酷’、‘辣’或‘潮’(或任何在年轻人中流行的字词)等字词的意思,但若是忽略了年轻人文化的符号系统,就只会得出风马牛不相及的理解。同样地,年轻人也可能对父母某些少年时习以为常的用语感到晦涩难懂。”③

相对纷繁复杂的生活事实而言,刑法的文字表述都具有一定的

---

① [美]W. W. 克莱恩等:《基督教释经学》,尹妙珍等译,上海人民出版社2011年版,第8页。

② [美]W. W. 克莱恩等:《基督教释经学》,尹妙珍等译,上海人民出版社2011年版,第9页。

③ [美]W. W. 克莱恩等:《基督教释经学》,尹妙珍等译,上海人民出版社2011年版,第10页。

模糊性。即使貌似简单易懂的罪名也会含有巨大的解释空间。例如,从字面上看,无论是对外行人还是对法律共同体而言,打击报复证人罪都是一个容易理解的罪名,对“打击报复”的理解似乎并不存在难题或者障碍;但事实上,自1997年《刑法》增设此罪至今,“打击报复”的外延仍然存在较大的理论空间。《刑法》第308条规定:“对证人进行打击报复的,处三年以下有期徒刑或者拘役;情节严重的。处三年以上七年以下有期徒刑。”通说认为:“打击报复的手段可能会多种多样,如降职降薪、解聘解雇、扣发薪金、侮辱人格、侵害人身、骚扰安宁等。……打击报复证人的行为如果同时触犯到其他罪名的,应按照想象竞合犯的处断原则处理。”①通说对具体行为手段或者方法的列举有三个典型特征:一是针对性,即打击报复的手段或者方法直接针对作证的人本人;二是多样性,即打击报复的手段或者方法表现为对作证的人实施身体伤害、名誉损害、财产破坏、生活侵扰、工作妨碍等,这些行为侵犯了作证的人的广泛利益;三是重合性,即因打击报复手段或者方法的多样性而造成出现一行为成立两个以上犯罪的想象竞合的情形。与通说不同的是,由于对此罪与彼罪之间关系的不同理解,有的观点缩小了打击报复的范围。例如,打击报复是指以各种方式损害证人的利益,但不包括故意导致证人重伤或者死亡的行为在内。② 换言之,该观点认为针对身体法益的打击报复行为仅限于轻伤以下结果。

如果说上述问题因涉及对竞合理论应用场合的不同理解而无法充分表现出刑法分则罪名的解释必要性的话,那么对证人的亲友实施打击报复是否属于打击报复证人则更具有论证上的代表性。肯定说提出:“对证人的亲友进行打击,旨在对证人的作证行为进行

---

① 高铭暄、马克昌主编:《刑法学》(第8版),北京大学出版社、高等教育出版社2017年版,第559页。

② 参见黎宏:《刑法学》,法律出版社2012年版,第824~825页。

报复的场合,根据《刑事诉讼法》第49条的精神,可以构成本罪。"[①] 否定说指出:"为打击报复证人,而对其近亲属实施殴打、侮辱、威胁的,不构成本罪,可能构成故意伤害、侮辱等罪。"[②]肯定说有助于增强对证人亲友尤其是其近亲属的保护和维护诉讼活动的正常开展,但其问题在于,刑事诉讼法的相关规定并非附属刑法,而只是对刑事处罚可能性的一种提示。否定说承认"打击报复的手段和方法在实践中多种多样,可以是暴力,也可以是非暴力",[③]即在打击报复手段或者方法具有多样性的共识性前提下,否认那种通过打击报复近亲属而对证人的内心情感造成伤害以及势必对未来司法秩序造成损害的行为属于打击报复证人;其问题在于,既然报复行为的多样性意味着侵犯利益的广泛性,为何不将证人的内心情感视作证人的一种利益?毕竟,"人是要有一点精神的"。[④] 虽然否定说所提供的解决方案并不会产生轻纵犯罪的消极后果,但其缺乏充分的论证。

此外,肯定说和否定说还面临着相同性质的难题,即应根据什么样的标准来限定亲友或者近亲属的范围。一方面,肯定说所提及的"亲友"是一个过于宽泛的概念。亲友,包含亲戚和朋友之意。[⑤] 亲戚,是指跟自己家庭有婚姻关系或血统关系的家庭或它的成员。[⑥] 亲戚的范围很大。"亲属关系是根据生育和婚姻事实所发生的社会

---

① 黎宏:《刑法学》,法律出版社2012年版,第824页。2018年《刑事诉讼法》将2012年《刑事诉讼法》第49条调整至第63条;该条第2款规定:"对证人及其近亲属进行威胁、侮辱、殴打或者打击报复,构成犯罪的,依法追究刑事责任;尚不够刑事处罚的,依法给予治安管理处罚。"

② 周光权:《刑法各论》(第3版),中国人民大学出版社2016年版,第387页。

③ 周光权:《刑法各论》(第3版),中国人民大学出版社2016年版,第387页。

④ 中共中央文献研究室编:《毛泽东文集》(第7卷),人民出版社1999年版,第162页。

⑤ 参见中国社会科学院语言研究所词典编辑室编:《现代汉语词典》(第6版),商务印书馆2012年版,第1052页。

⑥ 参见中国社会科学院语言研究所词典编辑室编:《现代汉语词典》(第6版),商务印书馆2012年版,第1051页。

关系。从生育和婚姻所结成的网络，可以一直推出去包括无穷的人，过去的、现在的和未来的人物。我们俗语里有‘一表三千里’，就是这个意思，其实三千里者也不过指其广袤的意思而已。”[①]而朋友的范围则更大。朋友，既指彼此有交情的人，又指恋爱的对象。[②] 这里的朋友是第一种意义上的。“孔子曰：‘益者三友，损者三友。友直，友谅，友多闻，益矣。友便辟，友善柔，友便佞，损矣。’”[③]儒家学说的交友观所阐释的道理是，朋友的范围是一个基于特定价值衡量进行选择交际的变动性过程。由于不同的人对交往中的价值有不同的追求或者认同，朋友的范围通常因人而变、随时而制，并非如日月经天、江河行地般一成不变。另一方面，否定说的“近亲属”也是一个不明确的法律概念。根据《刑事诉讼法》第108条的规定，刑事诉讼中的近亲属是指配偶、父母、子女、同胞兄弟姐妹。虽然刑事诉讼法与刑法同属刑事法，但是刑法的最后手段法属性意味着并不能简单地将刑事诉讼法的近亲属与刑法解释中的近亲属等同视之。根据1988年4月2日最高人民法院《关于贯彻执行〈中华人民共和国民法通则〉若干问题的意见（试行）》第12条的规定，民法通则中的近亲属包括配偶、父母、子女、兄弟姐妹、祖父母、外祖父母、孙子女、外孙子女。根据《民法典》第1045条的规定，亲属包括配偶、血亲和姻亲；配偶、父母、子女、兄弟姐妹、祖父母、外祖父母、孙子女、外孙子女为近亲属。根据2015年1月30日最高人民法院《关于适用〈中华人民共和国民事诉讼法〉若干问题的解释》第85条的规定，与当事人有夫妻、直系血亲、三代以内旁系血亲、近姻亲关系以及其他有抚养、赡养关系的亲属，可以当事人近亲属的名义作为诉讼代

---

① 费孝通：《乡土中国》，人民出版社2008年版，第28页。

② 参见中国社会科学院语言研究所词典编辑室编：《现代汉语词典》（第6版），商务印书馆2012年版，第982页。

③ 《论语·季氏篇》。

理人。根据2018年2月6日最高人民法院《关于适用〈中华人民共和国行政诉讼法〉的解释》第14条的规定,《行政诉讼法》第25条第2款规定的近亲属包括配偶、父母、子女、兄弟姐妹、祖父母、外祖父母、孙子女、外孙子女和其他具有扶养、赡养关系的亲属。可见,我国法律体系中的近亲属的外延并不相同。虽然否定说的"近亲属"比肯定说的"亲友"在理论上更为具体,但有关理论仍未回答关于近亲属外延判断的实践操作难题。

二、文义解释方法的辅助性

文义解释的辅助性意味着,完全独立意义上的文义解释没有任何实践价值。文义解释需要配合其他解释方法及其规则才能获得妥当的解释结论。一方面,文义解释与体系解释之间存在天然的勾联。只有结合语词的具体条文语境、上下临近条文之间的意义关联和整部法律在宏观法体系中的地位,该语词背后的利益衡量和价值评判才能得以澄清。换言之,语词从属于语句,而语句又从属于规则、制度和宏观法体系,认识语词在微观和宏观法律系统中的位置,并在此基础上调适与其他概念和规则的逻辑和价值关系,是明确语词含义的必要方法。对某一刑法文本的语词或者语句的文义解释不可能完全只作文字意义上的理解,原因在于这些文字早已被限制于特定的法律体系框架之中。"文理解释是体系解释方法的补充。借助于系统化的解释方法,从需解释的条文所处的上下文的相互关联中便可得出法律意思。"①另一方面,进行文义解释最终是为了发现法律中的目的。法律中的文字因为有所描述和指代而具有特定的含义,而在强调效用的法律制度中,揭示法条文字背后的意义则是法律实践的必然要求。换言之,当阅读法律条文的时候,我们其

---

① [德]汉斯·海里因希·耶塞克、托马斯·魏根特:《德国刑法教科书》,徐久生译,中国法制出版社2001年版,第192页。

实是在试图读懂它在表达什么意思以及对我们生活和行动的影响。“解释方法之桂冠当属于目的论之解释方法,因为只有目的论的解释方法直接追求所有解释之本来面目,寻找出目的观点和价值观点,从中最终得出有约束力的重要的法律意思;而从根本上讲,其他的解释方法只不过是人们接近法律意思的特殊途径。”①

《刑法》第417条规定:“有查禁犯罪活动职责的国家机关工作人员,向犯罪分子通风报信、提供便利,帮助犯罪分子逃避处罚的,处三年以下有期徒刑或者拘役;情节严重的,处三年以上十年以下有期徒刑。”对于帮助犯罪分子逃避处罚罪中“通风报信”和“提供便利”的行为类型,通说认为,通风报信是指向犯罪分子透露有关国家机关将追查其犯罪活动的信息或司法机关对其犯罪事实的查证情况等信息;提供便利是指向犯罪分子提供除通风报信以外的可以方便犯罪分子逃避处罚的条件,如为犯罪分子提供金钱、交通工具等帮助,或告知其在接受讯问中如何狡辩或避重就轻等。② 从字义的角度来看,理解通风报信是比较容易的,其有向他人暗中透露此人本不应知悉的信息的意思。提供便利有给予他人有利的条件的含义,给予的方式多种多样,有利的条件形形色色,由于提供便利的外延明显比通风报信宽泛,仅从字义的角度是难以对提供便利的具体行为内容进行把握的。对提供便利的具体行为类型的判断需要依据或者参照帮助犯罪分子逃避处罚罪的立法意图、实践中常见多发的行为类型、在提供便利语义范围之内的其他罪名的相似行为类型等因素。根据2006年7月26日最高人民检察院《关于渎职侵权犯罪案件立案标准的规定》,帮助犯罪分子逃避处罚罪是指有查禁犯

---

① [德]汉斯·海里因希·耶塞克、托马斯·魏根特:《德国刑法教科书》,徐久生译,中国法制出版社2001年版,第193页。

② 参见高铭暄、马克昌主编:《刑法学》(第8版),北京大学出版社、高等教育出版社2017年版,第665页。

罪活动职责的司法及公安、国家安全、海关、税务等国家机关工作人员,向犯罪分子通风报信、提供便利,帮助犯罪分子逃避处罚的行为。涉嫌下列情形之一的,应予立案:第一,向犯罪分子泄露有关部门查禁犯罪活动的部署、人员、措施、时间、地点等情况的;第二,向犯罪分子提供钱物、交通工具、通信设备、隐藏处所等便利条件的;第三,向犯罪分子泄露案情的;第四,帮助、示意犯罪分子隐匿、毁灭、伪造证据,或者串供、翻供的;第五,其他帮助犯罪分子逃避处罚应予追究刑事责任的情形。该规定使提供便利的行为类型更加清晰和明确。提供便利,是指为犯罪分子逃避处罚提供方便,如向犯罪分子提供钱物、交通工具、通信设备、隐藏处所等便利条件;帮助、示意犯罪分子隐匿、毁灭、伪造证据,或者串供、翻供等。这些提供便利的具体行为类型都以让犯罪分子逃避法律处罚为最终目的,也是实践中常见多发的行为方式,同时从中也能发现其受《刑法》分则第六章"妨害社会管理秩序罪"第二节"妨害司法罪"中的"窝藏、包庇罪""妨害作证罪""帮助、毁灭伪造证据罪"等相关罪名的行为类型的影响。

三、文义解释方法的限定性

文义解释的限定性意味着,文义解释划定语词含义的范围和解释活动的权限。"法律解释的任务只能是,在特定法律语词的语义空间之内,选择那些就使用了该法律语词的特定法条而言可最恰当地赋予该法律语词的涵义。"①法官遵从法律首先意味着法官对法律的理解要受到法律文本表述的限制。这种受限的文义解释活动体现出民主法治国家的分权和民主原则。"法律是至上的,由立法机关制定;司法机关(法院)的职责是忠实地执行立法机关所订立的法

① [德]齐佩利乌斯:《法学方法论》,金振豹译,法律出版社2009年版,第66~67页。

律,在具体案件中实现立法机关的意愿;而去明白什么是立法机关的意愿,没有其他方法,唯一的方法便是拿着立法机关所通过了的条文本身,作为立法机关的意愿的唯一证据,看看立法机关透过条文表示了什么意思。"①解释者不得突破法律文本所能承受的意义范围,表明其严格遵循立法权与司法权的分立,以避免发生规则执行者亦是规则制定者的身份混同现象。

"任何法律适用者都应该注意:方法问题是宪法问题。"②同时,由于法律保留原则对创制罪刑规则的权力及其形式的特定要求,关涉公民生杀予夺的刑法条文基本上是由具有广泛民主基础的代议机关全国人民代表大会审议通过的,因此受到文义范围限制的解释活动也在遵循民主原则。"法院受到法律约束这一原则的任何松动就是对民主原则的损害。它将导致法律中具有约束力地表达的共同意志被当时作出裁判的法官的主观主义所排斥。"③

第二节　核心含义与边缘含义

法律条文的含义存在日常含义与专业含义、核心含义与边缘含义以及历史含义与当下含义的优先适用之争。其中,历史含义与当下含义之争实际上是主观解释论与客观解释论的论争,本书将于第四章中对其详细阐述。

"我们根据常用的语言习惯、根据语言的约定俗成来使用词语。立法者也是这样做的。只是很少的情况下,他才为法律中使用的概

① 陈弘毅:《当代西方法律解释学初探》,载《中国法学》1997年第3期。

② [德]伯恩·魏德士:《法理学》,丁晓春、吴越译,法律出版社2013年版,第304页。

③ [德]伯恩·魏德士:《法理学》,丁晓春、吴越译,法律出版社2013年版,第304页。

念作出定义。”①从沟通的角度出发，法律是由权力机关采用符合一般理解习惯和能力的语言而向外界发出的关乎行为举止自由的诫命。法律所表达的意义之所以大体能够被公众和法律共同体掌握，是因为表达法律的语言以日常所使用的字、词、句及其语法为其基本结构。与此同时，历经悠久传承，由法律科学、法律制度和法律实践中凝结出大量的专业的法律概念，这些特定的概念在立法中有助于保证语言的准确性和稳定性。“立法者会运用一般的语言，因为他是针对国民而立法，希望他们可以了解。此外，他还广泛地运用法学术语，借此他可以作精确的陈述，可免于很多繁琐的说明。”②理想的状态是，国民能够读懂立法者和司法者在法律工作中所运用的日常语言和专业语言，并能够准确把握这些语言背后的目的与意义。但毕竟术业有专攻，在社会分工细化的时代，普通个体已经不可能掌握所有行业或者专业的术语，以至于能够对某些术语有所耳闻就已经很不错了。此外，某些术语的内涵外延、价值取向、演进历史、适用范围、系统关联或者实践意义等问题在专业共同体内部尚且存在较大的理论争议，更不可能奢求非专业人士对其有所了解。由此就出现了日常含义与专业含义应当何者优先适用的问题。一般认为，专业含义优先于日常含义。“法律的特殊语言用法通常应优先于一般的语言用法。”③作为一种沟通方式，法律用具有理解可能性的科学语言表达出权利或者权力制度的内容；虽然民众通常会根据日常用语习惯来理解法律，而法律制度的设置自有其在特定社会环境中的目的性和专业性，但专业术语也并非与日常用语之间存

① [德]伯恩·魏德士：《法理学》，丁晓春、吴越译，法律出版社2013年版，第314页。

② [德]卡尔·拉伦茨：《法学方法论》，陈爱娥译，商务印书馆2003年版，第200页。

③ [德]卡尔·拉伦茨：《法学方法论》，陈爱娥译，商务印书馆2003年版，第202页。

在不可逾越的界限，至少民众对其具有理解的可能性。专业含义优先意在表明，具有准确性和稳定性的专业术语应当在特定的事项中受到特定的理解共同体的优先对待。“立法中的定义是规定性的定义，或施为话语。它们创造了不同于其词汇意义的某种新的意义——其词汇意义只描述了在某个语言共同体内实际使用的意义。词典中只包含了词汇意义，以告知在该语言共同体内的一种标准意义。在立法中，这种标准意义只对规定性定义的形成有意义，因为规定性定义是创造了一种不同于其标准意义的新的特定法律意义的施为话语。”①因此，当某个法律概念的日常意义与法律专业意义不同时，应当根据该法律概念被创建时的语境首先适用其专业意义。

德国学者海克提出区分概念的核心与边缘，并且指出法律适用的最大容许范围。“对命令者的诫命观念，我们可以如同对其他的诫命观念一样，区分核心——指注意力的焦点集中的部分——与外缘、边缘——指注意强度较少的要素部分。除了少数的例外，在法律适用时容许偏离的程度只限于到外缘或边缘为止。”②对于概念所包摄的对象或者案例，德国学者普珀提出肯定（积极）选项、否定（消极）选项与中立（中性）选项的划分。肯定选项是指完全能够被概念明确包括的事例，它组成了概念的核心部分；否定选项则是从反面说明的明显不能被概念包含的事例；而中立选项“是指那些根据一般的概念界定或语言使用习惯，无法清楚确定是否应落入此概念下的情形。也就是说，这些情形是否可被包摄到该概念下，必须要由

① ［比］马克·范·胡克：《法律的沟通之维》，孙国东译，法律出版社2008年版，第179页。

② 转引自吴从周：《概念法学、利益法学与价值法学：探索一部民法方法论的演变史》，中国法制出版社2011年版，第318页。

法律适用者或法学家决定”。[①] 事实上,所谓肯定选项即是核心含义的内容,而中立选项则对应着边缘含义的内容。此三种选项的划分说明某一难以明确予以判断的事项是否能够归属于概念的边缘并不是完全固定的,概念之内或者概念之外的划定可能取决于一些非语义的利益衡量和价值评价因素。“我们把中立选项拿来和那些可清楚被包摄到法律中的案例(也就是肯定选项)相比,或者是以之和那些明显不能包摄到法律中的案例(也就是否定选项)相比。用来比较相关案例的着眼点,就是法律的意义与目的。”[②]中立选项的归属必须依赖“比较”活动,这也从另一个侧面证明了本书第六章刑法解释思维模式所要阐明的问题。

日常含义与专业含义、核心含义与边缘含义两对概念之间存在一定的交叉关系。对社会大众而言,在某种程度上日常含义与专业含义之争可以被核心含义与边缘含义之争涵盖。因为,日常含义是国民通常能够理解的、经常使用的语言的普遍含义,这种普遍含义实质上是概念的核心含义;而专业含义则只是极小范围内的知识群体或者专业共同体所使用语言的特殊含义,对于社会大众而言这种特殊含义实质上就是概念的边缘含义。但社会大众也会在非专业的话语中遭遇核心含义与边缘含义的难题。因此,需要注意的是,这两组概念所指向的并非同一问题。日常含义与专业含义之争所涉及的是,在社会分工细化时代当一个词语或者词组同时包含意义不同的日常含义与专业含义时何者具有采纳的优先性问题。核心含义与边缘含义之争所涉及的是,我们通常对语言核心含义有相同的认识,能够对此形成共识而无可争议,但对某一个在使用场合上

① 参见[德]英格博格·普珀:《法律思维小学堂》,蔡圣伟译,北京大学出版社2011年版,第53页。

② [德]英格博格·普珀:《法律思维小学堂》,蔡圣伟译,北京大学出版社2011年版,第53页。

难得一见、在使用频率上屈指可数的含义究竟是该语言的边缘含义还是与该语言毫无关系的判断上往往陷入却进退维谷、左右为难的境地。

我国刑法解释理论的主要问题不是日常含义与专业含义的论争,而是核心含义与边缘含义之争。从形式解释论与实质解释论之争所涉及的具体案例来看,它们几乎都以是否超过可能的语义范围为评判的底线。刑法解释的正当性来源是作为刑法核心原则的罪刑法定原则,而遵循该原则的刑法解释活动的底线即是不得超过文义的可能范围。从刑法方法论角度审视,形式解释论与实质解释论聚焦于,基于罪刑法定原则如何确定一个超出通常理解范围的意义尚在可能的语义范围之内。

形式解释论主张,"在可能的语义的范围内,对刑法进行严格解释",而非拘泥于刑法条文的字面含义。形式解释论批评实质解释论在刑法没有形式规定的情况下将具有实质上的处罚必要性的行为通过扩大解释予以入罪。"只有在这个问题上,才存在形式解释论与实质解释论之争。"具体而言,由于实质解释论主张解释容许范围与处罚必要性成正比,与核心含义的距离成反比,形式解释论认为实质解释论并不以可能的语义为刑法解释的边界,"在处罚必要性与核心含义的距离这两个要素中,真正决定解释容许范围的是处罚必要性而非可能的语义。可能的语义是随着处罚必要性的增大而不断扩张的,因而成为一条不设防的边界"。①

实质解释论主张,对构成要件的解释不能停留在对法条的字面含义上,而是应当以保护法益为指导,使行为的违法性和有责性达到值得科处的刑罚程度;当某种具有处罚必要性的行为并不处于刑法用语的核心含义之内时,应当在符合罪刑法定原则的前提下进行扩大解释,以实现处罚的妥当性。总之,"就一个行为而言,其离刑

---

① 参见陈兴良:《形式解释论的再宣示》,载《中国法学》2010 年第 4 期。

法用语核心含义的距离越远，被解释为犯罪的可能性就越小；其受处罚的必要性越高，被解释为犯罪的可能性就越大”。①

以对“毁坏”的理解为例，形式解释论与实质解释论的观点和结论大相径庭。《刑法》第275条规定：“故意毁坏公私财物，数额较大或者有其他严重情节的，处三年以下有期徒刑、拘役或者罚金；数额巨大或者有其他特别严重情节的，处三年以上七年以下有期徒刑。”日本关于毁弃的含义主要有两种学说。一种是“物理性损坏说”，其认为毁弃是指物理性地对财物加以毁坏；另一种是“侵犯效用说”，其认为毁弃是指有损财物之效用的一切行为。侵犯效用说是日本的理论界和实务界的通说。② 此外，还有一种“有形侵害说”，其主张毁弃是通过对财物加以有形的作用，从而毁损财物的无形价值或者财物的物体的完整性。但是，由于“有形的作用”是一个有失明确的概念，最终导致该说与效用侵害说在结论上没有实质区别。③ 总之，在毁坏的含义问题上主要存在物理损坏说与效用侵害说的对立。对此问题，形式解释论主张物理损坏说，其认为物理的损坏说“较为符合毁坏的本义，强调财物物理性的价值的丧失或降低”。“至于效用侵害说，对于毁坏的理解过于宽泛，已经超出毁坏的字面含义。”④ 由此，使他人鱼塘里的鱼游失、将笼中之鸟放飞、把贵重首饰投入湖海、将物品隐藏起来、在他人餐具中投入粪尿以及擅自低价抛售他人股票的都不成立故意毁坏财物罪。实质解释论则主张效用侵害说。“所谓财物效用的减少或者丧失，不仅包括因为物理上、客观上的损害而导致财物的效用减少或者丧失（使他人鱼池的鱼游失，将他人的戒指扔入海中，低价抛售他人股票），而且包括因为心理上、

---

① 参见张明楷：《实质解释论的再提倡》，载《中国法学》2010年第4期。

② 参见［日］山口厚：《刑法各论》，王昭武译，中国人民大学出版社2011年版，第409页。

③ 参见张明楷：《刑法学》（下），法律出版社2016年版，第1025页。

④ 参见陈兴良：《形式解释论的再宣示》，载《中国法学》2010年第4期。

感情上的缘故而导致财物的效用减少或者丧失(如将粪便投入他人餐具,使他人不再使用餐具);不仅包括财物本身的丧失,而且包括被害人对财物占有的丧失(如将他人财物隐藏,为了报复泄愤将他人的现金扔入水沟)等情形。'效用'还包括美观方面的效用,所以使财物外观发生变化的,也可能是毁坏财物。"①

形式解释论与实质解释论在解释观念上基本相同。(1)两者都主张以可能的语义范围为解释的底线。形式解释论一直赞同以可能的语义作为刑法解释的边界,②而实质解释论则强调在遵循罪刑法定原则的前提之下对边缘含义作实质判断。③ 实质解释论在确定刑法用语的外延时强调罪刑法定原则实际上也是承认以可能的语义为刑法解释的界限。(2)两者都接纳和采用形式判断和实质判断。形式解释论不主张刑法解释应当拘泥和局限于形式、字面或者平义解释,不反对实质判断。④ 实质解释论也未提倡在突破刑法规定的意义上对实质值得科处刑罚但又缺乏形式规定的行为作刑法扩张解释,更准确地表述应当是"当某种行为并不处于刑法用语的核心含义之内,但具有处罚必要性和合理性时,应当在符合罪刑法定原则的前提下,对刑法用语作扩大解释"。⑤

正如形式解释论者所言,两者的关键区别在于是否承认形式判断与实质判断之间存在的逻辑上的位阶关系。"形式解释论与实质解释论的根本区分仅仅在于:在对刑法进行解释的时候,是否先进行形式判断,然后再进行实质判断。"然而,即使是在此问题上,两者也未呈现出截然对立的姿态。形式解释论一方面主张将可能的语义作为刑法解释的边界,从而限制其他解释方法的适用;另一方面

---

① 张明楷:《刑法学》(下),法律出版社2016年版,第1026页。

② 参见陈兴良:《形式解释论的再宣示》,载《中国法学》2010年第4期。

③ 参见张明楷:《实质解释论的再提倡》,载《中国法学》2010年第4期。

④ 参见陈兴良:《形式解释论的再宣示》,载《中国法学》2010年第4期。

⑤ 张明楷:《实质解释论的再提倡》,载《中国法学》2010年第4期。

又赞同以语义解释为起点并按照一定的位阶综合运用其他解释方法以最终确定含义。换言之,形式解释论认为,语义解释是刑法解释的起点,而可能的语义则是刑法解释不可逾越的界限。[①] 实质解释论一方面主张"在行为不能被构成要件的表述所包含(不处于刑法用语可能具有的含义内)时,当然形式优于实质";另一方面又提倡以保护法益为指导、根据处罚的必要性进行实质解释。[②] 换言之,形式解释论虽然主张形式判断优先于实质判断,但是在可能的语义范围与刑法规定真实含义的确定上又不得不依赖包含着实质目的要素的体系解释和目的解释等方法。实质解释论虽然主张根据目的和实质正当性对构成要件进行实质解释,但是也注重解释结论不能突破构成要件的表述、不能超过刑法用语可能含义的范围和不能违背罪刑法定原则。总而言之,"无论是形式刑法观,还是实质刑法观,它们所坚持的其实都是'形式与实质相统一'的思维标准。只不过,它们对'形式'或'实质'的判断标准各有不同、对二者如何'统一'各有说辞而已"。[③]

处罚必要性到底是什么,这是一个有待进一步研究的问题。本书初步认为,处罚必要性与是解释者或者司法者面对案件时心中所升腾而起的正义感密切相关。"将对各种相互竞争的解释论据的衡量和选择交给对正义的寻求这一目标去引导,也就是说,最终确定的解释论据应当能够使待裁定之案件获得公平的处理……"[④]当面对一个造成严重危害的大案要案或者一个作恶多端、丧尽天良的行为人时,解释者或者司法者正义感会不自觉地要求其通过入罪和适用较重的刑罚以惩恶扬善;当面对一个危害极其轻微并无任何危害

① 参见陈兴良:《形式解释论的再宣示》,载《中国法学》2010年第4期。

② 参见张明楷:《实质解释论的再提倡》,载《中国法学》2010年第4期。

③ 周少华:《刑法之适应性——刑事法治的实践逻辑》,法律出版社2012年版,序言第8页。

④ [德]齐佩利乌斯:《法学方法论》,金振豹译,法律出版社2009年版,第82页。

乃至非但无害反而有益的案件或者行为人是一个值得同情和恻隐的可怜弱者时,解释者或者司法者的正义感又会不自觉地要求其通过出罪以悲天悯人。“实践表明,我们的决策既包含下意识的直觉快速反应,也涉及周密细致的深思熟虑。你可能认为,法官因其职业属性和专业培训,通常会格外依赖严谨的逻辑推理,但实际上,法官们往往或者主要凭借直觉做出决策。”①“理性人”或者“经济人”只是一种理论假设,无论个体的理性程度是高还是低,我们每一个人总是受到各种或简单或复杂的情感的支配和控制。正是这些隐藏在个人内心深处的、不易被察觉的情感驱动了参与政治、热衷经济、投身社会或者迷恋文化等行为趋向,外观上的积极行为与消极行为和结果上的有益行为与无益行为也是那些情感无时无刻驱使行动的表现。包括解释者和司法者在内的法律共同体在接受法学教育和法律培训时经常被告诫:正义是最高的法的价值目标,不但立法层面的法理应蕴含正义的因素,司法层面的法也要体现正义的踪迹。正义价值既为法律共同体提供了一个评判规范和事实的貌似标准统一的尺度,也为法律共同体增强了内部情感的自信力和外在行为的合法性。

在司法实践中,刑事法官“根据自己的良心和法律专业知识,决定对某种行为应当加以处罚的时候,其就会在大前提的设定上,展示自己的智慧,尽量寻找和作为小前提的案件事实一致的内容,从而得出一个合乎逻辑的结论来。相反地,当法官根据自己的良心和专业知识,认为不应当对该事实进行处罚的时候,也会在作为大前提的法律规定的解释上,寻找和作为小前提的具体事实不一致的特征,从而得出对该事实不予处罚的结论。同样,在作为大前提的法律规范已经被相对固定的场合,法官也可以对作为小前提的具体案

① [美]亚当·本福拉多:《公正何以难行:阻碍正义的心理之源》,刘静坤译,中国民主法制出版社2019年版,第196页。

件事实进行整理,抽象出与作为大前提对应或者不同的特征来,从而得出对该事实判断的结论”。① 内在的心理动机驱使刑事法官一边对事实进行裁剪一边对条文进行挑选,这些对事实和规范的人为加工活动都是在专业知识的框架之内和名义之下开展的。在深层次的心理活动的影响下,刑事法官已有的知识水平、认知能力、思维方法和价值判断等决定了事实与规范之间关系的形成。当然,心理动机的作用具有一定的初始性,预先设定的大致判断也有可能随着对事实和规范的了解或者理解的深入而发生些许变化、重大调整乃至彻底反转。总之,对个案裁判而言,既不可能存在纯粹的和自动的案件事实,也不可能存在预设的和先在的法律规范。

形式解释论的问题在于,其认为可能的语义范围是先在的,否认解释者在进行事实和规范的对应时内心所隐藏的价值预判。从字面上看,可能的语义范围包含一种不确定性;这种不确定性意味着,可能的语义范围一直处于变动不居的不稳定状态。当公众的认识、解释者的观点、刑事法官的决策相吻合时,可能的语义范围就处于一个相对稳定的状态;当公众与法律共同体的看法相去甚远、解释者内部难以达成共识、司法实践做法不一时,可能的语义范围就处于一个相对活跃的状态。因此,可能的语义范围其实只是语义边界的一种变迁状态而已。可能的语义范围并非显而易见和一成不变,而是根据具体案情判断和论证的结果。对可能的语义范围的判断不可能完全脱离具体案情,可能的语义范围之所以能够成为问题就是因为非典型案件的出现令人对语词的内涵或者外延产生疑惑。无论是对原有含义的坚持还是对新含义的采纳,都受到以正义价值为主要内在心理动机的驱使,都受到预先设定的认知水准和价值观念的约束。形式解释论以理性和冷峻的方式描述了刑法解释的过程,却忽略或者隐藏了蕴含在理性外观内部的特殊的感性因素。

① 黎宏:《“禁止类推解释”之质疑》,载《法学评论》2008 年第 5 期。

实质解释的问题在于,其以事后视角描述处罚必要性与刑法用语含义范围之间的正向关联,使处罚必要性成为一个具有可操作性的指标。处罚必要性本来是一个描述性概念,关于处罚必要性的思考是内在性和隐含式的,其可以被揭示和描述;但如果将之作为一个构建性概念和一个关键性指标用来遵循,则会引来动摇法律之治的批评。换言之,处罚必要性与正义动机紧密关联,这是解释者或者司法者对事实和规范进行加工的行为驱动力,但这种心理层面的动机并不直接决定事实与规范相互结合的结果,只是一种原初性的价值判断。对处罚必要性的判断不是固定不变的,其会随着对事实和规范的探索而在有无与大小之间发生变化。处罚必要性确实能够对解释过程和解释结论发挥一定作用,但实质解释论将其变成了必须和明确考虑的因素,这实际上容易让解释者或者司法者误以为处罚必要性是一个解释之前需要具备的前提性的、固定的条件。

因此,形式解释论与实质解释论各自有其理论缺陷,它们都未对刑事法律适用过程予以准确和完整的描述。两者的对立之处可能只是理论表述方面的对立,而无法映射或者体现在刑事司法实践中。形式解释论与实质解释论在解释观念上趋向一致,它们在具体问题上的不同结论似乎预示着解释结论的生成并非完全是形式或者实质解释观念的必然产物。以对“毁坏”的理解为例,形式解释论者秉持物理损坏说,是因为认为此说更符合毁坏的本义,而效用侵害说则“对于毁坏的理解过于宽泛,已经超出毁坏的字面含义”。[①] 但是,形式解释论未能进一步说明,为何物理损坏说更符合毁坏的本义,应当如何判断毁坏的本义,以及效用侵害说是如何超出毁坏的字面含义等问题。虽然实质解释论坚持效用侵害说,但是它也未能明确地阐释,为何一贯地采用效用侵害说,为何效用侵害说比物

① 参见陈兴良:《形式解释论的再宣示》,载《中国法学》2010 年第 4 期。

理损坏说更加优越，以及在何种条件和环境下效用侵害说优越于物理损坏说等问题。这些问题都可以归结为，为什么我们对"毁坏"的理解能够源发自物理或者效用两种不同的维度。

第三节　扩张解释与类推适用

受罪刑法定原则节制的刑法解释比其他法律解释更加关注捍卫文义的底线和重视扩张解释结论对公民行动自由的影响，因此，刑法文义解释格外关注刑法解释结论是否超过可能的语义范围。关于可能的语义范围的判断标准，是在如何区分扩张解释与类推适用的问题中予以讨论的。扩张解释存在于超出条文通常含义的解释场合。"将扩张解释限定在法条'词语可能具有的含义'范围内是合适的。另外，之所以说其有所'扩张'，是因为其超出了词语的'日常含义'或通常含义。"[①]扩张解释之所以受到刑法方法论的重视，是因为其处于刑法解释的边缘地带。扩张解释与类推适用的分野即是被允许的解释与被禁止的类推的界限。

一、区分标准

关于扩张解释与类推适用的区分标准存在许多学说。有些学说建立在此两者存在本质区别和区分之可能性的基础上，而有些学说则建立在两者之间只有程度之差而无实质之别的基础上。

（一）日本学说

根据日本学者关哲夫介绍，关于扩张解释与类推适用的区分主要存在五种学说：犯罪定型说、法文语义说、预测可能性说、形式·

① 刘明祥：《论刑法学中的类推解释》，载《法学家》2008年第2期。

实质衡量说和合目的性说。①

1. 犯罪定型说主张,对构成要件的解释应当以刑法条文所规定的犯罪定型为依据,在犯罪定型范围内允许扩张解释,超出犯罪定型范围的即是类推。扩张解释与类推之区别以形式化的“犯罪定型”为根本标准。

2. 法文语义说以“语言的可能的意义”作为区分扩张解释与类推的界限。在如何理解语言的可能的意义的问题上,此说具体又分为“纯粹语义说”和“理解可能性说”。纯粹语义说,是指从语言说的立场上理解刑法条文语言的可能意义,相对而言,其并未提出实质上的判断标准;而理解可能性说是指以一般人即国民的平均层的理解可能性作为语言的可能意义的判断标准。

3. 预测可能性说认为,区分扩张解释与类推的标准是国民的预测可能性。在如何判断国民的预测可能性的问题上,此说分为“纯粹的预测可能性说”和“语意资料说”。纯粹的预测可能性说并未提出具体的判断资料,而语意资料说则主张将“语言的可能的意义”作为预测可能性说的判断资料。

4. 形式·实质衡量说提出,通过对作为形式要素的“与语言本来的意义的距离”和作为实质要素的“处罚必要性”的比较衡量划定解释的界限。换言之,解释的允许范围与处罚必要性成正比,与法文通常语义之间的距离成反比。处罚必要性的客观判断需要借助犯罪论的体系化、保护法益的分析和社会必要性的检讨等。

5. 合目的性说具有支持扩张解释和类推不可能区分的“区别无意义说”的倾向,其否认犯罪定型、语言的可能的意义和一般人的理解可能性等学说在区分扩张解释和类推问题上的效果,并认为通过发挥个别法规的目的、法整体的目的之制约机能才不至于类推导致

---

① 参见[日]关哲夫:《论禁止类推解释与刑法解释的界限》,王充译,载陈兴良主编:《刑事法评论》(第20卷),北京大学出版社2007年版,第367~372页。

语义的无限扩张。

此外，日本还有“推论形式区别说”和“疑问时有利于被告人说”。[①] 推论形式区别说是指扩张解释与类推的推论形式不同，扩张解释采用从上位概念演绎出下位概念的、从一般到特殊的推论形式，而类推则是根据两者之间的类似性进行从特殊到特殊的推论形式。疑问时有利于被告人说主张根据疑问程度的大小区分出疑问程度重大、疑问程度轻微和疑问程度中等三种场合，并认为疑问程度轻微的场合是扩张解释，而疑问程度重大和疑问程度中等的场合是应予禁止的类推。

（二）德国学说

德国理论以“可能的语义”为通说。齐佩利乌斯指出：“可能之语义的界限也即是解释的界限。如果法学要越过这一界限，则不能再通过法律解释，而只能借助法律补充性的续造，尤其是通过‘漏洞填补’来实现。”[②]耶塞克和魏根特认为刑法解释必须局限于法意思界限之内，而法意思的具体判断需要依据刑法条文的词义。可能的词义是唯一的、具有把握可能性的客观标准，其是法治的必然要求。“在法意思界限之外来进行解释，就不再是解释了，而是类推，可被理解为制定新的法律，这在刑法中是被禁止的，如果此等类推不利于被告人的话。”“法律的意思只能从条文的词义中找到。条文的词义是解释的要素，因此在任何情况下必须将‘可能的词义’视为最宽的界限。该界限的另一端是什么意思，已经是法适用问题，已不能从方法上再称之为解释。”“从法治国家理由出发，可能的词义标准是不可缺少的，因为他提供了惟一的在客观上可检验的特征，而该特征可从能达到的可靠性上来加以认识，由此使得法官对自己创造

① 转引自刘明祥：《论刑法中的类推解释》，载《法学家》2008年第2期。

② ［德］齐佩利乌斯：《法学方法论》，金振豹译，法律出版社2009年版，第66页。

之法律开始负责任。”①罗克辛赞成将可能的口语语义作为解释的界限，由可能的口语语义所划定的解释的形式的、框架性的范围实际上是一个留待法官运用体系解释、历史解释和目的解释加以具象化填补的框架。“主流理论的出发点是：立法者通过法律条文的文本，规定了一个将由法官加以具体填补的规则性框架。在这里，这个规则性框架的范围，是由法律文本可能的口语化词义加以标定的，同时，法官在这个框架内部，在考虑了最相近的文字意思、立法者当时的想法和法律的系统性联系，根据法律的目的开始解释（目的性解释）。”②埃泽尔认为：“应该以这样的标准区分法律上允许的解释与禁止的类推：解释依然保持在构成要件所涉及的概念框架内，而类推则是将法律延伸到了法律本身没有规定的情况。”③

一个发人深省的现象是，在可能的语义说占据理论统治地位后，德国刑法学者似乎虽已认识到这个抽象界限作用的有限性却无计划对其予以进一步的明确和细化。“实际上，追问可能的文义往往也是徒劳无益的。”“虽然追求可预见性和防止法官恣意的努力随处可见，但是在许多难以界分的案件中，还是存在对类推禁止原则究竟能发挥何种功能的疑问。诚然，这一原则并非毫无作用，但是人们恐怕也不应当对其抱有不切实际的期望。”④

---

① [德]汉斯·海里因希·耶塞克、托马斯·魏根特：《德国刑法教科书》，徐久生译，中国法制出版社2001年版，第196~197页。

② [德]克劳斯·罗克辛：《德国刑法学总论》（第1卷），王世洲译，法律出版社2005年版，第85页。

③ [德]阿尔宾·埃泽尔：《解释与类推的区分》，载梁根林、[德]埃里克·希尔根多夫主编：《中德学者的对话——罪刑法定与刑法解释》，北京大学出版社2013年版，第208页。

④ [德]瓦尔特·佩龙：《德国视角下对解释与类推的区分》，载梁根林、[德]埃里克·希尔根多夫主编：《中德学者的对话——罪刑法定与刑法解释》，北京大学出版社2013年版，第182、191页。

(三)中国学说

1. 可能的语义说。"扩张解释的限制方法是,不允许其扩张的程度超出法律规定用语可能文义的范围,换言之,扩张解释可以超出刑法规定用语的应当含义,但不能超出刑法规定用语的可能含义。"①此说中的可能文义等同于文义的"最远射程"。

2. 法律条文逻辑含义许可范围说。此说认为,所要解释的条款或者用语与被解释对象是种属关系或者包含与被包含关系的就是扩张解释,两者之间是并列关系的就是类推解释。②

3. 概念核心属性说。该说基于概念的内涵与外延之间所呈现的反比例关系提出,扩张解释是将在字面含义上不能包括的事项包括进来,因此法律用语外延的扩张势必导致能够反映本质属性的内涵缩小。核心属性是概念需要保留的本质属性。在取舍概念的本质属性时必须充分考虑该概念的语境、立法意图、社会、政治经济因素和人们的通常观念;需要保留的本质属性应当能体现危害性和该刑法规范的特殊性。"凡是所解释进去的事项具有被解释的概念需要保留的核心属性的,就是合理的扩大解释;如果不具有这种核心属性,就超出了解释的限度,属于不合理的扩大解释,而可能成为类推解释。"③

4. 事实模型说。此说认为:"实际上法律扩张解释和类推解释的主要区别就在于:现实发生的案件中的事实要素是否在法律条文中的事实模型中找到对应的事实要素,从而完全符合于法律条文中

① 李希慧:《刑法解释论》,中国人民公安大学出版社1995年版,第112页。

② 参见司明灯:《论我国的刑法司法解释》,郑州大学1994年硕士学位论文,第26~27页。转引自陈志军:《论刑法扩张解释的根据与限度》,载《政治与法律》2005年第6期。

③ 参见刘志远:《刑法解释的限度——合理的扩大解释与类推解释的区分》,载《国家检察官学院学报》2002年第5期。

的事实模型。”①

5.“刑法正文”—“体系化的文义”说。该说主张以“刑法正文”—“体系化的文义”作为区分扩张解释与类推的标准。具体而言,“‘刑法正文’是一个结构性概念,表现为从‘点’到‘面’再到法律体系之整‘体’,它首先着眼于某一个具体的刑法分则条文,并进一步关注与这一分则条文有密切联系的若干个分则条文。然后是刑法分则以至整部刑法,乃至在整个法律体系范围内,发现待解释事项的‘体系化的文义’”。区分扩张解释与类推“应当综合分析判断:刑法目的指明了解释的基本方向和大致领域;构成要件分析比较则是关键,是基础,是根本。最后,系统地分析与比较也是不可缺少的。同时,还要处理好理论与实践、历史与现实、形式与本质的关系等重要问题”。② 简言之,该说主张将待解释的刑法文本放置于更大范围内的法律系统之中进行解读,即主要借助体系解释以确定妥当的文义。妥当的刑法解释结论不仅要以其文义和构成要件所描述的行为类型为基础,而且要综合进行体系解释、比较解释、历史解释和目的解释,还要考虑解释结论能否满足当下的刑事司法实践需求,最终得出既符合形式上的文义范围又回应实质上的正义追求的刑法解释结论。

6.构造差异说。该说认为扩张解释与类推适用在构造上存在差异:第一,是否处于刑法条文用语可能具有的含义之中;扩张解释得出的结论未超出刑法条文用语可能具有的含义,而类推适用得出的结论超出了刑法条文用语可能具有的含义。第二,是否具有一般公民的预测可能性;扩张解释得出的结论符合一般公民的预测可能性,而类推适用得出的结论超出了一般公民的预测可能性。第三,

① 赵秉志主编:《刑法解释研究》,北京大学出版社2007年版,第425页。

② 参见曲新久:《区分扩张解释与类推适用的路径新探》,载《法学家》2012年第1期。

是否采用符合形式逻辑的推论；扩张解释所作的是符合形式逻辑的推论，而类推适用所作的是符合实质的考察和事项之间的比较。第四，是否从罪刑法定主义的理念出发；扩张解释从罪刑法定主义的理念出发并坚持对刑法规范进行解释，而类推适用从应予处罚的社会需要出发并强调对刑法规范进行补漏。①

7. 综合考量说。该说认为扩张解释与类推适用存在以下区别：一是用语含义，扩张解释的结论没有超出刑法用语可能具有的含义，而类推适用的结论则超出了刑法用语可能具有的含义。二是概念的相互关系，扩张解释没有提升概念的位阶，而类推适用则是将所要解释的概念提升到更上位的概念做出的解释。三是着重点，扩张解释是着眼于刑法规范本身的逻辑解释，而类推适用则是着眼于刑法规范之外的事实的比较。四是论理方法，扩张解释是通过扩张性地划定刑法的某个概念以使应受处罚的行为包含在该概念中，而类推适用则是将本来不属于刑法处罚对象的行为以与刑法规定的相似行为具有同等的恶害性为由予以处罚。五是公民预测可能性，扩张解释的结论在公民预测可能性之内，而类推适用的结论超出了公民的预测可能性范围。由于扩张解释与类推适用的界限具有不确定性，因此，对解释结论是否属于类推适用的判断，除了考虑用语可能具有的含义之外，还要考虑处罚的必要性、该用语与相关条文的关系、犯罪的类型、相关法条的保护法益、本国刑法规定与外国刑法规定的区别、用语的发展趋势、用语在其他法律中的基本含义和刑法中应有的含义以及一般国民的接受程度。“总之，某种解释是类推解释还是扩大解释，并不是单纯的用语含义问题。换言之，某种解释是否被罪刑法定原则所禁止，要通过权衡刑法条文的目的、行为的处罚必要性、国民的预测可能性、

① 参见冯军：《论刑法解释的边界和路径——以扩张解释与类推适用的区分为中心》，载《法学家》2012 年第 1 期。

刑法条文的协调性、解释结论与用语核心含义的距离等诸多方面得出结论。在许多情况下,甚至不是用语的问题,而是如何考量法条目的与行为性质,如何平衡法益保护机能与人权保障机能的问题。"①

二、学说评论

总体而言,我国理论界关于扩张解释与类推适用区分的学说,或者是对源于德日的某一种学说的赞同,或者是兼采多种不同判断标准的某种综合性学说。详言之,可能语义说与德国的可能语义说以及日本的法文语义说相同,它们都将可能的语义作为区分扩张解释与类推适用的唯一界限。法律条文逻辑含义许可范围说与日本的推论形式区别说相同,它们都认为从推论形式上能够区分扩张解释与类推适用。核心属性说接近于可能语义说,因为它试图通过展示内涵与外延的反比例关系来划定解释的界限,但是由于核心属性难以界定,导致该说近似于可能语义说。事实模型说接近于日本的犯罪定型说,因为刑法条文中的事实模型就是对犯罪类型化或者定型化的表现。以上学说都属于单一判断标准学说。而形式·实质衡量说、"刑法正文"—"体系化的文义"说、构造差异说和综合考量说都属于综合性学说,它们都不信赖和依靠单一的判断标准,都主张运用多种标准综合地区分扩张解释与类推适用。

(一)单一判断标准学说的缺陷

有的单一判断标准学说建立在误解的基础之上。推论形式区别说提出,扩张解释的推论形式是从一般到特殊,而类推适用的推论形式是从特殊到特殊。类似的见解是法律条文逻辑含义许可范围说,其主张扩张解释中的法律用语与解释对象之间的关系是包含与被包含关系,而类推适用中的此两者关系是并列关系。换言之,扩

① 参见张明楷:《刑法学》(上),法律出版社2016年版,第57~59页。

张解释运用了演绎的推理逻辑,类推适用运用了比较的判断方法。然而,有许多法理学的观点认为解释与类推具有相同的模式或者结构。“法律解释与法官的法的续造并非本质截然不同之事,毋宁应视其为同一思考过程的不同阶段。”①“类型化的案例比较过程在法律解释活动与在漏洞填补活动中是以同样的方式开始的,即一方面要确定被比较之案例类型之间的一致要素;另一方面要确定这些案例类型之间的不同之处。然后需要秉着对实质上相同的案例同等对待,对实质上不同的案例不同对待的原则进行权衡比较。……法律解释和漏洞填补之间的不同在于法律规范的可能语义:法律解释是在法律语词的意义范围之内进行。如果超出这一界限,即进入了法律漏洞的发现和填补的领域。”②本书第六章关于刑法解释思维模式的研究证明,刑法解释的思维方式是类推、类比和比较。法律适用的等置模式的核心部分是类推、类比和比较,另外其还包括演绎、归纳和设证。认为扩张解释的推论形式是从一般到特殊的观点,是司法三段论模式及其思维方式在此问题上的理论投射。扩张解释与类推适用都应用了等置模式,它们的核心推论形式并无二致,都是类推、类比和比较。

有的单一判断标准学说具有明显的片面性缺陷。合目的性说提出以个别规范的目的和法整体的目的限制语义的扩张。当刑法条文目的的涵盖范围小于该条文语义的范围时,刑法条文目的确实能够起到限缩文义的作用,在这种情况下合目的性说是可以成立的。但是,当刑法条文目的的涵盖范围较大时,解释者无法清楚地判断语义的可能范围,在文义解释结论与目的解释结论之间的取舍成为难题,在这种情况下合目的性说无法成立。

---

① [德]卡尔·拉伦茨:《法学方法论》,陈爱娥译,商务印书馆2003年版,第246页。

② [德]齐佩利乌斯:《法学方法论》,金振豹译,法律出版社2009年版,第105页。

有的单一判断标准学说具有明显的形式化缺陷。例如,“法文语义说”中的“理解可能性说”与“预测可能性说”中的“语意资料说”虽然在具体学说观点上并不一致,但是在实践效果上基本相同,它们都是形式化的判断标准,都难以对扩张解释与类推适用的划定发挥实质作用。具体而言,理解可能性说提出语言的可能意义是划定扩张解释与类推适用的标准,应根据一般人的理解可能性判断语言的可能意义。通常,“一般人”即是社会中在智力水平、道德水准和法律知识上处于中间等级的人。“他既不是特别聪明,也不是很笨,认知水平既不比别人差,也不比别人强,他的智商处于中间状态。他的道德水准既不是很高,也不是很低,人性的弱点他都具备,如有时会自私,有时会怯懦,有时会贪婪,有时还很庸俗;但人性中的闪亮点他也都有,有那些‘恻隐之心、羞恶之心、恭敬之心、是非之心’。他的法律水平显然不能和受过专门训练的法科学生乃至法官、律师等法律家相比,但也不可和那些尚未完成社会化或社会化水平很不高的人相提并论——他能够适应正常的社会生活,具有正常的是非善恶感,知道我们的社会推崇什么、宽恕什么、蔑视什么、否定什么。”①问题在于,谁是一般人,或者说,一般人是哪些人。这又涉及一系列相关追问:一般人是经考察其学历、权势和财富等综合因素而处于整个社会中等水准的人吗?一般人是指中产阶层吗?中产阶层是具有充分社会责任感和肯定值得其他阶层信赖的吗?如果一个国家的社会结构属于纺锤形结构,那么中产阶层是人口数量最多的阶层,其所拥护的价值和利益具有较高的代表性;但如果社会结构是金字塔形结构,那么这个国家的中产阶层还具有足够的代表性吗?即使能够找到一般人,并非一般人的法官应当如何准确体会一般人的利益权衡和价值取舍?所谓身临其境或者设身处地难道不是一种心理上的猜测或者揣摩吗?这种主观上的估计和推

① 王政勋:《刑法解释的语言论研究》,商务印书馆2016年版,第181页。

断活动具有科学性吗？如果说“一般人”姑且是一个能够被大致捉摸的、能够对“语言的可能意义”起到一定限制作用的抽象概念，那么“理解可能性”则是一个更加难以权衡的模糊概念。理解代表着沟通、联系和接纳，其本来就是一种内在的心理或者思维活动，若不经考察或者不对外表露，难以作出是否理解的结论。由此，以一般人的理解可能性并不能为语言的可能意义的判断提供任何显著的助益。而语意资料说提出国民的预测可能性是划定扩张解释与类推适用的标准，应根据语言的可能意义判断预测可能性。实际上，语意资料说中的“预测可能性”与理解可能性说中的“理解可能性”含义基本相同，它们都是描述国民对刑法用语含义的预判和接受能力的抽象和模糊概念。在语意资料说中，难以判断和言说“预测可能性”与“语言的可能意义”何者更具解释能力和实践属性。尽管上述两种学说“判断的基点、基准，判断的资料以及为了界限的设定而进行思考的方向是不同的”，①但是从学说的实践效果来看，它们只是一种停留在概念构建层面的文字游戏。

有的单一判断标准学说具有逆向性或者事后性描述的缺陷。例如，犯罪定型说和事实模型说都以刑法条文中的犯罪定型或者事实模型为判断前提，但事实上，在划定扩张解释与类推适用的界限之前，犯罪定型或者事实模型并非刑法条文中事前的、固定的存在，它们只有通过分析刑法的文字表述和探寻暗含在该文字表述背后的意图和目的才能得以呈现。唯一的结论是，扩张解释都符合刑法条文中的犯罪定型或者事实模型，而类推适用已经超出刑法条文中的犯罪定型或者事实模型。但是，以下逆向性的主张无法成立：根据刑法条文中的犯罪定型或者事实模型划定扩张解释与类推适用的界限。又如，“疑问时有利于被告人说”将疑问程度分为重大、中等

① ［日］关哲夫：《论禁止类推解释与刑法解释的界限》，王充译，载陈兴良主编：《刑事法评论》（第20卷），北京大学出版社2007年版，第370页。

和轻微三个等级。可以说,类推适用的结论的疑问程度一定是较重的,而扩张解释的结论的疑问程度肯定是轻微的。一方面,在司法实践中疑问程度等级的划分难以操作;另一方面,即使在成功划定之后也无法确切地说疑问重大的结论必然是类推适用的结果,因为在文义范围内的不同解释结论也存在妥当程度之分,尽管不妥当的解释结论的疑问程度较重,但是不能将之视为类推适用的结论。因此,以下逆向性的主张也无法成立:疑问程度轻微的场合是扩张解释,而疑问程度重大和疑问程度中等的场合是应予禁止的类推。这两种逆向性主张的主要缺陷在于,因无法为具体场合的判断提供方法支持而缺乏可操作性。

(二)综合性学说占优的必然性

目前,很多学者认为应当综合运用多个标准来界定扩张解释与类推适用。相对单一判断标准的各种学说而言,综合性学说的发展壮大具有一定的必然性。一方面,在单一判断标准皆具有某种缺陷的情况下,综合应用可能的语义、公民的预测可能性、犯罪类型、处罚必要性、保护法益、体系解释等多种判断标准能够有效提升决断的准确性。毕竟,相对于势单力薄的单一判断标准而言,综合运用的判断标准越多,越能助益举棋不定的解释者在可能的语义边界上区分扩张解释与类推适用或者在可能的语义范围之内找到妥当的语义点。另一方面,综合性学说通过引入目的因素和社会因素来克服或者弥补形式化判断标准的缺陷。具体而言,在形式·实质衡量说中,处罚必要性源自实质的正义思想,而保护法益的分析包含对刑法典的整体目的、刑法分则各章节之罪的目的以及刑法分则各罪的具体目的的衡量。在"刑法正文"—"体系化的文义"说中,体系化的文义即是在刑法规范的系统中以形式上的协调性和实质上的妥当性为标准审视待解释的条文;另外,此说还特别强调要处理好理论与实践、历史与现实、形式与实质的重要关系。在综合说中,处罚必要性和保护法益是形式·实质衡量说的实质内容;犯罪的类型等同于犯罪定型说，而只要探寻犯罪类型，就必然涉及实质层面的历史解释；用语与相关条文的关系是体系解释的主要内容，而体系解释本身既包含文义要素又包含目的要素；用语的发展趋势则是指以当下的社会现实为基点考察用语的含义和意义的发展脉络，主要运用的是狭义目的解释。如前所述，完全独立意义上的文义解释没有任何实践价值，采用综合性学说即是对纯粹的文义解释无法形成妥当解释结论的证明之一。所有的刑法解释都必须以文义解释为开端，通过体系解释而最终走向包含历史解释和狭义目的解释的广义目的解释。

综合性学说旨在通过同时采纳多种标准作出综合性的判断。多元化标准的适用能够为解释结论提供更多的论据和更加充分的论证，从而提高解释结论的说服力，让区分扩张解释与类推适用成为可能，也增强判断可能的语义范围的客观性。粗略地讲，综合性学说希冀“以数量取胜”。然而，换另一个角度观察，各种判断标准的集中堆积恰恰预示着一种情形：需要使出浑身解数来解决的问题也许是一个无解的问题。

（三）精准判断标准之不可期待

尽管采用多种有力的判断标准，但综合性学说并不能保证找到确切的、准确的理论答案。这并不意味着综合性学说自身存在严重的理论缺陷，而是由于综合性学说所要解决的问题本身即不存在某种固定的答案。“一切致力于寻求‘唯一正确答案’的法律理论，都不得不将自己的论证基础寄托在法律本身的完美无缺和对人的理性能力之确信上，而这个基础却是极不可靠的。既然如此，我们又怎能期待司法实践应以寻求案件的‘唯一正确答案’为目标呢？”① 事实上，关于扩张解释与类推适用的争议并不存在绝对意义上的确定结论。

① 周少华：《同案同判：一个虚构的法治神话》，载《法学》2015年第11期。

实践中,区分扩张解释与类推适用,或者说获得妥当的解释结论,有时不能通过一局终局式的司法裁判而确定。这也正是审级制度的存在意义。审级制度一方面为两造提供了司法救济的方法和途径;另一方面也通过增加高级别裁判机会的方式提高裁判结论的可接受性。不同于具有公众参与色彩的代议制议会立法,司法裁判活动自诞生之始即一直带有由知识精英主导的专业化特征。精英式司法具有防止民主式立法滑向民粹主义的制约功能,但是,精英式司法也可能由于对智识和权力的过度运用而作出违背社会常理和常识的裁判结论,从而有损司法裁判正当性的丧失。因此,除陪审制和参审制外,审级制度是以逐步提高精英断识级别的方式防范精英式司法走向理性的自负和特定阶层封闭化的制度设计。审级制度的理想效果是,裁判结论的争议在历经多次高级别的裁判后逐渐减少至最小的程度。

“……解释结论是否违背罪刑法定原则、是否符合条文字面本来的语词含义,这其实最终只是一个大家在‘理解’上能否约定俗成、达成默契的问题。”①然而,不得不面对的事实是,某些裁判结论的争议在司法裁判结束之后的相当长时间内依然存在,甚至可能永无终日。例如,在行为人用盐酸泼在被害人脸部的案件中,盐酸是否属于武器是一个争议问题。德国最高法院认为,“以往的语言用法虽然只称机械性的工具为‘武器’,然而,因为技术的发展,这种语言用法已经有所转变,发生化学作用的工具也被视为‘武器’”。②对此持赞成观点的德国学者有拉伦茨、罗克辛、耶塞克和魏根特等,反对或者质疑盐酸属于武器的裁判结论的学者有恩吉施等。而考

---

① 冯亚东:《法学方法论再议——以刑法学为视角的分析》,载梁根林主编:《刑法方法论》,北京大学出版社 2006 年版,第 99 页。

② [德]卡尔·拉伦茨:《法学方法论》,陈爱娥译,商务印书馆 2003 年版,第 203 页。

夫曼则先是赞成这一判决,但是后来又站在否定的立场上。[①] 可见,当中间选项在语言边界上游走时,不但理论界与实务界难以达成共识,即使同一学者也会在不同思想发展阶段或者时刻作出截然相反的判断。"不管怎么样,规范性判断的正确性是无法在真理的符合论的意义上来解释的,因为权利是一种社会构造,不能把它们实体化为事实。'正确性'意味着合理的、由好的理由所支持的可接受性。"[②]法律语言的边界不仅关乎语言含义和意义的张力,而且涉及包含在法律用语中的立法者意图,还牵扯社会发展状况和现实需求,甚至与司法者的生命个体的经验和体验也难以割舍。可是,必须对案件事实作出限时的、确定的裁断的司法裁判活动不允许存在无秩序和无休止的讨论。因此,让司法裁判中的论辩和论证活动更加合理,有助于提升裁判结论的正当性。"法庭程序的规则将司法判决实践建制化,其结果是,判决及其论证都可以被认为是一种由特殊程序支配的论辩游戏的结果。法律程序与论辩过程再一次交织起来,在这种交织中,设置法律商谈的法庭程序不得干预内在于这些商谈的论辩逻辑。"[③]对程序正义的追求有利于强化对实体正义的接近,但是我们永远无法胸有成竹地声称某一份裁判文书本身即等同于正义。

更深层次的问题是,裁判活动提供理论合法性的学术依据也不是在合理、充分的理想论辩环境下得出的商谈结果。学术共识具有明显的精英化特征,并且无法以民主的形式产生和表现出来。在学

---

① 参见[德]亚图·考夫曼:《类推与"事物本质"——兼论类型理论》,吴从周译,台北,学林文化事业有限公司1999年版,第90~91、161页;[德]阿图尔·考夫曼:《法律哲学》(第2版),刘幸义等译,第106页。

② [德]哈贝马斯:《在事实与规范之间——关于法律与民主法治国的商谈理论》(修订译本),童世骏译,三联书店2011年版,第278页。

③ [德]哈贝马斯:《在事实与规范之间——关于法律与民主法治国的商谈理论》(修订译本),童世骏译,三联书店2011年版,第287页。

术领域不可能存在一个关于合法学术选民、候选学术观点以及合理选举规则的民主制度安排。学术共识并不是显而易见的，而是往往表现为一种个人心理层面上对普遍观念的推测和判断。所谓的学术共识，从产生范围上讲，可能是学术界备受信赖的极少数权威学者的观点，也可能是在更广范围内有重要学术影响力的一些学者的看法；从产生渠道上讲，可能是在某场重要学术会议上参与发言和研讨者的说法，也可能是长期以来对所谓通说统治地位的口口相传。通常被忽略而不计入学术共识判断范围的内容是，学术影响力较弱的学者的反对观点、发表在学术评价指数较低的出版物上的反对观点、未能在学术会议专题讨论中公开表达的反对观点等。因此，学术共识的判断，受寻找学术共识者获取学术信息的渠道、所掌握学术信息的数量和范围等不确定因素的影响。

之所以寄希望于对综合因素的判断和程序正义，根本原因在于，人类不可能探索范畴的边界，也不可能就探索范畴的边界提出确切的标准。经典概念理论认为，物质世界可被分为不同的自然范畴，根据事物自身的自然属性，每个物体都属于一个客观的范畴。持这种观念的哲学家将精力主要集中在像鸟、桌子、行星等范畴上，这些范畴的成员都是可见的实体。一些当代哲学家将范畴这个概念简单地等同于与给物质世界的可见物体分类。但是，经典范畴理论存在问题。例如，如果将“有两只脚”“身上盖满羽毛”“有喙”“能下蛋”等列为鸟的特征，就会遇到几个系列的难题。第一个系列问题包括：什么是脚？“有两只脚”的“有”是什么意思？因受伤或者基因缺陷而没有两只脚的鸟是不是鸟？第二个系列问题包括：如何理解“盖满”？没有羽毛的雏鸟是不是鸟？如果答案是否定的，那么是否意味着对所有雏鸟而言都有一个从雏鸟的范畴向鸟的范畴过渡的具体的时刻？这个具体的转变时刻是否是雏鸟长满羽毛的时刻？长满的标准和计算方法是什么？第三个系列问题包括：一只刚刚死去的鸟是不是一只鸟？如果答案是肯定的，它到什么时候才不是鸟的范畴的成员？在它从鸟变成非鸟的过程中是否有一个明确的节点？鸟类与作为它们祖先的某种会飞的恐龙之间的界限是什么？等等。可见，“为事物的范畴寻找精确而严格的边界是徒劳无用的。寻找精确定义的范畴就像是希望抓住模糊不定的浮云。云的边界在哪里？天空中又有多少朵云呢？也许某一天我们仰望天空中的朵朵白云，感觉能够给出一个具体而明确的答案，但那仅仅只是当天的情形。也许第二天的天空就完全变了样，层云翻滚、飘忽不定，这时候再来讨论云的边界和数量就会成为人们饭后的笑谈了”。[①] 经典概念理论认同和推崇概念的客观性、精确性和对应性。概念包括内涵和外延。内涵是对事物特征进行提炼和归纳的结果，它是概念的内容。外延则是具有相同特征的若干事物的集合或者聚合，它是概念的范围。经典概念理论相信，概念是对事物本质特征的精准和明确表达；通过这种客观的、稳定的表达，事物的科学分类得以实现。但是，概念是一种貌似精密的缺陷。概念的形成所依赖的事物特征是被选取出来的特定的构成事物的条件，这些有限的抽象条件一方面无法精确应付对于“一花一世界”的分类；另一方面由于条件的选取过程掺入人的主观因素而难以令概念保持客观性。而且，作为条件描述工具的语言本身是灵活的和多义的，这也是概念无法摆脱模糊性和不确定性的原因之一。

目前经典范畴理论已基本被否定。当代心理学家提出了一些新的范畴理论，这些理论都抛弃了用严格而精确的标准来判断事物是否属于某个范畴的看法。有的理论提出“原型”这一概念，原型是指长期记忆中的通用心理实体，该实体是对人一生中与某范畴相关的经历的总结。也有理论提出“范例全集”，即人一生中所遇到的某个范畴的所有实例。还有理论提出人脑中有一个储存先前经历的“模

① 参见［美］侯世达、［法］桑德尔：《表象与本质：类比，思考之源和思维之火》，刘健等译，浙江人民出版社2018年版，第65～68页。

拟器”，当遇到新的刺激时，模拟器将会激活人脑中的某些特定区域，这些区域在遇到与新刺激最接近的经历时曾经被激活过。在这些理论背后有一个非常吸引人的想法：非均质范畴，即范畴的所有成员中，有些成员比其他成员更属于这个范畴。[①]“原型”“范例全集”和“模拟器”都表明，大脑将人们过往的经历和由此形成的记忆与当下所需面对的事物进行连接。当代范畴理论的共同点是，它们既否定了经典范畴理论对范畴所赋予的客观性和精确性，也否定了寻找范畴边界的可能性，还否定了范畴与事物之间稳固的相对应性。

理性是法律的实质内容之一，理性原则也是近现代法律理论、法律制度和法律实践的基本原则之一。据德国学者考夫曼介绍，从理性原则中可以推导出规范对谈的论证原则、共识原则和无法避免错误原则。其中，共识原则和无法避免错误原则是论证原则的补充，它们是指每一个观点、结论及论点原则上都无法避免错误并且存在修正的可能性，没有任何共识是最终的。[②]即使通过树立理性的态度、进行诚恳的沟通、提交真实的证明和保证顺畅的交谈，我们充其量也只能得到一个暂时的、局部的、共同认可的、具有妥协性的和可接受的答案。任何学理中的解释结论和实务中的裁判结论都不可能是终极意义上的正义代名词。这与人类思维和行为能力的有限性有关。“虽然许多心理学家的实验有力地说明了范畴边界的模糊性，我们日常生活中的语言和思维却仍然保留了许多经典范畴理论的痕迹，以为范畴的边界就像国界一样清清楚楚、毫无争议。虽然很多时候国家之间也有领土纷争，但是我们就不考虑那么复杂

---

① 参见［美］侯世达、［法］桑德尔：《表象与本质：类比，思考之源和思维之火》，刘健等译，浙江人民出版社 2018 年版，第 68 页。

② 参见［德］阿图尔·考夫曼：《法律哲学》（第 2 版），刘幸义等译，法律出版社 2011 年版，第 300～303 页。

的情况了。人类整天想着如何避免歧义、去伪存真、取其精华、去其糟粕,以至于我们相信每个问题都有精确的答案,并且拼了命去找那些事实上并不存在的明确答案。"①

一个残酷的事实是,除可能的语义外,再无区分扩张解释与类推解释的确切标准。可能的语义是由罪刑法定原则、法律明确性原则、人权保障原则和权力分立原则所要求的必然界限。可能的语义只是一个自然而然的结果而非理性思辨的成果。综合性学说所提供的各种标准只是为具体场合的随机判断提供了尽可能多的论证角度或者理由。作为近现代法律的核心精神的自由主义是西方哲学的深远传统,而这项传统的恢复和发扬需要我们意识到自身的局限。"如果我们不承认雄心壮志是有极限的,这种传统便会被拒之门外,因为,这种传统是一种有节制的甚至是谦恭的信念,其基础是对人类的智慧和能力的悲观评价,它意识到,在我们所能计划的限度内,甚至最完美的社会也无法满足我们的全部愿望。"②

第四节　描述性概念与规范性概念

规范性构成要件要素是由德国学者 M. E. 迈耶发现的。在此之前,贝林主张纯粹描述性的、客观的、价值中立的构成要件理论。但是,迈耶发现构成要件中的一些要素是需要进行价值判断才能确定的。他认为,规范的构成要件要素具有规定价值的意义,其实现并不出现在外在世界中,而是发生于法律世界之中。③ 迈耶发现规范

---

① [美]侯世达、[法]桑德尔:《表象与本质:类比,思考之源和思维之火》,刘健等译,浙江人民出版社 2018 年版,第 72 页。

② [英]弗里德里希·奥古斯特·哈耶克:《自由宪章》,杨玉生等译,中国社会科学出版社 2012 年版,第 22 页。

③ 转引自马克昌主编:《近代西方刑法学说史》,中国人民公安大学出版社 2008 年版,第 317 页。

性构成要件要素并非偶然，这与他所接受的新康德主义思想有关。他指出，社会是由多元利益组成的集合体，“在利益纷争中只有遵循一定的价值、目的，才能实现和谐共处、社会进步，其中最重要的协调因素就是文化规范”。[①] 利益冲突的解决需要依靠一定的价值选择和价值追求，而文化规范即是价值的承载体和表现形式。总之，在概念的初始意义上，描述性构成要件要素与规范性构成要件要素以是否需要价值判断而作出区分。

关于描述性概念与规范性概念的区分，德国学者埃里克·沃尔夫认为像“自然人”和“物品”等本身假定是纯粹描述性概念的边缘地带是规范性的，边缘情形中需要以违法性为导向的法官的评价。[②] 据此观点，描述性概念与规范性概念是难以区分的。从功能、作用和效用的角度考察，所有的构成要件要素都会对刑法意欲规制的人的行为产生保障机能和保护机能的法律效果。因此，对于社会化的人类而言，构成要件中所有概念都具有一定的价值属性。物的价值属性是物对人类的有用性和人类对物的需要之主客体结合。“人们确实以相同的方式对物做出反应，不是因为这些物有着自然意义上的同一性，而是因为他们学会了把这些物归为同类，因为他们能够赋予其相同的用途，或期待它们在相关的人看来有相同的效用。”“就拿‘工具’或‘仪器’这类概念，或锤子和气压计这类具体工具来说吧。很容易理解，这些概念不能被解释成‘客观事实’，即与人们对它们的想法无关的东西。对这些概念进行细致的逻辑分析即可证明，它们都表达着若干（至少是三个）方面之间的关系，一是行动或思维的人；二是某种可欲的或想象中的效用；三是一般意义上的

---

① 参见马克昌主编：《近代西方刑法学说史》，中国人民公安大学出版社 2008 年版，第 306～307 页。

② 参见［德］克劳斯·罗克辛：《德国刑法学总论》（第 1 卷），王世洲译，法律出版社 2005 年版，第 184 页。

物品。如果读者打算下个定义,他马上就会发现,不用‘适用于’或‘目的在于’,或另一些表示设计者指派给它们的用途的词句,他不可能得出这样的定义。”①

尽管如此,描述性概念与规范性概念仍有区分之可能。罗克辛指出:“在习惯方式上,人们在描述性的(说明性的)特征下理解的,是那些将重现并且由法官经过认识(认识的)而认定的确定的身体性或者心理性的事情或者过程。与此相反,规范性的是指所有以一种评价为条件而存在的特征。”例如,德国刑法中的“楼房”和“拿走”等概念是描述性的,而“侮辱”和“他人的”等概念是规范性的。对于规范性概念的种类,罗克辛提出两对值得予以区分的概念。一个是“带有法律评价的因素”(如“公务员”“官方文书”)与“带有文化评价的因素”(如“有一点重要意义的性行为”),另一个则是“需要填补价值的概念”(如“善良习俗”“卑鄙的”)与已为法官提前设定评价的“填补了价值的概念”(如“他人性”)。②

耶塞克和魏根特指出:“记述的构成要件要素是既可以取自于日常用语也可以取自于法律用语、并描述现实世界的情况的概念。”记述的构成要件要素分为以下几类:(1)描述外部世界的要素,如“人”“建筑物”“杀人”“损害健康”等;(2)描述内心世界的要素,如“贪财”“占有目的”“厌恶”等;(3)对定量予以评估的要素,如“有重大影响的”行为;(4)有必要作认识上判断的要素,如“陈述的虚伪”“危险”“危险的工具”等。规范的构成要件要素分为三类:(1)法概念,如“婚姻”“法定的赡养义务”“文书”等;(2)与评价有关的概念,如“卑鄙的动机”“暴力或其他专制手段”“违反良好风俗”

---

① [英]弗里德里希·A.哈耶克:《科学的反革命——理性滥用之研究》,冯克利译,译林出版社2012年版,第22~23页。

② 参见[德]克劳斯·罗克辛:《德国刑法学总论》(第1卷),王世洲译,法律出版社2005年版,第201页。

等；(3)与意识有关的概念，如“侵犯他人人格尊严”“性行为”“秘密”等。①

恩吉施指出，描述性法律概念是指“那些实际的或实际一类的，原则上为可感觉到的或以其他方式可经验的客体的概念”。对于规范性法律概念，他在“价值有涉”的概观下将之区分为两种含义或者意义。一种规范性概念是“只有在关联到规范世界才能想象或理解的‘既存’”。例如，“他人的”概念是以民法的财产权制度为规范前提。“法律概念，如‘婚姻’‘姻亲关系’‘公务员’‘未成年人’‘淫乱的’‘正派的’‘无耻的’‘卑鄙的’，以及其他一切在某种规范中固定了其意义内容的概念，有一个相应的含有规范的(不仅是价值有涉的)意义，这些规范可能出自法或道德或一个其他的文化领域。”另一种规范性概念“可能只存在于总是需要评价”。例如，意向是否是“无耻的”、动机是否是“卑鄙的”、文章是否是“色情的”和描述是否是“亵渎神明的”等判断都是由在具体案件中的评价来决定的。“评价”是“规范性”的本来含义，其相对于上述第一种含义具有优先地位。② 需要注意的是，作为例证的“无耻的”和“卑鄙的”同时出现在“规范”和“评价”这两种不同含义的规范性概念之中。这也许说明规范性概念的两种含义和意义之间并不是对立的关系。在日常社会生活中，无耻和卑鄙与否的判定以道德规范为基本依据，而根据道德进行判定的过程和由此得出的结论也是对无耻和卑鄙与否的社会化和主观性评价。此外，依据法律规范或者其他文化规范进行的判断也是一种评价。由此，第一种含义与第二种含义的细微差别可能在于，“规范”突出了概念判断的形式意义上的标准和依据，“评

① 参见[德]汉斯·海里因希·耶塞克、托马斯·魏根特：《德国刑法教科书》，徐久生译，中国法制出版社2001年版，第329～330页。

② 参见[德]卡尔·恩吉施：《法律思维导论》，郑永流译，法律出版社2013年版，第134～136页。

价”揭示了概念判断的实质意义上的历程和举动。“规范”使规范性概念具备与描述性概念相区别的外观,而“评价”更能彰显规范性概念的价值所涉的本质。

总之,描述性概念与规范性概念的区分,实际上就是事实与价值的区分。描述性构成要件要素是一种现实的、可感知的、客观的事实,而规范性构成要件要素是一种与法律、道德等规范相关的、以价值的选择和取舍为主要内容的评价。尽管沃尔夫指出两者在法律上都具有意义,这实际上也表明它们之间的界限可能是相对的而不是绝对的,但它们的区分仍然是有可能的。就描述性概念而言,“所有这些刑法规范中的概念,都具有‘规范色彩’;重要的是它们与看得见或摸得着的现实的联系”。而就规范性概念而言,“规范要素通常具有从意义上易理解的现实要素”。①

以上划分方式似乎给人们一种印象:描述性概念是感性的,而规范性概念是理性的。但是,从自然科学与社会科学的分野来看,描述性构成要件要素属于自然科学领域的研究对象,而规范性构成要件要素属于人文社会科学领域的研究对象。

详言之,自然科学以客观事物作为研究现象,但是其研究领域并不局限于客观事物的表象,亦即自然科学是对人类的感知和感性的超越。“科学所研究的世界,不是我们的既有的观念或感觉的世界。它致力于对我们有关外部世界的全部经验重新加以组织,它在这样做时不仅改变了我们的概念模式,而且抛弃了感觉性质,用另一种事物分类去代替它们。对于科学来说,人类实际形成的、在其日常生活、感知与观念中出色引导着他的那个世界图式,不是它的研究对象,而是一个有待改进的不完美的工具。科学本身对人与物

① [德]汉斯·海里因希·耶塞克、托马斯·魏根特:《德国刑法教科书》,徐久生译,中国法制出版社2001年版,第329~330页。

的关系，对人们现有的世界观所导致的他们的行动方式，都不感兴趣。”①自然科学旨在以中立、中性的态度让物质表象之下的普遍规律得以彰显，令物质的分类或者划分更加精确。在此意义上，自然科学是对人类的感知和感性的反叛。尽管其研究对象是可被人类感知的客观事物，但是自然科学研究的实际效果却体现出对理性的不断追求。

社会科学“首先研究的是个人的思维现象或精神现象，而不是直接研究物质现象。它所处理的现象之可以理解，仅仅是因为我们的研究对象具有与我们相似的思维结构”。②“它研究的不是物与物的关系，而是人与物或人与人的关系。它研究人的行为，目的是解释许多人的行为在无意间产生的或未经设计的结果。”③社会科学的研究对象是人的观念和行为，其包含人与物的关系和人与人的关系。社会科学将纯粹的物与物的关系排除在外，因为这应当属于自然科学的研究领域。相对于自然科学采用的客观主义的研究方法，社会科学秉持的是主观主义的研究方法。换言之，在排除外在于人的客观事实以及人的身体方面的客观事实之后，以“人”为核心的社会科学研究聚焦于人类的精神层面，因此人的动机、目的、倾向、想法、思考、思想、观念和理念等主观性和精神性的东西就成为社会科学的特定研究对象。“我们必须从人们的想法和行为，即从如下事实入手：组成社会的个人的行为，是受着事与物的某种分类的支配；这种分类与结构相同的感觉性质和观念的体系相一致；我们知道这些性质或观念，是因为我们也是人；不同的个人所拥有的具体知识

---

① ［英］弗里德里希·A. 哈耶克：《科学的反革命——理性滥用之研究》，冯克利译，译林出版社 2012 年版，第 19 页。

② ［英］弗里德里希·A. 哈耶克：《科学的反革命——理性滥用之研究》，冯克利译，译林出版社 2012 年版，第 25 页。

③ ［英］弗里德里希·A. 哈耶克：《科学的反革命——理性滥用之研究》，冯克利译，译林出版社 2012 年版，第 21 页。

在一些重要方面是不同的。不但人们针对外在事物的行为,而且人与人之间的全部关系和所有社会制度,只能根据人们对它们的想法去理解。我们所了解的现实的社会,是由人们所持的各种观念和想法而形成的;我们能够认识社会现象,它对我们有意义,仅仅是因为它们反映在人们的心智中。"①历经时代变迁和岁月洗礼,人类的观念和想法成为普遍的行为规范的内容,而行为规范制度的贯彻和落实则在实践层面中形成了秩序化的人类社会和完成了人的社会化。换言之,主观性和精神性的人类的观念与想法构成了人类社会结构的实质内容,而相对稳定的社会结构也令人类的精神呈现固定化、趋同化和延续化。"不是极为复杂的个人心智之和,而是个人的观念、人们对他人以及对事物所形成的观点,是构成社会结构的真正要素。如果社会结构在经历了相继出现于特定时刻的不同个人后仍然能够保持不变,这并不是因为相继出现的个人完全一致,而是因为他们相互继承了与别人的特定关系、对待别人的特定态度,并且他们是另一些人所持的特定观点的对象。"②

人类精神的固定化、趋同化和延续化是人们的想法和观念转化为行为规范的表现。在此意义上,哈耶克的观点与迈耶的文化规范论相遇了。迈耶认为法律、宗教、道德和科学等一起创造了文化;以进步思想为根本的文化具有驯服自然力、约束本能冲动和净化天生需求的作用;文化规范能够协调利益冲突和维护共同利益,从而促进人类的行为和社会的进步。③ 由此证明,规范性构成要件要素必须以人类精神的规范化或者文化规范为存在之前提。简言之,"规

---

① [英]弗里德里希·A.哈耶克:《科学的反革命——理性滥用之研究》,冯克利译,译林出版社2012年版,第30~31页。

② [英]弗里德里希·A.哈耶克:《科学的反革命——理性滥用之研究》,冯克利译,译林出版社2012年版,第31页。

③ 参见马克昌主编:《近代西方刑法学说史》,中国人民大学出版社2008年版,第307页。

范性要素是由规则创制的”。①

规范性构成要件要素的发现通常被认为进一步揭示出构成要件与违法性的密切关系，并且主要在故意论和错误论中发挥作用。“规范的构成要件要素在故意论和错误论中，因‘外行的相似的评价’概念而受到特别对待。”②“有关规范构成要件要素的故意的前提条件是，行为人以其自己的认识水平来理解体现在上述概念中的立法者的评价。”③例如，行为人只承认其所贩卖的书籍是“黄色”的，但是坚决否认这些书籍属于淫秽物品。对此情形，根据外行的平行评价理论，只要行为人认识到这些书籍是“黄色”的，即可判定行为人知道自己贩卖的是淫秽物品，而无须要求其必须知道作为法律概念的淫秽物品的准确含义。换言之，行为人所认识的“黄色”与立法者所认识的“淫秽”被外行的平行评价理论等而视之。只要行为人的相关认识能够在含义或者意义上与立法者的评价发生一定程度的实质关联，行为人对规范性构成要件要素的认识即告成立。简言之，外行的平行评价理论降低了行为人对规范性概念的理解要求。但是，为什么刑法理论对行为人在规范性构成要件要素与描述性构成要件要素的理解上提出不同层级的要求？通常认为这是基于便宜处罚的考虑。“倘若认为只有当行为人认识到了‘淫秽’概念的规范意义时，才认定其认识到行为的社会意义，才以故意犯罪论处，就会不当缩小处罚范围。”④但本书认为真正的原因在于，具有评价性的规范性构成要件要素是建基于广义的行为规范基础上的利

---

① ［德］乌尔斯·金德霍伊泽尔：《刑法总论教科书》，蔡桂生译，北京大学出版社2015年版，第73页。

② ［德］汉斯·海里因希·耶塞克、托马斯·魏根特：《德国刑法教科书》，徐久生译，中国法制出版社2001年版，第330页。

③ ［德］汉斯·海里因希·耶塞克、托马斯·魏根特：《德国刑法教科书》，徐久生译，中国法制出版社2001年版，第357页。

④ 张明楷：《刑法学》（上），法律出版社2016年版，第259页。

益衡量和价值判断概念,因此,规范性概念不仅在法学家和立法者那里有着严格和准确的定义,而且还可能会随着社会的不断发展而延伸出更多和更为丰富的含义,这些含义和意义显然是法律共同体之外的一般人所无法完全掌握和理解的。总之,包含着规范、价值和评价的规范性概念是一种功能性概念,它也总是被功能性地理解而具有延展性,从而往往超越其本义和基本义而走向引申义乃至比喻义。

所谓功能性概念的"功能",是指对此类概念的内涵和外延的解释应当着重从其所能够发挥的作用或者产生的效果方面加以思考。此处的"功能"与日本学者平野龙一提出的机能主义刑法观中的"机能"的含义和意义基本一致。机能主义刑法观的基本特征是,以"刑法作为社会控制的手段应当具有什么样的作用"为应然前提、以社会学为考察视角和以"问题思考"为实现手段。① 机能主义刑法观反对观念式思考和纯粹的"体系思考",而是在反思刑法的社会机能的前提之下从经验主义的角度寻求更具有妥当性的问题解决方案。"机能主义刑法学,在对作为社会统制手段的刑法的机能进行有效性探究的同时,也把为该机能设定适当的限界问题纳入了视野,也就是说,机能主义刑法学在此意味着导入了以'实质的合理性'为指向的目的论的概念构成。"②在刑法方法论方面,由于侧重于追求实质正义的解释结论,机能主义刑法观走向目的论解释具有一定的必然性。需要指出的是,由于平野龙一极为重视日本在第二次世界大战之后的价值观转型,因此,个人主义、反对父权主义和道德主义、市民安全和刑法的谦抑性等成为机能主义刑法观的价值内核。由此,机能主义刑法观自身包含了对刑法的界限的划定。"刑法以及

① 参见黎宏:《平野龙一及其机能主义刑法观》,载《清华法学》2015 年第 6 期。

② [日]关哲夫:《论机能主义刑法学》,王充译,载赵秉志主编:《刑法论丛》(第 17 卷),法律出版社 2009 年版,第 276 页。

刑罚,其自身是否存在实质的限定原理呢?刑罚,是对个人的生命、自由、财产的重大的侵害。……由此,适用刑法科处刑罚时必须尽可能地避免。刑法以及刑罚,必须是'最后的手段'(ultima ratio)。那么,科处刑罚的场合,必须是能够预想到大体相当的或者是更高的利益的场合,另外,如果存在其他的侵害性小的方法的话,就不要适用刑罚。这就是刑法机能的、实质的限界。"①这种将自由主义作为核心精神的刑法观也对具有强烈个人主观色彩的目的论解释提出基于罪刑法定原则的限定。具体而言,"所谓目的,并非仅指抑制犯罪的目的,存在于罪刑法定主义的根底的两个原理(民主主义、自由主义)以及以此为基础的人权保障,进而刑法的谦抑性也被考虑在内了,必须说这就是所谓刑法独自的更高层次的合目的性"。② 之所以借助机能主义刑法观理论释明本书所谓之规范性概念的"功能性",一方面旨在突出具有较强延展性的规范性概念能够向复杂的司法实践提供多种可供选择的应对方案,追求实质合理性和个案正义的裁判结论完全可以突破"体系思考"而侧重于"问题思考";另一方面也旨在强调对规范性概念进行经验和实质解释时也应当在罪刑法定原则的指导和检验下选取妥当的解释结论,从而以自由主义为规范性概念的功能性解释划定界限。

规范性构成要件要素与描述性构成要件要素的区分应当回归其理论发端之本位,它们的意义不仅仅在于对犯罪论体系认识演变的促进,而主要在于从事实与价值的不同维度对刑法条文的用语进行区分,从而让解释者对归属于自然科学研究对象的、不依赖文化规范存在的、客观的事实概念进行自然和日常意义上的保守理解,

① 转引自[日]关哲夫:《论机能主义刑法学》,王充译,载赵秉志主编:《刑法论丛》(第17卷),法律出版社2009年版,第276页。

② 转引自[日]关哲夫:《论机能主义刑法学》,王充译,载赵秉志主编:《刑法论丛》(第17卷),法律出版社2009年版,第277页。

对归属于社会科学研究对象的、依赖文化规范存在的、主观的价值概念进行实质和功能意义上的正义阐释。如果不在刑法解释之时进行这种事实与价值的区分,就有可能令描述性概念丧失其分类描述作用和让规范性概念在含义的限缩和扩张之间徘徊。

例如,在我国刑法学界,许多学者主张炮应当属于《刑法》第125条至第130条中的枪支,导致枪与炮的概念混淆。有学者认为:"土炮尽管和枪支由于存在口径上的差别,不能算在枪支之内,但由于二者'都是通过管状物体发射弹丸的武器,在通过发射弹丸,能在较远的距离上瞬间剥夺他人生命'的一点上具有类似性,因此将私自制造大炮的行为理解为非法制造枪支也并无不可。"①也有学者指出:"刑法第125条规定的非法制造枪支罪中的'枪支',其日常含义不包含'迫击炮',把'迫击炮'解释为包含在'枪支'的范围内,明显是超出了'枪支'的日常含义,但并未超出其可能含义。因为从宽泛之义而言,将'迫击炮'包含在'枪支'的范围内是一般人所能接受的观念。"②还有学者提出:"以火药为动力发射弹药的大口径武器,属于本罪的枪支。"③概言之,第一种观点从外观、原理和效果的角度将土炮或者大炮归属于枪支;第二种观点从一般人预测可能性和接受能力的角度将迫击炮归属于枪支;第三种观点单从原理角度将大口径武器归属于枪支。本书反对以上三种观点。首先,尽管在宏观原理上,炮与枪之间存在共性,但是从外观上完全可以轻松地区分两者。其次,迫击炮归属于枪支是否能够被一般人所接受,难以作出轻松的客观判断;认为迫击炮属于枪支可能只是学者基于个体经验的个性化主张;只认为迫击炮属于枪支的结论,也有可能掺杂了相对其他种类的炮而言迫击炮的体积较小的考量。最后,将符合宏观

① 黎宏:《刑法学》,法律出版社2012年版,第460页。
② 刘明祥:《论刑法学中的类推解释》,载《法学家》2008年第2期。
③ 张明楷:《刑法学》(下),法律出版社2016年版,第710页。

发射原理的大口径武器归属于枪支,过度地扩张了枪支的范围。最关键的问题是,枪支本身是一个描述性的概念,对其进行功能性的阐释将会严重扰乱概念的科学分类。详言之,其一,根据是否可以移动以及移动方式,可以将常见的几种炮简单地分为可人力便携的迫击炮、不可移动的固定岸炮、借助其他动力设备移动的牵引火炮和自带动力装置的自行火炮等。如果说前三种炮从外观上还可以被归类为炮的话,那么自行火炮的外观其实已与我们观念中的炮相距甚远,尤其是履带式自行火炮在外形上更接近于坦克。因此,基于常识难以认为包括履带式自行火炮在内的自行火炮属于枪支。其二,若根据以火药为动力和发射弹药的划分标准,则在刑法意义上,坦克也应当属于枪支,但这显然是非常荒谬的结论。其三,随着科技的发展,运用高科技手段的电磁炮仅仅依靠电磁能即可发射金属炮弹;若根据以火药为动力和发射弹药的划分标准,则应当将炮划分为火炮和电磁炮两类,其中,所有的火炮都属于枪支,而电磁炮则不属于枪支。这可能是连刑法学者都无法预料到的结论。可见,主张炮属于枪支的观点将会造成炮与枪划分的难题,其根源在于对"枪支"这一不依赖文化规范存在的描述性概念作了超出自然科学意义的功能性扩张。

拖拉机是否属于《刑法》第 116 条中的汽车是一个有争议的问题。有的赞成观点从行为的危害后果角度指出:"如果对刑法规定的破坏交通工具罪的对象仅从字面含义理解,由于拖拉机不在法条明文规定的五种对象范围之列,对故意破坏作为交通运输工具使用的大型拖拉机并造成严重后果的行为,就不能以此罪定罪处罚,这显然是不妥当的。"①也有的赞成观点从技术标准未超过语义范围的角度论证:"在人们的通常观念中,'汽车'是指'客车'和'卡车',但是,按照国家最新标准 GB/T3730.1—2001 的规定,'汽车'是'由动

① 刘明祥:《论刑法学中的类推解释》,载《法学家》2008 年第 2 期。

力驱动,具有四个或者四个以上车轮的非轨道承载的车辆’,而‘用于载人的拖拉机’完全符合‘汽车’的这一字面含义,因此,认为‘汽车’中包括‘用于载人的拖拉机’,乃是扩张解释的结论。”①还有的赞成观点从多个角度综合阐述:第一,尽管在日常用语上拖拉机与汽车有所不同,但是在外形方面大型拖拉机与汽车越来越接近;第二,汽车的英文 automobile 原意为自动车,也可以将大型拖拉机归属于自动车;第三,大型拖拉机与汽车不仅在拥有自身装备的动力装置驱动、在非固定轨道上迅速行驶、能装载大量货物和人员等特征方面相同,而且两者性能的完整性都在同等程度上关涉公共安全;第四,大型拖拉机在机动车登记、定期安全技术检验和驾驶证申验等方面受公安机关交通管理部门的管理;第五,将破坏大型拖拉机危害公共安全的行为认定为破坏交通工具罪并不会损害国民的预测可能性。② 一种反对观点指出:“汽车、拖拉机等均不属于刑法学专业概念,而应当作为普通用语看待,应当根据日常用语使用范围使用。将汽车扩张解释为包括拖拉机在内,颠覆了公众对于汽车和拖拉机的基本形象,这一结论似乎是可以确定的。”“从实质判断的角度看,拖拉机之财产价值的重大属性、遭受破坏后对于公众的人身和重大财产所构成的实际危险性均远低于汽车;……将拖拉机归类于汽车,无疑是一种与此相反的逻辑方向,将‘轻’的归入‘重’的范围。”③另一种反对观点指出:“因为拖拉机无论哪种类型,其工作原理与结构都与汽车不完全相同,将拖拉机包括在汽车中,只能说是一种不严肃的解释,而且会破坏‘汽车’固有概念的内涵。”④

---

① 冯军:《论刑法解释的边界和路径》,载《法学家》2012 年第 1 期。

② 参见张明楷:《罪刑法定与刑法解释》,北京大学出版社 2009 年版,第 176 ~ 178 页。

③ 曲新久:《区分扩张解释与类推适用的路径新探》,载《法学家》2012 年第 1 期。

④ 林亚刚:《危害公共安全罪新论》,武汉大学出版社 2001 年版,第 151 页。

本书认为，由于汽车是一个描述性构成要件要素，而拖拉机也是描述性概念，它们都不依赖法律、道德和宗教等文化规范而存在，借助自然科学完全能够区分拖拉机与汽车，因此，拖拉机不属于《刑法》第116条中的汽车。第一，由于拖拉机和汽车都不依存于包括法律在内的文化规范，因此，公安机关交通管理部门对拖拉机的管理制度不能成为拖拉机属于汽车与否的依据。第二，尽管在外观上大型拖拉机与汽车越来越接近，而且它们在靠自身装备的动力装置驱动、于非固定轨道迅速行驶、能装载大量货物和人员等方面存在相同之处，但是，就自然科学角度而言，拖拉机与汽车在机械构造和结构上存在不同之处，而且即使是应用于交通运输的大型拖拉机也只能在短途运输中起到低速牵引作用，而无法像汽车那样做到长途的高速行驶。第三，认为破坏拖拉机对公共安全的危害后果及其程度与破坏汽车相当的观点，是仅从处罚必要性、实质的正当性或者实质正义的角度作出的考量；这种观点不当地对拖拉机和汽车这两个描述性概念予以规范期待和功能性理解。第四，认为将拖拉机归属于汽车不会损害国民预测可能性的观点，并未充分地考虑到国民的语言使用习惯和我国特殊的社会结构。在尚未完全打破城乡二元格局的社会现状下，拖拉机与汽车是完全不同的事物。当我们听人说“我开车来接你”或者“我给你买了一辆车”，但是映入眼帘的却是对方驾驶了一台大型拖拉机或者购买了一台崭新的拖拉机，此时，我们还仍然能够心平气和地继续主张或者接受拖拉机属于汽车的结论吗？此时，我们难道不会产生错愕的感觉和惊讶的感受吗？如果无法安之若素地面对以上场景，就说明拖拉机属于汽车的结论已经超出了国民的预测可能性。第五，第二种反对观点从自然科学的角度正确地揭示出拖拉机与汽车是完全可以区分开来的；第一种反对观点虽然已提出拖拉机和汽车都不属于刑法概念，应当作为普通用语和日常用语予以看待，但是其并未说明此两者是自然科学意义上的描述性概念，而是转向了较为抽象的预测可能性判断。

又如,对于《刑法》第275条故意毁坏财物罪中"毁坏"的含义,在形式解释论者和实质解释论者之间存在"物理损坏说"与"效用侵害说"的对立。本书赞同采用效用侵害说,因为"毁坏"是一个规范性概念,可以在语义的可能范围内对其含义进行功能性的阐释。无论是对财物施加有形力还是无形力,也不管对财物的毁坏是物理的、化学的还是空间上的,只要是削减或者消灭了财物对人在有用性方面的价值,妨害和阻碍了人通过财物对个人需求的满足,就有符合"毁坏"的可能性。"毁坏"是依靠法律制度存在的评价性概念;如果根本不存在法律上的财产权制度,那么"毁坏"就会被物理形态或者空间位置上的某些变化所取代。形式解释论者的物理损坏说的问题恰在于,其将本来是规范性概念的"毁坏"误解成为一个描述性概念,导致"毁坏"的含义只停留在看得见、摸得着的客观事实层面。

再如,刑法学界对《刑法》第129条丢失枪支不报罪中的"丢失"的解释即是将其作为规范性概念作出的实质和机能的阐释。因此,对于枪支被抢也属于丢失的结论,是不存在争议的;但也正因如此,刑法学者对此结论只是在定性上有着类推适用、扩张解释与普通含义的自然解释的争议。黎宏教授指出,从一般理解来看,"丢失"是指遗失,即因疏忽大意或者不小心而失去的意思;枪支被抢是由于难以反抗的原因造成的,而不是由于不慎或者疏忽大意所造成的"遗失"。但是,从实质上考察,枪支被抢之后不报告造成严重后果的,会产生恶劣影响,由此说明该行为具有社会危害性。而且,"被抢而失去"与"遗失"之间有类似之处。"遗失"包含不小心和失去控制两部分内容,其中失去控制是关键内容,"被抢而失去"也属于失去控制的状态,此两者在失去控制的状态上是一致的,只是在失去的原因上稍有差别。因此,将"被抢而失去"解释为"丢失"或许已经超出了“丢失”的通常意义，但是并未超过一般人的预测。[①] 冯军教授认为上述观点的思维方式是类推适用，虽然“丢失”的通常含义是“遗失”，但是丢失的字面含义也包含“失去”，因此“丢失枪支”包含着“失去枪支”“枪支被抢”或者“枪支被盗”，因此“枪支被抢”属于“失去”枪支是扩张解释的结论。[②] 对此，曲新久教授认为：“‘丢失’的上述含义，在相当程度上可以看成是‘丢失’的普通含义。冯军教授所作的解释，也许就是一种自然解释，而不是扩张解释，更不是什么类推适用。”[③]本书认为，黎宏教授的观点并非类推适用，因为该观点中的“类似性”其实就是刑法解释思维模式意义上的类推、类比和比较，而非类推适用；该观点认为“枪支被抢”虽然超过了“丢失”的通常意义，但并未超出一般人的预测可能性，实际上是认为这种解释结论是扩张解释的结果。这其实与冯军教授的观点并没有显著差别。于是，仅有的争议就变成了“枪支被抢”属于“丢失枪支”，究竟是扩张解释还是平义解释呢。之所以上述三种观点的结论完全相同，是因为它们都认识到“丢失”是规范性构成要件要素，从而对这种评价性的要素进行实质的和功能性的阐释，而不是保守地将“第一眼”即可联想到的“遗失”作为“丢失”的唯一含义。至于该结论到底是扩张解释还是平义解释，其实只是由于对“丢失”的核心含义与边缘含义的范围的不同认识造成的。对刑法解释而言，只要解释结论不超出语义的可能范围，核心含义与边缘含义的划界并不是一个重要的问题。

---

① 参见黎宏：《“禁止类推解释”之质疑》，载《法学评论》2008年第5期。

② 参见冯军：《论刑法解释的边界与路径》，载《法学家》2012年第2期。

③ 曲新久：《区分扩张解释与类推适用的路径新探》，载《法学家》2012年第1期。

第三章　刑法体系解释方法

第一节　体系解释的历史变迁

体系解释是一种与概念法学同时萌生、发展和演变的解释方法。体系解释中的"体系"与概念法学所构建的"体系"都受到19世纪康德和黑格尔等人哲学思想对体系或者系统过度信赖和向往的影响，也都属于当时民法学者试图从罗马法的珍贵遗产中整理和构建出完美规则和学术系统的产物。体系解释随着概念法学向利益法学的转变而呈现由形式向实质和由概念向意义的变迁。

通常认为，以萨维尼为代表的历史法学派是概念法学的首要推手。萨维尼1803年出版的《占有法》一书让概念法学成为德国法学划时代的产物。萨维尼的学生普赫塔是概念法学的代表性人物之一，他"着重以一种概念金字塔的方式依形式逻辑的规则来思考”。[①] 属于历史法学中罗马法派阵营的温德海得承继和坚守了萨维尼和普赫塔的系统思想，将概念法学推向顶峰和极致，最终形成潘德克顿学派。潘德克顿法学具有以下特点：(1)对概念的分析和阐述非常完善。(2)注重构造法律的结构体系。(3)以罗马《学说汇纂》作为其理论体系和概念术语的历史基础。(4)在一定程度上具有脱离现实、从概念到概念、从条文到条文的倾向。[②]

19世纪初，在马堡大学的法学方法论课堂上，萨维尼提出“法学的体系性研究”。“体系的内容是立法，即法律规范。为了一方面逐个地，另一方面在整体脉络中认识它们，我们需要一个逻辑媒介——形式，即对立法的全部内容予以认识的逻辑条件(媒介)。所有的形式要么用于阐明单个法律规则的内容，人们通常称之为定义与划分；要么用于整合多个法律规则，人们通常将其称为真正的体系。”[③]换言之，完整的体系由法律规范和“形式”两部分组成，相对于作为内容的法律规范，通过定义和划分的方式而形成的概念所构建起的单个以及多个法律规则属于体系的结构。这种具有逻辑属性的体系以法律概念为形成基础，并以连接各种具体的法律规则为作用和功能。1840年，萨维尼将体系作为制定法解释的四种要素之一，并指出：“体系要素涉及到将所有法律制度和法规则连接成一个大统一体的内在关联。此种内在关联和历史要素一样都呈现于立法者眼前，因此，我们要非常清楚制定法与整个法体系之间是什么关系，此制定法又是如何有效影响到法体系，只有这样，我们才能完

---

① 参见吴从周：《概念法学、利益法学与价值法学：探索一部民法方法论的演变史》，中国法制出版社2011年版，第34～35页。

② 参见何勤华、严存生编著：《西方法理学史》，清华大学出版社2008年版，第57～58页。

③ [德]萨维尼、雅克布·格林：《萨维尼法学方法论讲义与格林笔记》(修订译本)，杨代雄译，法律出版社2014年版，第108页。

全认识到立法者的意图。"①此处的体系要素仍然发挥的是对整个法律体系的逻辑关联作用，虽然其具有助益发现立法者意图的功能，但总体而言，它更倾向于一种通向立法者意志的逻辑框架。"'历史的方法'是要求考虑在特定的历史状态下法律的产生，而'体系的方法'则要求将法律规范整体理解为一个关联的整体。历史法学延续这样的体系思想，成为概念法学在法学上的立足起点。"②

因此，体系解释中的体系首先是外部体系，亦即由各种法律概念、法律规则和法律制度按照一定的形式逻辑构建而成的整体法律系统。外部体系"之形成有赖于：由——作为规整客体的——构成事实中分离出若干要素，并将此等要素一般化。由此等要素可形成类别概念，而借着增、减若干——规定类别的——要素，可以形成不同抽象程度的概念，并因此构成体系。借着将抽象程度较低的概念涵摄于'较高等'之下，最后可以将大量的法律素材归结到少数'最高'概念上。此种体系不仅可以保障最大可能的概观性，同时亦可保障法安定性，因为设使这种体系是'完整的'，则于体系范畴内，法律问题仅借逻辑的思考操作即可解决。它可以保障，由之推演出来的所有结论，其彼此不相矛盾，因此可以使法学具有——纯粹科学之学术概念意义下的——'学术性'"。③

借助由上至下、从高到低的概念金字塔，外部体系以"不矛盾"作为其最高宗旨。至今，这种对和谐和完整体系的追求仍然是体系解释的首要和优先目标。"法律很少没有矛盾。立法者总是不断地犯错误，从而使规范之间产生矛盾。特别是整个法律秩序包含了大

① [德]萨维尼：《当代罗马法体系Ⅰ》，朱虎译，中国法制出版社2010年版，第167页。

② 吴从周：《概念法学、利益法学与价值法学：探索一部民法方法论的演变史》，中国法制出版社2011年版，第34页。

③ [德]卡尔·拉伦茨：《法学方法论》，陈爱娥译，商务印书馆2003年版，第316~317页。

量的非理智因素,因为它的诸多具体规范都来自不同时期并且通常不相一致。”[①]尽管现实中的法律和法律体系不可能完美无缺,但是司法者在进行体系解释时必须首先在头脑中预设存在一套完美的法律体系,进而在这种想象和虚构的完美法律体系中维持现行立法的权威。“宪法、具体法律或者法律秩序的‘统一性’不是现实存在的,而是解释的产物。”[②]为了在完美体系的感召之下将实际上充满时间和空间缺憾的法律条文解释得更加圆融,体系解释不仅具有避免矛盾的功能,还能发挥填补漏洞的作用。但是,“避免矛盾和保持协调,是体系解释最主要的要求”。[③] 原因在于,令繁复的法律条文不出现矛盾和冲突,是通过不超过可能语义范围的法律解释方式弥合法律漏洞的先决条件。这犹如编制一张渔网,只有先妥当地厘清和安置网线的框架和脉络,才能为进一步缩小网格或者孔洞的大小提供条件。

外部体系存在与概念法学一样的缺陷,它不但过度地信赖体系的封闭性、协调性和完整性,而且忽略了存在于体系内部的目的和利益等主观性衡量和决断的因素,但恰恰是这些因素构成了法律规则正当性的基础。德国学者海克最早对外部体系与内部体系作出区分。内部体系“是指实质性的序位秩序、价值体系,也即将整个法律秩序理解并解释为内部无矛盾的统一体或‘意义整体’”。[④] 对于内部体系的形成,海克指出:“在此,个别的基本要素,也就是冲突的决定,是无法相互分开的。它们不是像存在于无人的世界一样,每

① [德]伯恩·魏德士:《法理学》,丁晓春、吴越译,法律出版社2013年版,第326页。

② [德]伯恩·魏德士:《法理学》,丁晓春、吴越译,法律出版社2013年版,第326页。

③ 张明楷:《刑法分则的解释原理》(上),中国人民大学出版社2011年版,第284页。

④ [德]伯恩·魏德士:《法理学》,丁晓春、吴越译,法律出版社2013年版,第318页。

个要素彼此不同,而是透过各样的关联性与一致性相互结合。每一次的冲突决定都牵动整个法律秩序的内容。价值判断的远距作用发挥着作用。我们面对的问题是一群问题,面临的决定是一组决定。这些关联可以是不同却是紧密的。……因为共同的要素已被认识且在描述中已获得综合,所以就会产生具有愈来愈普遍性的概念群。因此就有可能以一个概念建筑物、一个概念体系的方式去描述现存的实质关系。综合的过程是透过一个分类而进行的,这个分类以不同的程度让这个内在的体系清晰可见。但只有内在的秩序、一致性以及差异性存在,才能给予研究者这样一种分类的可能性。……透过我们的方法所得出的这种冲突决定的体系,是一种内在的体系。"[①]内部体系揭示出能够决定外部体系的成立和调整的实质性因素。自此,体系不再是由位于金字塔顶端的高阶概念向下分解和衍生不同层级的低阶概念的自主和自动系统。它其实是通过对个人利益与集体利益、短期利益与长远利益、正面利益与反面利益、强者利益与弱者利益等不同类型的利益冲突状况予以比较、衡量、判断和选择,并以维护、彰显或者塑造某种行动秩序和价值观念为目的、具有协调性的各种法律规则的总和。总之,当今的体系由以形式逻辑为特征的外部体系和以价值判断为特征的内部体系共同组成。

但是,有的学者主张体系解释中的体系仅指外部体系,而不包括内部体系。"从法律解释学的角度来看,内在体系和外在体系的分类对解释方法的区分有一定的意义。内在体系属于目的解释等的范畴,例如,法律的基本原则可以作为规范目的从而用于解释法律条文。而外在体系属于体系解释的范畴。体系解释要求解释者在解释时首先确信法律具有体系性,而不能认为,法律是散乱的,各

---

① 转引自吴从周:《概念法学、利益法学与价值法学:探索一部民法方法论的演变史》,中国法制出版社2011年版,第328~329页。

个条文之间是没有逻辑联系的。”①“体系解释的依据只是法律的外在体系，不能考虑其他因素，这是界分体系解释与其他解释方法的关键。如果法律解释中考虑了法律外在体系以外的因素，就转化为其他的解释方法。”②此观点将内部体系从体系中排除，是以对形式化体系的坚持来唤醒解释者对法律体系客观实在性的重视，同时还可以在排除主观因素后维护体系的纯粹性。但是，在概念法学已经被基本否定和遗弃的时代，在法律解释过程中应当重拾法律中的目的因素已得到广泛认同，针对不同性质和等级的利益应当如何作出取舍成为司法决断的主要内容，对于利益衡量背后的价值评价的过程应当如何予以细致描述和理性规划已经成为法学理论研究的重点。因此，外部体系不可能独立存在，体系解释也难以与文义解释和目的解释彻底割舍内在的关联。即使采用外部体系，体系解释也仍与文义解释藕断丝连，甚至根本不可能作出鲜明的区分。“体系解释是在文义解释出现了复数解释的情况下而采用的一种解释方法，其在法律解释方法体系中处于仅次于文义解释的优先位阶。这主要是因为其和文义解释一样，是从文本的字面含义和结构来进行的解释，且此种方法与文义解释具有密切的联系，甚至在很多情况下难以区分。”③如果将所有的目的因素都划归至目的解释，会导致体系解释的阐释地位下降和功能缺失的后果。“利用体系解释主要是根据外在形式而解释法律，这就可能忽视法律的实质目的和本意，因此，体系解释具有一定的局限性。”④

---

① 王利明：《法学方法论》，中国人民大学出版社2012年版，第384页。

② 王利明：《法学方法论》，中国人民大学出版社2012年版，第386~387页。

③ 王利明：《法学方法论》，中国人民大学出版社2012年版，第384页。

④ 王利明：《法学方法论》，中国人民大学出版社2012年版，第387页。

第二节 体系解释的基本要求

有学者指出，体系解释以“无矛盾的要求”“不赘言的要求”“完整性的要求”“体系秩序的要求”等四个要求为出发点。其中，无矛盾的要求是指法律不会在逻辑和价值上自相矛盾。不赘言的要求是指法律不说多余的话，每个法规范都具有一个自己的适用范围，不应当通过解释的方式将一个规范的适用范围紧缩到完全被另一个规范所包含，或者将其扩张至完全包含另一个法规范。完整性的要求是指法律不应含有规定漏洞。体系秩序的要求是指法律规范之间存在有意义的次序编排。[①] 换言之，解释者应将立法者制定的法律看作一种在内容和框架上都不存在矛盾和漏洞的、理性而又有意义的系统。

有学者认为，体系解释的规则应包括：(1)法律制度体系化的推定规则。此规则是指解释者在进行法律解释时应当推定法律制度已经经过体系化过程而成为完整的、具有内在一致性的体系。该规则又包含应当尽可能不解释出两个相互矛盾的结论、清晰的规则优于模糊的规则适用、清晰的规则可以解释模糊的规则和应当尽可能得出法律无赘言的结论等具体规则。(2)借助整体来理解个别的规则。此规则强调要对法律的整体有全面的理解，以避免出现对个别法条的误读。(3)同类解释规则。此规则是指一般性的类别应当与具体列举的人或物属于同一类型。(4)明示其一即排斥其他规则。此规则是指法律文本明确提及特定种类的一种或者多种事项，即可视为以默示的方法排除该种类以外的其他事项。(5)法律不作无意义的次序编排规则。此规则推定法律外在体系的合理性。(6)例示

① 参见[德]英格博格·普珀：《法律思维小学堂》，蔡圣伟译，北京大学出版社2011年版，第56～64页。

性规定优先于概括性规定。此规则是指立法者为了同时实现法律的可操作性和法律的适应性的目标,往往同时设立以具体列举为方式的例示性规定和包含不确定概念和一般条款的概括性规定,此时,对概括性规定的解释应当参照例示性规定。[①] 易言之,此观点是对"无矛盾的要求""不赘言的要求""完整性的要求""体系秩序的要求"等四个要求的认同和细化。

有学者提出,刑法体系解释的具体要求是难以穷尽的,做好体系解释需要特别注重以下几点:运用合宪性解释,以刑法总则规定为指导解释刑法分则;运用同类解释规则,根据特定的语境和目的确定用语的含义,以相关条文检验和印证解释结论,以基本法条为中心保持刑法条文之间相协调;运用当然解释原理,考察解释结论的适用后果,以及顾及法秩序的统一性。[②] 体系解释以文义解释为基础并连接着目的解释,因此体系解释具有综合性的特点。刑法体系解释既要在内部协调定性与量刑、特殊规定与一般规定、刑法总则规定与刑法分则规定等因素之间的关系,又要在外部平衡与宪法以及其他部门法之间的关系。

本书认为,刑法体系解释的运用主要存在于四种场合:(1)由于1979年《刑法》是在"文化大革命"刚刚结束的特定时代背景之下制定的,其因担负恢复社会秩序的任务而采用了较为粗疏的立法技术,这造成刑法中许多罪名的构成要件描述呈现有失明确性的状态。而且,1997年《刑法》在较短时间内仓促地统合和兼容多个单行刑法,这造成虽然来源不同但是具有某种相似性或者可比性的罪名之间的法定刑设置存在较为严重的不平衡或者不均衡现象。因此,对于罪状含糊而法定刑又较重的罪名,尤其需要运用体系解释予以

① 参见王利明:《法学方法论》,中国人民大学出版社2012年版,第393~398页。

② 参见张明楷:《刑法分则的解释原理》(上),中国人民大学出版社2011年版,第59~71页。

阐释。(2)由于我国刑法条文中含有大量“等”和“其他”的兜底性规定,如何正确理解这些被省略却又不可忽略的内容就成为重要的问题。因此,体系解释中的同类解释规则具有被广泛应用的空间和前景。(3)由于立法者的任务是描述行为类型,司法者的任务是释放和重塑行为类型,而刑法条文的主要内容是各种犯罪的行为类型群,这些行为类型既具有规制对象和适用范围上的独立性,它们之间又因手段或者目的方面的相似性而发生某种关联,因此,刑法体系解释的重要任务是区分或者区别行为类型,以尽量实现各罪构成要件之间既不发生冲突也没有漏洞。(4)由于刑法是整个法律系统和法秩序的组成部分之一,刑法解释首先应当受到宪法规定和蕴含在宪法之中的自由主义精神的制约,而且还应当根据自身最后法的性质而以民法和行政法等作为解释的制度依据,从而最终在精神和秩序上求得统一。

第三节　体系解释的主要内容

一、以刑释罪

(一)以刑释罪的含义

以刑释罪,是指根据法定刑的轻重决定表述模糊的构成要件的适用范围大小,进而实现有序的刑法体系并得到正义的刑事裁判结论。以刑释罪的适用需要具备两个前提条件:第一,与在行为类型上具有相似性的其他罪名相比,具体罪名的法定刑轻重的程度或者性质存在较为明显的异常,即该法定刑的适用与罪刑均衡原则存在冲突;第二,该具体罪名的罪状描述存在模糊的情形,即刑事立法或者刑法理论未完成对该罪名的行为类型的完整叙说,构成要件的适用范围处于一个未达到明确性要求的似是而非的混沌状态。这两个前提条件的同时存在容易引发司法实践中的重刑主义现象。在一个罪名存在罪状模糊并且法定刑畸重的情形中，模糊的罪状意味着该罪名的构成要件处于一种擅于应对纷繁复杂的案件类型的开放状态，构成要件的适用范围往往表现出向外扩展的属性，而较重的法定刑则令被圈入国家刑罚权运作范围的被告人处于更加不利的非正义情势。

"以刑释罪，即用'刑'来解释'罪'，是指以法定刑为参照标准来对法条中含义不清的名词概念作限缩或扩张解释、以法定刑作为标尺来划定罪状的范围。也就是当刑法条文中出现罪刑配置严重不均衡情形时，法定刑越重，则罪状越窄、入罪越严；法定刑越轻，则罪状越阔、入罪越宽。"①以刑释罪规则通过比较相关犯罪的法定刑之轻重，意在根据刑事法律后果的大小来规划相关犯罪构成要件的关系与界限，从而形成轻重有序的犯罪行为类型群或者行为类型系统。"根据罪刑均衡原则的要求，刑法中法定刑轻重的配置与犯罪行为社会危害性是正相关的，当出现某类犯罪行为社会危害性不大而刑法却配置了极为严苛法定刑的情形时，在法条未作修改的情况下，我们应该通过刑法解释来缩小犯罪圈、从严掌握入罪标准，尽量做到罪刑相称、罚当其罪。"②

以刑释罪符合罪刑均衡原则的要求。《刑法》第 5 条规定："刑罚的轻重，应当与犯罪分子所犯罪行和承担的刑事责任相适应。"罪刑均衡原则要求刑事法律后果的设置应当与行为人通过实施犯罪行为所表现出来的违法和责任在性质和程度两个方面相当、相符合。"如果适用一种解释结论的后果是，违法性与有责性重的行为受到较轻的处罚，而违法性与有责性轻的行为受到较重的处罚，或

① 徐松林：《以刑释罪：一种刑法实质解释方法》，法律出版社 2015 年版，第 136 页。

② 徐松林：《以刑释罪：一种可行的刑法实质解释方法》，载《法商研究》2014 年第 6 期。

者违法性与有责性重的行为被宣告无罪,而违法性与有责性轻的行为被宣告有罪,那么,这种解释结论就是不协调的、非正义的,因而是不可取的。"[①]罪刑均衡是判断体系解释结论妥当与否的标准之一。妥当的刑法体系解释结论是行为类型协调和法定刑协调的完善结果。刑罚正义要求对相同的行为施以相同的对待,如果某一解释结论引起严重的罪刑失衡现象,那么它则失去成为正当裁判理由的资格。

(二)以刑释罪的厘清

目前,刑法学界有一些与以刑释罪的表述极为相似的概念,如"以刑定罪""由刑而罪""用量刑影响定罪"等。在具体含义和适用条件上,以刑释罪与之有着极大的差别,但因为近似的表达方式容易引起误读。例如,有观点将反思传统的罪刑制约关系的各种理论统称为"量刑反制定罪",认为这些观点尽管在应用路径和偏重要点上不尽一致,但均在不同程度上颠覆了传统的正向型的定罪逻辑,而在结论上都肯定量刑对定罪的制约作用,应对构成要件进行符合量刑需要的解释,让定罪为量刑让路;进而指出,量刑反制定罪存在可能破坏普遍正义、导致滥施刑罚处罚、造成司法权僭越立法权、导致司法解释放弃刑法法条的风险。[②] 本书认为,上述观点的深刻批判完全适用于某些违背了罪刑法定原则的理论,但其欠妥当之处在于对貌同实异的不同理论进行一体化的批判处理。因此,有必要明晰以刑释罪与其他理论的区别。

1. 以刑释罪与"以刑定罪"

以刑释罪不同于"以刑定罪"。所谓"以刑定罪"的刑事规律,在

---

① 张明楷:《刑法分则的解释原理》(上),中国人民大学出版社 2011 年版,第 70 页。

② 叶良芳:《量刑反制定罪:实践和理论的双重批判》,载《东南大学学报》(哲学社会科学版)2018 年第 1 期。

立法层面是指犯罪（尤其是经济犯罪）的设立不仅应考虑行为自身的危害性及其程度，而且还应考虑刑罚的运用方式和处罚效果，亦即需要考虑对行为主体的处罚必要性和可行性；在司法层面是指能否适用刑罚、适用何种具体刑罚和刑罚的实际效果直接影响着司法者对在罪与非罪临界点上的性质模棱两可案件的抉择。具体而言，在立法层面，“以刑定罪”的刑事规律要求，将至少应受自由刑处罚的危害行为规定为犯罪，将其他危害行为规定为一般违法行为并以罚款或者其他方式处置。以自由刑为中心的制裁体系的形成、中国国民心目中“犯罪即等于坐牢而不是赔钱”的观念、恶劣的治安环境和普遍低下的个人财产状况，决定了应受刑罚处罚的犯罪的范围。“在刑法规范的创制上，哪些行为值得入罪便主要应受恒定的自由刑手段制约；立法者在全局上制定刑法对所有的犯罪进行‘假设’时，对犯罪模式的量的下限（一般违法行为的量的上限）的界定上，就主要应考虑行为（人）是否‘应受自由刑的处罚’。”在司法层面，“以刑定罪”的刑事规律表明，当司法者在性质模棱两可的案件中面临究竟是应当追究民事责任、行政责任还是刑事责任的判断难题时，往往务实性地采取根据行为人的各种具体情况来确定行为本身性质的逆向思维方式。“危害行为总是要给予处理的，考虑到具体案件中行为人承担哪种责任更能获取良好效果，倒过来便能决定该进入哪种程序并由此圈定行为的基本性质；如果以其他法律责任方式即可简单有效处置，则大可不必动以复杂昂贵冷酷的刑事诉讼程序。如此处断，既彰显当代法律宽容谦抑的人文精神，又大大节约社会成本与司法资源。虽然看似考虑了行为之外或之后的责任因素以决断行为性质，然而这种逆向的‘以刑定罪’的思维方法，恰恰同立法者以不同调控手段划分部门法（刑事、行政与民事）及行为归属的基本思路不谋而合，蕴含了人类社群生活中事实与规范、行为与制裁、目的与手段关系中，一种双向互动、相互修正、互为定义的规律性现象。”①

总体而言，“以刑定罪”刑事规律旨在揭示，刑事立法应当与一国的经济社会发展、本土法律文化、司法资源配置等状况相适应，追求刑罚的实效，合理地划定犯罪的范围。在我国处于制度转型时期和经济违法行为大量出现的背景之下，既不应当迷信严刑峻法，也不应当盲从西方国家规模化地推行财产刑，而应当从危害行为适合何种处罚方式及其效果的角度入手合理地划定罪与非罪的立法界限。该理论的问题指向和作用场域显然以立法论为立场，而不同于只存在于刑法解释论或者刑法方法论领域的“以刑释罪”。

2. 以刑释罪与“由刑而罪”

以刑释罪也不同于“由刑而罪”。“由刑而罪”的逆向定罪机制是指在刑事疑难案件审判中，法官对行为人应否定罪以及应定何罪首先应从犯罪行为的社会危害性大小方面进行考虑，然后在罪刑均衡原则的指导下从可能选择的多个罪名中得出定罪结论的制度和方法。与“由罪而刑”的正向定罪机制相反，逆向定罪机制采用的是由目的至手段的分析策略和“由刑而罪”的定罪机制。“由罪而刑”的正向定罪机制在刑事疑难案件中存在局限性。具体而言，在正向定罪机制中，法官重视比对犯罪构成却忽视把刑罚的实质合理性作为定罪必须考虑的因素，因而难以合理地化解定罪与量刑之间的矛盾，导致刑罚的量与犯罪的严重程度不相适应的情形。刑法立法中存在罪刑失衡现象是适用逆向定罪机制的前提之一。刑事疑难案件既是适用逆向定罪机制的根本原因，也是逆向定罪机制的适用范围。刑事疑难案件是指案件事实呈现与多个刑法规范存在对应关系的案件；在此类案件中需要解决如何在多个相关的罪名（犯罪构成存在重叠或者交叉）中选择一个最合适的罪名的问题。刑事疑难

① 参见冯亚东：《罪刑关系的反思与重构——兼谈罚金刑在中国现阶段之适用》，载《中国社会科学》2006 年第 5 期。

案件也是逆向定罪机制的适用范围。就适用结果而言,法官选择适用可合理处罚的罪名包括两种情况:一种是趋轻选择,即按某罪对行为人进行处罚可能偏重时,法官倾向于严格解释该罪的构成要件,以选择适用其他相近的处刑较轻的罪名;另一种是趋重选择,即按某罪对行为人进行处罚可能偏轻时,法官倾向于选择适用其他相近的处刑较重的罪名。①

"由刑而罪"的问题在于,其不但在刑事疑难案件中轻而易举地放弃了对行为类型或者构成要件符合性的分析判断任务,而且从量刑的实际效果上看,其在追求良好的法律效果和社会效果的名义下倡导和助推重刑主义。具体而言,一方面,"由刑而罪"不仅令刑法总则中的罪数或者竞合理论丧失存在必要性,而且让刑法各论中具体罪名解释的理论必要性发生动摇。"由刑而罪"以刑事疑难案件为适用范围,刑事疑难案件意味着在行为定性上存在此罪与彼罪、一罪与数罪的判断,而"由刑而罪"以刑罚妥当性决定合适罪名的判断逻辑直接摧毁了区分不同罪名之间的行为类型的理论体系。这不仅使刑法理论关于构成要件的构建成果付诸东流,而且将刑法典中的罪状描述彻底平面化甚至文字游戏化。其严重后果是,法定刑与宣告刑是最重要的,而适用的罪名只是刑事诉讼程序中的一种对外宣示的司法名义而已,罪名之下的行为类型是什么并不重要。另一方面,在重刑主义文化盛行和民众不安全感高涨的时代,"由刑而罪"往往适用于因罪重刑轻而引发舆论广泛关注的场合,基于对行为危害性和行为人危险性的考量而适用法定刑较重的其他罪名。"由刑而罪"以罪刑失衡为前提,尽管罪刑失衡意味着通过比较和衡量在罪与刑之间存在罪轻刑重或者罪重刑轻的不协调关系,但可以预料的是,在实践中罪重刑轻情形比罪轻刑重情形在适用数量和概

① 参见任彦君:《论逆向定罪机制在刑事疑难案件审判中的适用》,载《法商研究》2013 年第 5 期。

率上都占有优势。这是由特定的整体文化氛围和社会发展阶段所决定的。在具体个案中,以刑释罪不会导致由轻刑罪名变更为重刑罪名的后果。一方面,以刑释罪存在于理论上的犯罪行为类型构建或者界分,其发挥作用的场合是日常的具体罪名构成要件的模糊状态,而不以具体个案的法律适用难题为前提,因此,以刑释罪不会受到非常态的政治、经济或者社会因素的功利性影响。另一方面,以刑释罪在解决构成要件模糊问题时采用对重刑罪名的构成要件进行限缩和对轻刑罪名的构成要件进行扩张的方式。对重刑罪名构成要件的限缩,有助于实现重刑罪名与轻刑罪名在适用范围和法律后果上的和谐关系,既能够符合罪刑均衡原则,也可以体现刑法谦抑属性。对轻刑罪名构成要件的扩张,其实会产生对与该轻刑罪名有行为类型关联的重刑罪名构成要件适用范围限缩的结果,其实际效果仍然是对刑事处罚范围的严格限定和控制。因此,以刑释罪的作用是严格控制国家刑罚权的启动和运作。

2009 年江苏盐城发生水污染案。江苏省盐城市一家化工公司属于环保部门规定的"废水不外排"企业。在 2007 年 11 月底至 2009 年 2 月 16 日,该公司的法定代表人和生产负责人在明知该公司生产过程中所产生的废水含有苯、酚类有毒物质的情况下仍将大量废水排放到附近河流中,使之流经自来水厂的取水口,造成盐城市区 20 多万居民饮用水停水近 67 小时,直接经济损失约 543 万元。该案一审和二审法院认为,行为人明知废水含有毒害性物质而直接或者间接向河流中排放,放任危害不特定多数人的生命、健康和公私财产安全结果的发生,使公私财产遭受重大损失,成立投放危险物质罪。对此裁判结论,"由刑而罪"持赞成立场,其主要理由是:第一,此案的污染行为在客观方面同时符合重大环境污染事故罪和投放危险物质罪,而主观方面在过于自信的过失与间接故意之间难以判断;第二,由于本案社会危害性较大,属于过失犯罪的重大环境污染事故罪的法定刑难以做到罪刑相适应;第三,随着环境污染日益严重和环保意识日益增强，民众要求严惩环境犯罪的呼声越来越大。[①] 上述结论不无疑问。一方面，行为人在主观上具有过失还是故意是一个事实问题而非规范问题，不应当在事实尚未查明之前将其作为一个价值判断问题进行处理。另一方面，在《刑法修正案(八)》修正《刑法》第338条之前，对污染环境罪的主观方面究竟是过失、故意或者兼容过失与故意两者即已存在理论争议。通说认为，污染环境罪的主观方面是过失。在主观方面难以查明的情况下，即使认为本案行为人的排污行为造成了某种危害结果，而且行为人在主观方面至少存在过失，也只能在属于过失犯罪的污染环境罪与属于故意犯罪的《刑法》第115条第1款中的投放危险物质罪之间选择适用较轻的罪名。

在此情况下选择适用较轻的罪名是刑事诉讼原理中无罪推定原则"疑问有利于被告"的要求。疑问有利于被告包括疑罪从无和疑罪从轻。疑罪从无，是指当控方提出的证据无法达到证据确实充分的刑事证明标准时，应当对被告人按无罪处理。此处的疑罪从轻并不是指当有罪证据未达到刑事证明标准时对被告人处以较轻处罚，而是择一认定意义上的疑罪从轻。所谓择一认定，是指虽然不能确信被告人实施了某一特定犯罪行为，但能够确信被告人肯定实施了另一处罚较轻的犯罪行为时，应择一认定为轻罪。[②] 择一认定要求法官在无法认定行为人到底实施了何种犯罪，但又确信其必定实施了其中一种犯罪时，选择适用其中较轻的犯罪。"由刑而罪"以所谓"民愤"和法定刑设置不合理为理由选择适用重刑罪名，不仅造成形式法治瓦解的后果，而且违背刑事诉讼基本

① 参见任彦君：《论逆向定罪机制在刑事疑难案件审判中的适用》，载《法商研究》2013年第5期。

② 参见张明楷：《"存疑时有利于被告"原则的适用界限》，载《吉林大学社会科学学报》2002年第1期。

原理。

3. 以刑释罪与“量刑与定罪互动论”

以刑释罪更不同于“量刑与定罪互动论”。所谓“量刑与定罪互动论”是指以“定罪与量刑互动”的双向关系替代现有的“定罪决定量刑”的单向关系，将量刑作为刑法的重心和核心，定罪应为量刑公正而让路。“一是打破‘准确定罪’至高无上的地位。犯罪构成仅是为了更好量刑而人为设计和归纳出的工具性标准，并非终极真理，犯罪构成的形式差异性并非不可突破的禁区；把盗窃行为认定为诈骗罪或者相反，并无灾难性后果。二是确立‘公正量刑’是规范刑法学终极目的的观念。量刑才是具有实质意义的刑法结论，最终的刑量，而不是罪名，才是被告人和民众关注的核心；把盗窃行为认定为诈骗罪，只要量刑公正，仍然实现了实质公正。”“刑法的特殊性恰在于要不遗余力地获得个案量刑公正，刑法不是过程最精确，而是结论最精确的科学。坚持个罪构成要素的形式性与客观性是对罪刑法定原则的管窥蠡测。通过犯罪构成判断罪名，仅完成了罪刑法定原则的铺垫性工作。保护人权与限制刑罚权的核心是公正量刑，实质罪刑法定原则的终极目的不是给某种危害行为找到严格对应的犯罪构成，指称罪名只是更好量刑的中间步骤，在行为业已成立犯罪的情况下，罪刑法定原则的重心是判定刑事责任的轻重。”“量刑与定罪互动论”的核心内容是“为了量刑公正可变换罪名”，即“在按照既有思路定罪无法得出合理刑事责任的结论时，就不应被具体犯罪构成的形式差异性束缚，而是可以打破不同罪名间的差异，为了公正量刑可以变换罪名”。具体而言，为了克服由“定罪决定量刑”导致的量刑过重弊端，该观点认为在量刑过重时应当由重罪罪名变换为轻罪罪名；变换罪名的选取应以“相似性”为前提，亦即重罪罪名与轻罪罪名之间要么存在同宗同源或者法条竞合关系，要么在危害后果或者行为方式上具有相似性。[①] 对此观点，有学者指出，其使司法权力摆脱了教义分析的某些制约，有可能走上以"社会危害性"量刑定罪的老路。脱离规则的指导和约束，既难以保证在此后个案中能获得前后一致的系统良好后果，也势必让法官个人的道德直觉或者不太稳定的民众情绪左右裁判结果。[②] 也有学者指出："一旦构成要件的内容相对确定，司法工作人员就必须根据构成要件确定罪名，而不可能首先选择能够实现公正量刑的法定刑，然后确定罪名。……倘若先确定应当适用的法定刑，再确定相应的罪名，要么使法定的构成要件丧失定型性，要么对案件作出不符合事实的归纳。"[③]

总体而言，这种观点的问题在于，其在量刑公正的名义下，既忽视了立法者的行为类型构建任务和解释者的行为类型重塑任务，又否定了具有增强刑法适用确定性功能的刑法解释学体系，也低估了《刑法》第 63 条第 2 款所规定的减轻处罚制度在实现个案正义方面的作用和潜力，更因无法为刑事司法审判活动提供明确的罪名变换的法定规则或者思维规则而造成司法的不稳定。

(三) 以刑释罪的应用：以包庇罪为例的分析

我国刑法学界关于包庇罪的理论研究成果，在立法论层面集中于根据亲属容隐原理的制度进行道德性检讨，在解释论层面聚焦于对"犯罪的人"的规范含义以及包庇罪与帮助毁灭、伪造证据罪等罪的体系关联的诠释。然而，更具实践意义的命题——何为"作假证明包庇"，却被以上研究热点的光芒所掩盖。现有刑法理论未明确对《刑法》第 310 条中的包庇行为予以类型化。"作假证明包庇"的

① 参见高艳东：《量刑与定罪互动论：为了量刑公正可变换罪名》，载《现代法学》2009 年第 5 期。

② 参见苏力：《法条主义、民意与难办案件》，载《中外法学》2009 年第 1 期。

③ 张明楷：《许霆案的刑法学分析》，载《中外法学》2009 年第 1 期。

内涵和外延基本处于语焉不详和大而化之的模糊状态，包庇罪与伪证罪和帮助毁灭、伪造证据罪的体系关联也未彻底厘清。有失条理的理论现状必然导致逻辑混沌的实践样态。司法者在对相关行为定罪处罚时，只能凭借感觉进行较为任意的主观决断，从包庇罪，伪证罪与帮助毁灭、伪造证据罪中选择适用某个貌似类型最贴合和刑罚最贴切的罪名。其后果是，相同或者类似的案件面临截然不同的刑法评价，这无疑会损害刑法的安定性和公众对刑法正义的心理期待。因此，有必要以体系解释对“作假证明包庇”的含义予以阐释。

1. 限缩包庇罪的必要性与可行性：模糊的语义与较重的法定刑

《刑法》第 310 条将包庇罪表述为“作假证明包庇”，“作假证明”即是对“包庇”行为的限定性描述，其应当对包庇行为的具体范围起到某种程度的限制作用。但是，传统观点从广义上理解包庇，认为其具体应当包括：(1) 隐藏、毁灭物证、书证；(2) 使证人不予作证或者使其作虚伪的证言；(3) 假冒证人作虚伪的证言；(4) 指使他人假冒证人作虚伪证言；(5) 收买、威胁被害人不告发犯罪或者推翻控告；(6) 假冒被害人作虚伪陈述；(7) 使他人假冒被害人作虚伪陈述；(8) 使真正的犯罪分子作虚伪的供述；(9) 指使、收买、威胁鉴定人作虚伪的鉴定结论；(10) 伪造犯罪现场；(11) 剪辑、加工视听资料；(12) 向司法机关投递“恳求书”之类的书面材料，故意捏造事实，为犯罪分子鸣冤叫屈，对被害人污蔑诽谤。① 但是，从体系的角度考察妨害司法罪一节中含有类似表述的其他条款，即可证明上述行为其实不可能被“作假证明”所涵括。

具体而言，妨害司法罪一节中其他罪名的行为类型对探知“作假证明”的含义具有重要的体系性参考价值。《刑法》第 305 条伪证罪中的“作虚假证明”，第 306 条第 1 款辩护人、诉讼代理人毁灭证

① 参见赵秉志等：《妨害司法罪》，中国人民公安大学出版社 2003 年版，第 190 ~ 194 页。

据、伪造证据、妨害作证罪中的“作伪证”，以及第307条第1款妨害作证罪中的“作伪证”，都是指证人违背感知和记忆而作出不符合客观事实的陈述。目前尚未发现任何主张“作虚假证明”和“作伪证”应包含毁灭、伪造证据行为的文献资料，但是，包庇罪的“作假证明”却正在遭受含义不明且适用混乱的命运。“作虚假证明”和“作伪证”虽然在表述上不尽一致，但在含义上却完全相同；而包庇罪的“作假证明”与伪证罪的“作虚假证明”在表述上近乎一致，“假”与“虚假”都表示不真实或不符合实际之意，是故，“作假证明”也应当与“作虚假证明”和“作伪证”同义，仅指证人作出虚假陈述，而不能除此之外另行包含毁灭、伪造证据等行为。

而且，从语义上考察，“作假证明”中的“作”也难以指代毁灭和伪造等行为。在现代汉语中，“作”意为“从事某种活动”，[1]根据语言使用习惯应搭配抽象的事物，如“作报告”“作解释”“作出判决”等。而毁灭和伪造是以某些具有改造性或者变更性的方法作用于某物，从而造成该物在空间位置、物理形态或化学表现上发生客观变化。能够表达毁灭和伪造词义的动词是“做”。“‘做’是中古以后出现的‘作’的后起字，适用范围不如‘作’广，只限于从事某种具体活动。”[2]它的基本含义是“制造”，使用时一般搭配具体的事物，如“做饭”“做作业”“做针线活儿”等。如果让“做”替代“作”搭配抽象的事物，语词的含义就会发生变化而偏离其通常意义，例如，“做出判决”可能会被领会成“书写、印制判决文书”。同理，通常搭配抽象事物的“作”亦不宜搭配具体的事物，所以“作”的对象不能是具体的物证、书证、视听资料和电子数据等伴随案件的发生而形成的实物证据。由于“作”具有鲜明的主体性，经常用于某一主体亲自

---

① 中国社会科学院语言研究所词典编辑室编:《现代汉语词典》(第6版)，商务印书馆2012年版，第1744页。

② 薛儒章:《简明古汉语类词词典》，对外贸易教育出版社1989年版，第167页。

开展或进行某种行为活动的场合，所以“作”的对象不能是由其他主体所作出的证人证言、被害人陈述以及犯罪嫌疑人、被告人供述和辩解等已经固化的言词证据，也不能是鉴定意见和各种笔录证据等主观判断或记录材料。

简言之，临近条文的相似表述以及具体的语义表明，传统观点让包庇罪承载了过多的含义。因此，应当对模糊而又臃肿的“作假证明包庇”进行限缩。

与此同时，在妨害司法罪一节中，包庇罪的法定刑比其他相关罪名的法定刑要重一些。《刑法》第305条伪证罪的法定刑是“三年以下有期徒刑或者拘役；情节严重的，处三年以上七年以下有期徒刑”。《刑法》第307条第1款妨害作证罪的法定刑与伪证罪的完全相同。《刑法》第307条第2款帮助毁灭、伪造证据罪的法定刑是“三年以下有期徒刑或者拘役”。但是，《刑法》第310条中包庇罪的法定刑却是“三年以下有期徒刑、拘役或者管制；情节严重的，处三年以上十年以下有期徒刑”。可见，相关罪名的最高刑期为7年，而包庇罪的最高刑期为10年。给模糊的构成要件设置较高的法定刑，这不但不符合刑法的明确性原则，而且也违背正义的理念。因此，需要分别考察包庇罪与伪证罪，妨害作证罪和帮助毁灭、伪造证据罪的体系关联，并以罪刑均衡检验当前解释结论的妥当性，进而厘清这些罪名构成要件之间的关系。

2. 包庇罪的体系关联

(1)包庇罪与伪证罪的关系

有观点将虚假陈述主体是否具有证人资格和虚假陈述内容是否与案件有重要关系作为区分包庇罪与伪证罪的两个基本判断标准。“本不具有证人资格的人即本来不知道案件真实情况的人假冒证人的，尽管其所陈述内容与案件有重要关系，也不能定伪证罪，而应定包庇罪；反之，尽管确实是知道案件真实情况的人，如果所陈述的内容不与案件有重要关系，也不成立伪证罪，而应以包庇罪论处。"[①]本书不赞同将是否具有证人资格作为区分两罪的判断标准,因为此标准不仅违背了刑事诉讼法规定和证据法学基本原理,而且违背罪刑均衡原则,造成严重的罪刑失衡现象。

一方面,刻意区分虚假陈述主体是否具有证人资格,是受证据法学中证据概念"事实说"影响的表现。"事实说"对证据的经典表述是:"刑事诉讼证据是侦查、检察、审判等人员依法收集和查对核实的、同刑事案件有关并能证明案件真实情况的一切事实。"[②]据此,不具有证人资格的人是指本来不知道案件情况的人,亦即没有亲自感知犯罪现场或没有亲自倾听当事人陈述的人。但在司法实践中,在刑事裁判作出之前,真实证言和虚假证言都会进入侦查、起诉和审判程序;刑事诉讼正是辨识证据的真实性、相关性和合法性的判断过程。曾经占据理论统治地位的"事实说"存在无法克服的逻辑矛盾。"既然证据已经能够证明案件'真实情况',那么,那种为审查证据真实性而举行的举证、质证、辩论活动岂不就是多余的吗?"[③]"事实说"将供审查、辩论的证明材料与作为定案依据的证据合二为一,忽视了证明材料只有经过庭审程序才能转化为定案依据的重要过程,存在重大理论缺陷。目前,"事实说"已被"材料说"所取代。证据概念已由1996年《刑事诉讼法》第42条的"证明案件真实情况的一切事实"修改为2012年《刑事诉讼法》第48条的"可以用于证明案件事实的材料"。因此,在法庭认定事实之前,包括证人证言在内的一切证据形式都仅仅是证明材料而已,证人证言的真实性、相关性和合法性都需要经过诉讼程序的过滤和筛查,经过质证、辩论等活动的拷问和检验;作出证言的人只要满足生理、精神和年龄的法律要求并声称"知道案件情况"都可以作为案件证人。所以,即使

① 黎宏:《刑法学》,法律出版社2012年版,第829页。
② 卞建林:《证据法学》,中国政法大学出版社2007年版,第56页。
③ 陈瑞华:《刑事证据法学》,北京大学出版社2012年版,第65页。

是本来不知道案件情况的人所作出的证言仍然可以作为证明材料使用。在法庭认定事实之后,无论主体是否属于本来知道案件情况的人,只要违背感知、记忆和客观事实作出虚假陈述,都对刑事诉讼秩序造成妨害,都属于作虚假证明的证人。此外,2012 年《刑事诉讼法》并未设立传闻证据排除制度。传闻证据排除规则是英美国家证据法的重要规则,对于非由证人本人亲自感知案件事实而形成的证言原则上不予采信。而我国证据法理论区分直接证据与传来证据,区分的根据是证据与案件事实的距离。与间接证据相比,直接证据更加接近案件事实而较为真实可靠。这种分类表明证据法学理论和诉讼实践并不拒绝或排斥传来证据。在刑事裁判中,没有亲自感知犯罪现场或没有亲自倾听当事人陈述的人仍然能够成为参加诉讼活动的证人,其所作出的证言可以作为定案的依据。因此,没有必要刻意区分“本来知道案件情况的人”和“本来不知道案件情况的人”。

另一方面,是否具备证人资格的判断标准会在多种场合造成严重的罪刑失衡现象。根据刑法规定,包庇罪的最高刑为 10 年有期徒刑,而伪证罪的最高刑为 7 年有期徒刑。首先,按照上述标准,不具有证人资格的人对与案件有重要关系的情节作虚假陈述的成立包庇罪,具有证人资格的人对与案件有重要关系的情节作虚假陈述的则成立最高刑较轻的伪证罪。然而,就与案件有重要关系的情节作虚假陈述对法益所造成的侵害程度并不会受到行为人是否具备证人资格的影响,没有理由对同样的法益侵害行为适用不同的罪名和法定刑。其次,按照上述标准,具有证人资格的人对与案件有非重要关系的情节作虚假陈述的,成立包庇罪。但在刑事司法实践中,伪证罪的“与案件有重要关系的情节”是直接关系定罪与量刑的各种情节,其外延极为广泛,具体包括:被告人的身份,被指控的犯罪行为是否存在,被告人有无刑事责任能力,有无故意或过失,行为的动机、目的,行为的时间、地点、手段、后果等情节,被告人的责任及其与其他同案人的关系,有无法定或酌定从重、从轻、减轻处罚以及免除处罚的情节等情况。[①] 这导致非重要关系情节在范围和数量上十分有限,其对定罪量刑的影响也格外微弱。因此,相较于就与案件有重要关系的情节作虚假陈述,就与案件有非重要关系的情节作虚假陈述对刑事诉讼秩序的损害极小。如果将此情形认定为最高刑较重的包庇罪,那么该解释结论显然违反罪刑均衡原则。最后,按照上述标准,不具有证人资格的人对与案件有非重要关系的情节作虚假陈述的也成立包庇罪。但是,非重要关系的情节本身对刑事案件定罪量刑的影响极小;与具有证人资格的人就与案件有非重要关系的情节作虚假陈述相比,这种行为对刑事诉讼秩序的干扰微乎其微,依照包庇罪对其定罪处罚有违罪刑均衡原则。

(2)包庇罪与妨害作证罪的关系

传统观点认为,"使证人不予作证或者使其作虚伪的证言""指使他人假冒证人作虚伪证言""收买、威胁被害人不告发犯罪或推翻控告""使他人假冒被害人作虚伪陈述""指使、收买、威胁鉴定人作虚伪的鉴定结论"等行为属于包庇的行为方式。[②] 但实际上,这些行为方式都已符合妨害作证罪的构成要件,而不构成包庇罪。若将这些行为纳入包庇罪的适用范围,就会瓦解妨害作证罪的类型化,导致包庇罪吞并妨害作证罪的不当后果。这种观点违反了体系解释的不赘言要求,该要求既反对将某个规范的适用范围限缩到被其他规范所完全包含,又反对将某个规范的适用范围解释至完全包含其他规范的程度。"每个法规范都应具有一个自己的适用范围,也就是说,如果一个规范的整体适用范围都被包含在另一个定有相同法律效果的规范中,这个规范便成为多余,法律中不应存有这样的

① 参见黄京平:《妨害证据犯罪新论》,中国人民公安大学出版社2007年版,第9页。

② 参见赵秉志等:《妨害司法罪》,中国人民公安大学出版社2003年版,第191～193页。

规范。"①不赘言要求是罪刑法定原则在体系解释方法中的体现,罪刑法定原则背后的民主主义和权力分立思想要求司法者必须忠实于法律,不得在适用法律时随意添加或删改法条的具体内容。如果某解释结论使一个完整的罪刑规范陡然丧失其独立的存在意义,那么解释者就应对该解释结论的正当性展开反思。

(3)包庇罪与帮助毁灭、伪造证据罪的关系

有观点认为:"包庇罪应仅限于作假证明包庇犯罪的人,而不包括帮助犯罪人毁灭或者伪造证据的行为。……但是,伪造无罪、罪轻证据并向公安、司法机关出示的行为,则作出了足以包庇犯罪人的证明,符合'作假证明包庇'的要件。"②本书认为,这种观点存在逻辑矛盾且会导致严重的罪刑失衡现象。

首先,该观点主张不应再将帮助毁灭、伪造证据行为看作包庇罪的一种行为方式,与此同时,又认为伪造无罪、罪轻证据并向公安机关出示的行为触犯包庇罪。然而,帮助毁灭、伪造证据的行为包括了伪造无罪、罪轻证据的行为,对其中伪造无罪、罪轻证据的行为以帮助伪造证据罪定罪处罚即可。而且,通过文义解释已经证明,"作假证明"仅指证人作出虚假陈述,而不能包括毁灭、伪造证据等"做证据"的情形。其次,伪造无罪、罪轻证据与毁灭有罪、罪重证据的行为都属于助益犯罪人逃避刑事责任的行为,两者对刑事诉讼活动的消极影响并无实质或显著的差异,理应受到同等的刑法评价。但据该观点,伪造无罪、罪轻证据行为同时触犯包庇罪与帮助毁灭证据罪,如果依照从一重罪论处的原则,这种行为就具有按包庇罪处3年以上10年以下有期徒刑的可能性。但是,毁灭有罪、罪重证据行为仅成立帮助毁灭证据罪,最高处3年有期徒刑,这与伪造无

① [德]英格博格·普珀:《法学思维小学堂》,蔡圣伟译,北京大学出版社2011年版,第61页。

② 张明楷:《刑法学》(第4版),法律出版社2011年版,第965页。

罪、罪轻证据行为的刑罚之间存在较明显的刑罚量差。最后，伪造无罪、罪轻证据与伪造有罪、罪重证据行为都属于伪造证据的行为，都是以伪造的方式变更证据证明力的妨害刑事诉讼的行为。根据该观点，对伪造无罪、罪轻证据的行为可能认定为包庇罪并处 3 年以上 10 年以下有期徒刑，而伪造有罪或罪重证据且情节严重的行为仅成立帮助伪造证据罪，最高处 3 年有期徒刑，这同样导致了严重的罪刑失衡现象。因此，应在构成要件上对包庇罪与帮助毁灭、伪造证据罪作出彻底的分离。无论证明材料是否有利于犯罪嫌疑人、被告人，所有帮助毁灭、伪造证据的行为都应构成帮助毁灭、伪造证据罪，而不构成包庇罪。

总之，包庇罪与伪证罪，妨害作证罪和帮助毁灭、伪造证据罪的现有体系关联应当被彻底地分离。伪证罪是指证人等在刑事诉讼中就重要案情作虚假陈述，是对重要案情的不诚实表达行为；妨害作证罪是指行为人阻碍他人作证或者指使他人作虚假陈述，是对他人表达的干扰行为；帮助毁灭、伪造证据罪既包括毁灭、伪造伴随案件的发生而形成的实物证据，也包括毁灭、伪造固化他人表达内容的言词证据。因此，"作假证明包庇"既不是对案件情况的虚假陈述，也不是对他人作证活动的干扰，更不是对证据的毁灭和伪造。通过运用以刑释罪，法定刑较重的包庇罪构成要件的适用范围应当解除与伪证罪，妨害作证罪和帮助毁灭、伪造证据罪的纠缠，收缩于一定范围之内。

3. 包庇罪行为类型的重构

"一个不可否认的事实是：制定法中每一个语词和语句的意义都依赖于规范性语境——它一方面由立法机关的意图构成，另一方面还包括适当的社会秩序。"①当立法的时代背景与案件所处的社会

---

① ［比］马克·范·胡克：《法律的沟通之维》，孙国东译，法律出版社 2008 年版，第 189 页。

情势产生明显的差别之时,有必要运用法律技术和裁判技巧适当回应科技、经济和社会的变化和发展,顺应人类价值观念的逐步变迁或历史跨越。与1979年《刑法》相比,1997年《刑法》中包庇罪所处的总则和分则环境发生了价值和体系上的双重变化:在总则中,罪刑法定原则已经实现成文化并成为刑法理论和实践的绝对原则;在分则中,立法者于第六章"妨害社会管理秩序罪"中单设"妨害司法罪"一节,并且增设了妨害作证罪和帮助毁灭、伪造证据罪等罪名。这种核心价值和罪名体系的变化促使包庇罪行为类型的适当回缩,因此不宜再沿用根据1979年《刑法》所展开的旧有解释结论。

为尽量避免在取舍某种行为类型时的主观肆意并维持解释结论的可接受性,本书以传统观点为素材并采用排除法确定限缩后的包庇罪行为类型。如前所述,应当将包庇罪与伪证罪,妨害作证罪和帮助毁灭、伪造证据罪的体系关联作彻底分离,排除不属于包庇罪行为类型的作伪证、妨害作证、毁灭证据和伪造证据等行为。在前述传统观点所列举的12项具体包庇行为中,第(1)、(10)、(11)项成立帮助毁灭、伪造证据罪;第(2)、(4)、(5)、(7)、(9)项成立妨害作证罪;第(3)、(6)项成立伪证罪;第(8)项无罪;第(12)项可能成立伪证罪,也可能成立诽谤罪。经此排除,包庇罪中还剩余"隐瞒或谎言编造犯罪分子逃跑的路线、方向及地点"和"假冒犯罪分子作虚伪的供述"这两种行为类型。① 本书认为,这两种行为类型基本符合"作假证明包庇"的描述。

第一,鉴于"包庇应是与窝藏相同性质的行为",②确定包庇罪的行为类型应以窝藏罪的行为及其性质作为基本参照系。根据1997

① 实际上,还有一种"指使他人假冒犯罪分子作虚伪供述"的情形,其属于"假冒犯罪分子作虚伪的供述"的教唆犯形式。由于行为类型所探讨的是实行行为,故此处不再赘述。

② 张明楷:《刑法学》(第4版),法律出版社2011年版,第963页。

年《刑法》第310条第1款的规定，窝藏罪是指为明知是犯罪的人提供隐藏处所、财物，帮助其逃匿的行为。有学者认为，除提供隐藏处所、财物外，向犯罪的人通报侦查或追捕的动静，向犯罪人提供化装的用具或者虚假的身份证明，在犯罪的人没有逃匿打算和逃匿行为的情况下使其昏迷后送往外地，以及劝诱、迫使犯罪人逃匿等行为都属于帮助犯罪的人逃匿的窝藏行为。[①] 也有学者将窝藏行为划分为有形的方式和无形的方式两种。其中，有形的方式包括为被告人化妆、换衣服，提供逃走的资金、伪造的身份证、逃匿必需的工具，假装罪犯站在司法机关追捕罪犯所必经的场所等行为；而无形的方式包括向犯罪的人通报侦查或者追捕的动向、劝告犯罪人逃避、将搜查的行为告知逃避中的犯罪者、对欲告发者或告诉犯罪的第三人施加压力、为犯罪的人指示逃跑路线等行为。[②] 以上所列窝藏行为的共同特征是，行为人在物质或者精神层面为犯罪的人的逃匿活动提供直接的支持或辅助。因此，窝藏行为的最鲜明特征是帮助犯罪的人逃匿的直接性，亦即行为人所实施的帮助逃匿行为的直接作用对象是犯罪的人。被规定在同一条文中的包庇和窝藏具有帮助犯罪的人逃匿的同一行为属性，但实施"作假证明"的直接作用对象只能是公安、司法机关，这就导致包庇行为与窝藏行为的直接作用对象有着明显差别。

事实上，包庇与窝藏只是同一个事物的不同侧面，它们在帮助犯罪的人逃匿上具有一体两面的关系。"直接对犯罪的人实施使其隐避行为的是帮助其逃匿的行为；直接对公安、司法机关实施使犯罪的人隐避的行为的，为包庇行为。"[③]因此，向公安机关或司法机关

---

① 参见张明楷：《刑法学》（第4版），法律出版社2011年版，第963页。

② 参见周光权：《刑法各论》，中国人民大学出版社2011年版，第340页。

③ 杨金彪：《窝藏包庇罪中各行为类型间的界限——以帮助其逃匿为中心》，载《山东审判》2010年第2期。

隐瞒或谎言编造犯罪的人逃匿的路线、方向和地点即是包庇罪的行为类型之一。限定“作假证明包庇”于此等含义有助于厘清包庇罪与伪证罪,妨害作证罪和帮助毁灭、伪造证据罪的关系。虽然同属证人作虚假陈述,但包庇罪与伪证罪的主要区别在于虚假陈述的内容不同:包庇罪是行为人就犯罪的人的具体行踪或去向作虚假陈述,而伪证罪是证人等就重要案情作虚假陈述。

第二,假冒犯罪分子作虚伪的供述,亦即顶罪,是包庇罪的另一个行为类型,这是刑法理论界和司法实践部门的共识。顶罪的具体内容是,行为人为使犯罪的人逃匿而亲自冒充犯罪人向公安、司法机关投案或者作出虚假的供述。无论其动机为何,行为人顶罪的目的都是使犯罪的人逃避刑事责任。顶罪行为的直接作用对象是公安、司法机关,间接地帮助了犯罪的人逃匿,完全符合包庇罪的行为构造。

域外的学说、司法实践和立法体例亦能印证上述解释结论的妥当性。日本刑法理论和司法实践认为顶罪行为成立藏匿犯人罪。《日本刑法》第103条规定:“藏匿已犯应处罚金以上刑罚之罪的人或者在羁押过程中脱逃的人,或者使其隐避的,处二年以下惩役或者二十万日元以下罚金。”其中,藏匿是指为犯人提供躲避的场所,隐避是指除藏匿以外的其他一切使犯人免于被官方发现、逮捕的行为。根据有关判例,“作为犯人替身自首”属于隐避行为。① 可见,顶罪是一种隐避犯人的行为。② 与日本不同的是,台湾将顶罪行为规

---

① 参见[日]山口厚:《刑法各论》,王昭武译,中国人民大学出版社2011年版,第677页。

② “就犯人的所在地,对警官作虚假陈述”也属于隐避的具体行为类型之一(参见[日]山口厚:《刑法各论》,王昭武译,中国人民大学出版社2011年版,第677页)。通过比较藏匿犯人罪与窝藏、包庇罪可知,藏匿的外延明显小于窝藏,但隐避完全能够涵盖包庇的两种行为类型;这两个罪名都意在规制妨害发现或者拘捕犯罪人的行为,它们的行为类型基本相同。

定为独立的顶替人犯罪。我国台湾地区“刑法”第 164 条第 1 款规定了藏匿犯人或使之隐避罪,其罪状描述与日本刑法中的藏匿人犯罪高度相似。该条第 2 款规定:“意图犯前项之罪而顶替者,亦同。”顶罪行为直接构成顶替人犯罪,而不再成立藏匿犯罪或使之隐避罪。虽然中国台湾地区与日本分别以立法和判例的形式确立了对顶罪行为的定罪处罚方式,但我国台湾地区“刑法”第 164 条和《日本刑法典》第 103 条所保护的法益和规制的行为是完全相同的。由于“作假证明包庇”的文义能够涵括顶罪的意蕴,以包庇罪处罚顶罪行为不会突破一般公民的预测可能性,因此现行刑法无须效仿他们的做法而专门针对顶罪行为设置新的刑罚法规。

二、同类解释

(一)同类解释的含义

同类解释,“是指如果法律列举了具体的人或物,然后将其归属于‘一般性的类别’,那么,这个一般性的类别,就应当与具体列举的人或物属于同一类型”。[①] 立法者在设立某些刑法条文时基于应对具体列举项可能出现的不周延性和保持刑法文本于相当长时间内的生命力,在具体的列举内容前后往往以“等”或者“其他”囊括未能穷尽的内容。例如,《刑法》第 263 条规定:“以暴力、胁迫或者其他方法抢劫公私财物的,处……”又如,《刑法》第 307 条规定:“以暴力、胁迫、贿买等方法阻止证人作证或者指使他人作伪证的,处……”同类解释规则所要解决的问题是,如何还原和选定“等”或“其他”指代的具体内容。

在现代汉语中,理解“等”或者“其他”所指代的内容必须有赖于“等”或者“其他”之前后的语言对相关事物的属性、数量和时空位置等信息的描述,通过理解和解释上述信息,才能揣摩出“等”或者“其

① 王利明:《法学方法论》,中国人民大学出版社 2012 年版,第 395 页。

他”所未言明的隐含性内容。同类解释即遵循这种诠释逻辑，其核心意旨是采用类比的方法，通过对法律文本已叙明事物共性的分析和提炼，在确定事物所属类别或者类型之后，推断出法律文本尚未言明的相似事物的特征、轮廓或者范围。“司法者在适用解释刑法时，应当通过与法条在罪状中明确列举的构成要件要素的类比判断，明确地界定该总括性构成要件要素的内涵，从而满足刑法明确性与确定性的要求。为了避免解释的随意性，解释时应根据类比的对象而定，即‘或者其他’之前的情形是参照物，与其基本相当的情形才可被理解到‘其他’这一用语的内涵之中。……只含同类规则对总括性语词与确定性语词之间的类同性的要求，主要是指两者在事项或情形属性方面的类同。”①

同类解释顺应了体系解释中从部分到整体，再从整体到部分的传统解释论循环。部分与整体是一对具有相对意义上的概念。从法律概念、法律条文、法律规则、法律制度、整部法典至整个法律体系，部分与整体的含义随着刑事司法实践目的所决定的审视角度不同而发生变化。“在个别的意义表达和该意义表达所处的更大的意义关联之间，普遍存在一种影响意义的相互关系。这一认识不仅仅适用于个别法律语词与适用该法律语词的法律之体系之间的关系，也适用于该法律与整个法秩序，以及该个别法律所处的整个文化的主导思想之间的关系。”②在解释的过程中，具体条文中的“等”和“其他”与被明确列举的内容之间的关系即是最小范围内的传统解释论循环。“等”和“其他”的含义的初步判定需要首先运用归纳法提炼被明确列举内容的核心和共同特征，并以此为根据划定“等”和“其他”所指代内容的大致范围，进而将之放置于该条文中整体地检

---

① 梁根林：《刑法适用解释规则论》，载《法学》2003 年第 12 期。

② ［德］齐佩利乌斯：《法学方法论》，金振豹译，法律出版社 2009 年版，第 74 ~ 75 页。

验是否能够保持和延续文义与意义上的通畅性、融洽性、融贯性和和谐性。

同类解释维护了体系解释孜孜以求的“法律秩序的统一性”。“法律秩序统一体系的观点基于这样的思想,即法律秩序应该是由协调的并且规范的价值标准所组成的有序的规范结构。”①从应然角度分析,无论完美的法律体系是否能够被创制出来,这种和谐的体系思想应当为立法者和司法者占有并付诸实践,否则立法和司法活动至少会在名义上违背近现代的文明标志之一——理性原则,进而至少会被贴上盲目、短视和不周延等标签。立法者和司法者所具备的理性思考和行动能力,给立法和司法实践活动带来一定程度的正当性和合理性,亦即广义的合法性。从实然角度分析,立法者之所以使用“等”或者“其他”,是为了赋予这些代词某种固定或者特定范围内的含义和意义,而司法者在面对和解读这些代词时也会自然而然地通过业已明示的内容推断隐含性内容。这既是一种注入和释放信息的复杂过程,也是人类与生俱来的、先验的理解能力的体现。最终,同类解释在应然和实然角度都在寻求某种形式和实质上的一致性。“在多种字义上可能的解释之中,应优先考量有助于维持该规定与其他规定——事理上的一致性者。”②

(二)同类解释的应用

既然适用同类解释的思维方式是类比,那么正确适用的关键在于准确地归纳和演绎“类”。张明楷教授从“行为”的角度将“类”主要归纳为以下四种:(1)行为的危险性质同类。例如,《刑法》第114条中的“其他危险方法”应当与此条中的“放火、决水、爆炸以及投放

① [德]伯恩·魏德士:《法理学》,丁晓春、吴越译,法律出版社2013年版,第316页。

② [德]卡尔·拉伦茨:《法学方法论》,陈爱娥译,商务印书馆2003年版,第204~205页。

毒害性、放射性、传染病病原体等物质”的行为的危险性质相当。(2)行为手段强制性的同类。例如,《刑法》第237条第1款强制猥亵罪、强制侮辱罪中的“其他方法”应当与此条“暴力、胁迫”的强制作用相当。(3)行为类型的同类。例如,《刑法》第224条合同诈骗罪第5项的“以其他方法骗取对方当事人财物的”行为类型,应当与前4项被明确列举出的行为类型在诈骗罪的构造上相当。(4)行为的法益侵害性质的同类。例如,根据《刑法》第238条规定,非法拘禁他人或者以其他方法非法剥夺他人人身自由的,成立非法拘禁罪。“拘禁”和“其他方法”都应当是侵害他人人身自由的手段或者方式。①

本书认为,同类解释所要归纳和演绎的行为的“类”大致可以分为结构、数量、性质和功能四个大类。结构是指构成要件所描述的行为类型;数量是指行为在强度和程度上所能达到的级别或者层级,亦即行为的危害程度;性质是指行为自身具备的鲜明特点或者核心属性,亦即行为的危害性质;而功能则指行为对外部世界所能够发挥的作用、阐发的功能和造成的结果,亦即行为对法益所造成的现实危害或者紧迫危险。

首先,立法者的首要任务是对意欲规制的行为类型加以准确的描述,而描述的结果即是表现为刑法文本的由各种构成要件要素组成的构成要件。结构包括组成结构的内容要素和这些内容要素的组成方式。“即这些要素以怎么样的方式组成该事物,这包括各种要素在其中的地位,各种要素是怎么样排列的,该事物有多少层次,每个层次有着怎样的结构等。”②

其次,各种要素以不同的连接方式组织成为某种结构,而受刑

① 张明楷:《刑法分则的解释原理》(上),中国人民大学出版社2011年版,第60~61页。

② 严存生主编:《法理学》,中国政法大学出版社2009年版,第24页。

法谦抑性乃至比例原则所引领的构成要件要素必然在强度和程度上具有较高的等级或者级别。例如,《刑法》第263条抢劫罪的“其他方法”必须同“暴力、胁迫”方法一样达到足以压制他人反抗的强度。也正因如此,理论上通常将以酒灌醉和用药物麻醉这种令被害人丧失反抗意识或者反抗能力的行为纳入“其他方法”之中。又如,不能轻易地将向河流中排入污水而造成环境污染的行为认定为投放危险物质罪。根据《刑法》第338条规定,污染环境罪是指违反国家规定,排放、倾倒或者处置有放射性的废物、含传染病病原体的废物、有毒物质或者其他有害物质,严重污染环境的行为。污染环境罪所侵害的法益是环境。而《刑法》第114条和第115条中的投放危险物质罪所侵害的法益是公共安全。尽管环境法益也会关涉不特定或者多数人的生命和身体等法益,但是,只有污染环境行为的强度和程度与投放危险物质罪处于相当的层次才有出现一个行为同时触犯污染环境罪和投放危险物质罪的可能性。

再次,性质是一种基于某种意图或者目的而对行为特有的客观样态的主观评价。“事物的属性是其本质的一种表现,它是某事物与其他事物发生关系时所显露出来的某种特点,或是在某一条件下所显示出来的不同于其他事物的特点。”例如,《刑法》第280条之一第1款规定:“在依照国家规定应当提供身份证明的活动中,使用伪造、变造的或者盗用他人的居民身份证、护照、社会保障卡、驾驶证等依法可以用于证明身份的证件,情节严重的,处拘役或者管制,并处或者单处罚金。”使用虚假身份证件罪中的“等”必须与“居民身份证、护照、社会保障卡、驾驶证”都具备相同的特征。此条列举的居民身份证等身份证明证件具备以下特征:(1)由国家机关颁发;(2)载明公民个人基本信息;(3)与公民个人的衣食住行紧密相关;(4)以“卡”或者“簿”为外在表现形式。因此,伪造律师事务所证明函企图会见在押的犯罪嫌疑人的,不成立使用虚假身份证件罪。因为,律师事务所证明函是由律师事务所提供的、仅载明姓名、用于向国家机关证明办案律师的身份、以一页纸张为外在表现形式的职业证明,其与居民身份证等证件在特征上存在明显的区别。

最后,作用、功能或者结果实际上是行为对法益所造成的侵害。此方面的归类要求是,行为侵害了相同的法益。例如,《刑法》第309条规定:"有下列扰乱法庭秩序情形之一的,处三年以下有期徒刑、拘役、管制或者罚金:(一)聚众哄闹、冲击法庭的;(二)殴打司法工作人员或者诉讼参与人的;(三)侮辱、诽谤、威胁司法工作人员或者诉讼参与人,不听法庭制止,严重扰乱法庭秩序的;(四)有毁坏法庭设施,抢夺、损毁诉讼文书、证据等扰乱法庭秩序行为,情节严重的。"此条第4项中的"等"应当是扰乱法庭秩序的行为。民事诉讼的原告为了撤诉而当庭撕毁己方所提供的证据以及其他法律文书的,不成立扰乱法庭秩序罪。

(三)同类解释的局限

同类解释有助于使"等"和"其他"指代的内容具体化,从而在贯通刑法体系的同时保证刑法适用的确定性。但是,在某些刑事立法有悖明确性原则的场合,同类解释仅能提供一个模糊的和宏观的适用范围。

例如,非法经营罪第4项即是一个难以运用同类解释解决的问题。《刑法》第225条规定:"违反国家规定,有下列非法经营行为之一,扰乱市场秩序,情节严重的,处五年以下有期徒刑或者拘役,并处或者单处违法所得一倍以上五倍以下罚金;情节特别严重的,处五年以上有期徒刑,并处违法所得一倍以上五倍以下罚金或者没收财产:(一)未经许可经营法律、行政法规规定的专营、专卖物品或者其他限制买卖的物品的;(二)买卖进出口许可证、进出口原产地证明以及其他法律、行政法规规定的经营许可证或者批准文件的;(三)未经国家有关主管部门批准非法经营证券、期货、保险业务的,或者非法从事资金支付结算业务的;(四)其他严重扰乱市场秩序的非法经营行为。"长期以来,有关非法经营罪明确性的质疑聚焦于采用兜底形式的第4项。其问题在于,我们无从知晓"其他严重扰乱市场秩序的非法经营行为"究竟包含哪些具体的行为。"'非法经营行为',正是需要被界定的,构成犯罪的经营行为当然是非法经营行为,但非法经营行为多种多样,关键是哪些构成犯罪。"①有学者指出:"由于该项规定的存在,非法经营罪仍然保留着某种'口袋罪'的特征。"②对此,国内许多学者主张运用同类解释来限制第4项的适用范围。有学者经考察《行政许可法》的调控范围和《刑法》第225条前3项的行为特征后指出,非法经营罪所关涉的行政许可"包括特定行政主管部门颁发的特定经营行为或经营对象的行政许可,而不包括国家工商行政管理部门颁发的普遍适用于一切经营主体的营业执照等","总之,按照刑法并列款项同等解释的原则,非法经营罪第(四)项'其他严重扰乱市场秩序的非法经营行为'也必须与特定的许可证相关联"。③ 此观点将非法经营罪第4项限缩于未获得特定许可证的特定经营活动,这是时下运用法律解释方法所得出的最强限定性结论,已成为刑法学界的基本共识。

尽管第4项的内容被限定于特定的许可经营活动,但是该结论仍然无助于非法经营罪适用范围不断扩张问题之解决。原因在于,行政许可分为普通许可和特许两类。"特定的许可证"究竟是仅指特许,还是概指普通许可和特许,这是个严肃的问题。如果非法经营罪的法益包括普通经营许可,那么此罪的适用范围几乎包罗万象。例如,经营餐饮店应当取得食品经营许可证,照此结论,未取得该许可证而开设餐饮店的,在理论上即已具备成立非法经营罪的可能性。倘若非法经营罪的法益如此广泛,显然不符合刑法的谦抑

---

① 徐松林:《我国刑法应取消"非法经营罪"》,载《法学家》2003年第6期。

② 陈兴良:《刑法的明确性问题:以〈刑法〉第225条第4项为例的分析》,载《中国法学》2011年第4期。

③ 王作富、刘树德:《非法经营罪调控范围的再思考——以〈行政许可法〉若干条款为基准》,载《中国法学》2005年第6期。

性。也有学者主张限缩本罪法益,“非法经营罪侵害的是特许经营管理秩序”。[①] 如果本罪法益果真是特许经营制度,那么非法经营罪的口袋化难题将迎刃而解,但是,得此结论殊非易事。因为并不是所有《刑法》第225条规定的管制物品、许可文件和特定活动均涉及特许。另外,非法经营罪前3项的内容也缺乏详尽归类的可能性。前3项虽然都与经营许可制度相关,但管控物品、许可文件和金融业务此三者缺乏可进一步被归为同类的特征和条件,而且,前3项都已各自构建起处于闭合或者完结状态的完整的行为类型,它们中的任何一项都可以从非法经营罪中独立出去而成为一种新的犯罪。

总之,同类解释只能得出第4项所规制的行为必须与经营许可制度相关联的大致结论,而不可能给司法裁判活动提供深层次的方法论辅助。解释论的尽头即为立法论。立法者在第4项中使用了极其模糊的立法表述方式,这是包括运用同类解释在内的所有试图为非法经营罪适用范围提供妥当解释结论的学理解释路径终归失败的根本原因。

① 田宏杰、阮柏云:《非法经营罪内涵与外延扩张限制思考》,载《人民检察》2012年第23期。

第四章　刑法目的解释方法

第一节　面向目的之解释过程

众所周知,解释论是刑法学的本体。除在表述方式上存在差别之外,刑法解释学与刑法教义学的对象和内容完全相同。“事实上,德国、日本以及其他国家的学者所撰写的刑法学教科书,就是刑法教义学的载体,当然也是刑法解释学的载体。……不管是使用刑法教义学的概念还是使用刑法解释学的概念,解释学永远是刑法学的本体。”①刑法教义学这一概念突出了解释者对解释对象的尊重和推崇。“法教义学(Rechtsdogmatik)首先是一种对待法律的态度。法教义学中的教义(Dogma),亦译为信条。这里的信条本来是一个宗教用语,是指宗教戒律。因此,教义学的本意是指对宗教戒律进行诠释的学

① 张明楷:《刑法学》(上),法律出版社2016年版,绪论第2~3页。

问。由于宗教戒律具有神圣性,教义学只能对其加以解释而不能加以批判。教义学方法引入法学,形成法教义学,它包含对法律的信仰,摒除对法律批判的可能性,要求研究者就像对待宗教戒律一样对待法律。”①

“在书面沟通的范畴内,我们谈及的意思可能涉及三方面:一是作者想要传达的意思;二是在纸页上字词的文法和词汇的意思;三是读者所理解的意思。”②作者在运用语言时向其中注入了一种意思,作品通过语言的逻辑和意义表达出一种意思,读者在阅读作品时领悟到一种意思。因此,可以普遍地从作者的角度、作品的角度和读者的角度等三种不同视角或者维度对语言进行理解。通常情况下,作者、作品和读者之间存在统一的可能性;但当存在语言歧义或者世事多变等情况时,三者之间的关系就变得复杂起来。

对法律文本的理解也涉及法律文本的作者、法律文本和法律文本的读者三者之间的关系。根据以上三者的不同视角,存在原意说、文本说与主体说的对立。原意说立足于原立法者,认为法律解释的目标在于探求立法者在制定法律时的意图和目的。原意说具体包括语义原意说、历史原意说和理性原意说。语义原意说认为解释者应该从法律所运用的语词本身寻找立法原意,反对通过立法资料来确定立法原意;历史原意说认为必须借助各种立法资料确定立法原意;理性原意说以想象重构理论为典型表现,认为解释者基于立法者是以合理手段追求合理目的的理性立法者的假设,想立法者之所想,以重构立法者意图的方式解释法律。文本说立足于法律文本本身,提出法律解释的目标在于探求法律文本本身的合理意思。

---

① 陈兴良:《刑法的知识转型(学术史)》,中国人民大学出版社2012年版,出版说明第2页。

② [美]W. W. 克莱恩等:《基督教释经学》,尹妙珍等译,上海人民出版社2011年版,第219页。

主体说立足于法律解释者，主张法律文本的意思取决于解释者的理解。[①] 原意说的逻辑在于，法律是立法者的作品，立法者在制定法律时根据特定的现实情势向其中注入特定的意图，旨在通过实施法律达到预想中的实践效果。文本说的逻辑在于，法律在被立法者制定出来之后即与立法者相分离而成为一种自具意蕴的独立存在，具有人治风险的探寻立法者意图的解释活动与法律之治相悖。主体说的逻辑在于，在脱离立法者之后法律因应用的需要必然进入解释者的视野，解释者对法律文本的解读决定了法律的内容和意义。

尽管作者、作品和读者共同构成了文本意思的三种理解层面，但在语言的理解关系中实际上只存在作者与读者两个主体。作为一种客观存在的作品不具有自主意识，因而不属于主体的范畴。作品本身不会思考和表达，作品所蕴含的意义无法自动地输出，它只有处于主体的理解视域中才有机会对外展露。“在任何时候，文本都必须被视做言说者或作者（发出者）指向听者或读者（接受者）的一种沟通，即它是发出者、符号与接受者之间的意义三角关系。”[②]因此，文本是连接作者与读者的中介物，作者输入文本中的意思与读者从文本中解读出的意思处于文本所营造的沟通框架之中。

在大陆法系国家，法律通常以法典和文字为外在表现形式，但是，法律的实践和运作却与暗含于外在表现形式背后的实质内容密切相关。而隐蔽在法律语言背后的那些实质内容并不会自动地呈现，而这也正是法律解释活动的目标。换言之，法律语言与法律目的之间往往不是一种完全契合的对应关系，它们并不能在空间和时间上绝对地保持一致。

奥古斯丁对话语作出“内在话语”与“外在话语”的区分，有助于

---

① 参见张志铭：《法律解释学》，中国人民大学出版社2015年版，第25～33页。

② ［比］马克·范·胡克：《法律的沟通之维》，孙国东译，法律出版社2008年版，第185页。

我们认识语言与目的之间的错位和距离。“内在话语是心灵内部产生的语词或者话语，它是一种本源的言说和思想，而外在话语则是指与声音等外在感性现象相联系的语词或话语。内在话语具有一种普遍的理智的形式，反之，外在话语则具有一种特殊的偶然的形式。”①在日常生活中，外在话语就是我们所使用的语言形式。它通过遵循一些语法规则而表达某种特定的含义，而其表现方式并非一成不变，只要能够将特定的观点和意图等表达出来即可。内在话语则是外在话语所要表达的核心和稳定的意义，这种意义具有固定性、明确性和针对性。虽然外在话语尽量遵循一些语法规则和说理逻辑，但由于语言本身具有天然的多义性，加之运用语言的人无法自始至终地保持绝对的理性，其所表达的含义和意义难免会与内在话语发生脱逸现象。“我们表达我们的心灵的符号具有关于它们的偶然的或肉体的东西，它们所表达的只是一个人要说的某一方面，而不是全部的内容。内在话语提醒我们不要将表达的符号看成是最终的，它所展示的总是一个不完全的解释，它总期待更多要说的东西，以便更充分地理解内容。”②

在法律领域同样存在内在话语与外在话语的区分。法律语言继承了语言的多义性，导致法律文本中有许多具有抽象性、模糊性和不确定性的概念，以致法律语言未必完整和准确地表达了立法者的意图，也未必能妥当地适应和调整自立法之时起一段时间内的法律秩序。“奥古斯丁在这里使我们认识到我们的陈述相对于它要表达的思想内容的有限性，从而我们领悟到我们语言的意义的无限空间。”③由此，对法律文字的语义理解指向对法律文字目的的找寻，具有一定的必要性和必然性。

---

① 洪汉鼎：《当代西方哲学两大思潮》（下册），商务印书馆2010年版，第528页。
② 洪汉鼎：《当代西方哲学两大思潮》（下册），商务印书馆2010年版，第529页。
③ 洪汉鼎：《当代西方哲学两大思潮》（下册），商务印书馆2010年版，第529页。

第二节　目的解释之发展历程

在概念法学的巅峰时期，德国学者耶林认识到概念法学的严重缺陷，将法律中的目的纳入法学研究和法律解释的范畴，从而实现由概念法学向目的法学的思想转变，进而引发法律方法论的重大变革。

耶林对法律目的的发现是以发现权利中的利益因素为开端的。耶林认为权利概念由实质要素和形式要素两部分组成。“前者是指权利的实践目的而言，亦即法律所确保的利益、获利、财货、价值、享受等；后者则相对于目的而言单纯作为手段，亦即指权利保护、诉而言。前者是权利的核心，后者是权利的外壳。”①由于受到英国功利主义的代表人物边沁的影响，耶林的利益概念是广义的。“用处、财货、价值、享受、利益……等概念绝对不是仅指经济上的概念而已：亦即仅指金钱及金钱价值而已；财产并不是人类必须被确保的唯一权利，在这些财产之上还有其他更高伦理形式的利益：人格、自由、名誉、家庭关系——没有这些利益，外部可见的利益将根本毫无价值。”②耶林所称之利益不仅包括财产，还包括人的尊严、自由、生命和人身关系。这种广义的利益概念所意欲调整的对象不仅包括人与人之间普遍的财产关系，更涵括了人与人之间在体面生存和有序发展等方面的高级伦理秩序。这种远远超过财产归属范畴的具有根源性、终极性和人本性的利益概念几乎涵盖了人类社会物质和精神生活秩序的方方面面。

---

①　吴从周：《概念法学、利益法学与价值法学：探索一部民法方法论的演变史》，中国法制出版社2011年版，第111页。

②　转引自吴从周：《概念法学、利益法学与价值法学：探索一部民法方法论的演变史》，中国法制出版社2011年版，第112页。

此后,耶林从哲学高度以法律中的利益为基本内容阐释法律中的目的思想。耶林认为世界上存在两个相互对立的法则:因果律和目的律。其中,目的律支配着人类的意志,因果律则是主宰物质世界的法则。真正能够推动世界的是目的律而非因果律。在此基础之上,耶林将整个人类存在的目的分为个人的目的和社会的目的。个人的目的是指以自我维持为内容的自利的目的,而社会的目的是指人类共同生活的目的,亦即自己的行动是为他人而行动,他人行动也为自己而行动,由此构成了社会和社会生活。以个人的目的为开端,社会团体和国家也成为一种有组织的目的,由此个人、社会和国家形成一个由目的组成的目的体系,人类的目的体系也就等同于人类生活的全部内容。[①] 换言之,目的是人类社会的要素和内容;个人的目的既是原初性的目的,也是终极性的目的,社会的目的最终要以个人的目的为皈依。个人的目的所具有的"自利"属性,使整个目的体系都与此前提及的作为权利的核心和实质内容的——利益——相连接。"现在问题是什么是法律的目的?我以前曾经针对这个问题,什么是生物行动的目的?提过以下的回答:是为了实现它的生存条件。现在,我要将它衔接上来,将法律的内容定义为:透过国家的强制力量所获得的,确保社会生活条件之形式。"[②]这里的"社会生活条件"其实是广义的利益的概称。"主观上生活这种广义的前提条件,我称之为生活条件。我不仅将其理解为物理上的存在,也包括所有这种利益与享受的条件,这些才是个人依其主观判断赋予其生活真正价值之处。"[③]在概念法学发展的鼎盛时期,耶林

---

① 参见吴从周:《概念法学、利益法学与价值法学:探索一部民法方法论的演变史》,中国法制出版社2011年版,第125~131页。

② 转引自吴从周:《概念法学、利益法学与价值法学:探索一部民法方法论的演变史》,中国法制出版社2011年版,第132页。

③ 转引自吴从周:《概念法学、利益法学与价值法学:探索一部民法方法论的演变史》,中国法制出版社2011年版,第133页。

开启了法律中的目的发现之门。在目的法学中,“利益”这一广义的概念一直处于核心和实质地位。

受耶林的目的法学思想影响,在批判过度僵化的概念法学和对抗过度开放的自由法学的基础之上,海克创立了利益法学。海克不仅认为耶林的学说是“起源”的利益论,亦即耶林发现了蕴含在法律中的利益和目的,并且提出“生产”的利益论,亦即在司法过程中司法者通过进行利益衡量来实践法律规范。与耶林一致的是,海克也是在广义上使用利益这一概念。“在日常用语中我们将各种生活要求称作利益。这个词不仅仅意味着对物质利益的保护。日常用语中的‘利益’一词,就含有人类的最高利益以及道德的和宗教的利益之意。只有在这种最宽泛的意义上,在涉及所有利益和生活理想的意义上,利益一词对于法学才是有用的。”①利益法学与目的法学之间并非对立关系,利益法学在承继目的法学思想的同时深化了通过利益衡量找寻目的的方法。“海克认为,耶林指出的目的概念之探究,与他自己进一步强调的利益概念的探究,二者‘细分的深度’不同。”②相对而言,利益法学更明确地彰显司法者在面对相互冲突的利益时应当如何作出最为公正和符合生活需求的选择的情形。换言之,目的思想揭示出由被选择出的优越的利益所组成的目的,而利益法学则更倾向于描述优越的利益是在什么样的场合下被通过何种方式选择出来的。“耶林的目的法学仍然不够,它必须通过利益划分原则来予以深化。这一原则也可称作冲突理论。对每一个法律规范,都要找出其决定性的利益冲突。”③实际上,利益法学是以法律中的目的为突破口,进一步深入发掘促使目的形成的利益冲突

---

① [德]菲利普·黑克:《利益法学》,傅广宇译,商务印书馆2016年版,第13~14页。

② 吴从周:《概念法学、利益法学与价值法学:探索一部民法方法论的演变史》,中国法制出版社2011年版,第285页。

③ [德]菲利普·黑克:《利益法学》,傅广宇译,商务印书馆2016年版,第18页。

和衡量过程，从而构成了发现法律目的的实质内容。

价值法学认为利益法学存在对评价客体和评价标准不作区分的缺陷。“在判决时，评价都是先从利益状态与利益冲突的分析开始，接着是探寻立法者（或者说法律的）评价，如有必要，则亦探究法官的评价。”①价值法学并非否定了利益法学，其是在利益法学的基础上强调立法和司法过程中都存在针对不同的利益状态所采取的评价活动。价值法学不过是对利益法学的必要的补充和扩展。

总之，目的解释的历史就是目的法学、利益法学和价值法学的发生和发展史。这一历史表明，目的和构成目的的利益及其评价贯穿于立法和司法的过程之中。在解释法律时应当以发现和解释蕴含在其中的目的为任务和目标。鉴于主观解释论与客观解释论自19世纪开始的论争和今日两者之理论状态，该目的之呈现需要解释者运用总体上具有回溯和重构功能的各种解释方法。解释刑法是为了揭示蕴含于刑法条文之中的目的。这里的目的是包含历史目的和当下目的之广义目的，本书所探讨的目的解释基本上是广义目的解释。而通常所见的目的解释、目的性解释或者目的论解释是客观解释论意义上的狭义解释，本书称之为狭义目的解释。

第三节　目的解释之基本内容

一、主观解释论与客观解释论的对立

（一）概念厘清

“主观说赋予立法者的调整意志以决定性作用。据该理论，法律解释的正确方法就是对历史的要求和规范目的进行研究。……

① 转引自吴从周：《概念法学、利益法学与价值法学：探索一部民法方法论的演变史》，中国法制出版社2011年版，第399页。

相反,客观说的出发点是,法律在立法者颁布之后就脱离出来并从此独立,这样立法者的意志便无关紧要。该学说认为,法律常常比那些创造它的人更聪明。"①与广义目的解释相关的常见概念有历史解释、主观解释、立法者意图、目的解释(目的性解释、目的论解释)、客观解释和立法目的。"即使历史解释方法和目的论解释方法经常得出相同的结果,但也可能出现这样的情况:历史上立法者的意志与人们在后来赋予刑法规定的内容不相吻合。在这种情况下,方法论中的古老的有争议的问题:立法者的主观意志(主观理论)优先,还是客观的'法意志'(客观理论)优先,就显得很重要。"②主观解释论是以历史解释的途径探求立法者意图的理论主张,而客观解释论是以目的解释的途径探寻立法目的的理论主张。在"主观解释论"的名义下,"历史解释"是其实现的"方法","立法者意图"是其实质的"内容"。因此,主观解释论、历史解释和立法者意图这三个概念在根本上是一体的,甚至是可以相互替代或者互换的具有同等意义的概念。同理,在"客观解释论"的名义下,"目的解释"是其实现的方法,"立法目的"是其实质的内容。客观解释论、目的解释和立法目的也是具有同等意义的概念。

然而,有些观点割裂上述两组概念各自的同一关系,导致概念上的混淆和混乱。

例如,有学者在包含历史解释和目的解释的"目的论点"之外,又提出以历史解释为基本内容的"意图论点"。所谓目的论点中的目的,是指立法者通过规范想使调整对象达到特定的积极状态或者通过规范排除调整对象特定的消极状态的意图。发现法的目的的

---

① [德]伯恩·魏德士:《法理学》,丁晓春、吴越译,法律出版社2013年版,第332页。

② [德]汉斯·海里因希·耶塞克、托马斯·魏根特:《德国刑法教科书》,徐久生译,中国法制出版社2001年版,第193页。

信息来源有法律文件本身的目的条款、立法材料、立法时的法律学者的著作与论文和立法时的社会背景等。法的目的可分为主观目的与客观目的,主观目的是指法律的制定者和起草者所实际拥有的目的,客观目的是指推定立法者应有的目的。① 所谓意图论点中的意图,是立法者的"隐含意思表示",具体是除立法目的和条文字面意思以外的,隐含在其他信息来源中的关于立法对象的意思表示。发现意图的途径有:(1)直接向立法机构和起草者询问其立法意图;(2)通过立法理由书和论证报告发现意图;(3)通过提案者的说明、法案初审机构的审议报告发现意图;(4)通过法律起草者的言论发现意图;(5)通过立法会议的讨论记录发现意图;(6)通过法律草案的变动、法律草案和法律案之间的变动以及规范在立法源流中的变动推定意图;(7)通过考察立法当时的社会状况推定意图;(8)通过立法者其他政治行为推定其意图。② "意图解释有很多别称,包括法意解释、立法解释、沿革解释、历史解释等。"意图论点与目的论点在立法者的意思范围方面存在不同之处。"意图论点要发现的是立法目的以外的意图,而目的论点的推理论据必须依靠立法目的,考察的是广义的立法意图中的'目的'的内容。"③本书认为,该观点的问题在于,其一方面将主观目的和客观目的统归于广义目的之理解框架下;另一方面又将旨在发现主观目的的历史解释单独作为意图论点,并试图发现某种隐含意思表示。既然在广义目的解释之范畴内探讨主观目的,就再无必要另行探讨立法者意图。而且,法律解释的任务之一是使不清晰、未明示的目的走向明确化,不可能允许在

---

① 参见疏义红:《法律解释学实验教程——裁判解释原理与实验操作》,北京大学出版社2008年版,第126~129页。

② 参见疏义红:《法律解释学实验教程——裁判解释原理与实验操作》,北京大学出版社2008年版,第139~144页。

③ 疏义红:《法律解释学实验教程——裁判解释原理与实验操作》,北京大学出版社2008年版,第147~148页。

目的之外存在其他神秘含糊的、不公开的目的。事实上,也根本不存在所谓的隐含意思表示。

又如,有观点将主观解释论与客观解释论之争误读为狭义目的解释的内部问题,在论述文法解释、系统解释、历史解释、目的性解释和合宪性解释等主要刑法解释方法后,在目的性解释中阐述主观性解释与客观性解释何者优先的争论。① 本书认为,主观解释论与客观解释论之争至少是广义目的解释的问题,该论争甚至是整个法律解释方法的核心问题。在许多法律方法论著作中,主观解释论与客观解释论的问题常常被与文义解释、体系解释和目的解释等解释方法并列提及。这种体系安排的弊端在于,容易令人将主观解释论与客观解释论的对立误解为一个具有独立意义的特殊问题。"尽管一般常在这两种立场理解成是在文义解释、体系解释及目的论解释之外的法律解释方法,但事实并非如此,这两种立场应该是在上述三种解释方法中所要运用的决定标准。"②解释法律是为了发现法律目的,但是法律目的却可能在人与环境变化的情况下具有变动性。一方面,立法者注入法条中的目的可能与司法者从中释放出来的目的有所差异;而另一方面,由于时空不断延展和变换,以意义、功能或者效用等工具属性为核心追求的法律目的极有可能随之演变。无论采用哪种解释方法或者视角,其最终都指向立法者在立法之时的目的或者司法者在适用之时的目的。因此,文义解释既要发现历史的文义,又要阐明当代的文义;体系解释既要回顾过去系统中的逻辑排列和价值选择,又要对比当代的体系变革;目的解释既要重温设立法条之时的意图,又要关切当下法条的目的。历史解释与狭

---

① 参见王世洲:《关于刑法方法理论的思考》,载梁根林主编:《刑法方法论》,北京大学出版社2006年版,第58~59页。

② [德]英格博格·普珀:《法律思维小学堂》,蔡圣伟译,北京大学出版社2011年版,第66~67页。

义目的解释、主观解释论与客观解释论之所以在目的领域发生碰撞，是因为文义解释和体系解释侧重于从文字或者系统的维度探寻法律目的，但这也并不是说它们都不将发现法律目的作为终极目标。“主观历史的法律解释与客观的法律解释这两种立场，在目的论解释那里对立得最为鲜明，也就是在我们不再能够援引规范的文义或是规范的体系关联解释，而只能直接回溯到规范目的的情形。历史解释方法会在法律资料中去研究‘立法者于公布此规范时要追寻何种目的’，反之，客观解释方法则是要追问，应该通过这样的规范理智地追寻何种目的。”①

再如，有的理论割裂了历史解释与主观解释论的同一关系，其认为：“进行历史解释，是为了通过历史参考资料寻找刑法的真实含义，而不意味着只是探讨立法原意。……不可将历史解释与主观解释论混为一谈。”②如前所述，历史解释与主观解释论本为一体，运用历史解释并坚持由此方式而得之解释结论就是采用主观解释论的表现。“法官在解释法律时，首先必须去发现在规范中所包含的立法者的利益决断，然后再将这样的利益判断转用到事实上的利益冲突上。”③主观解释论从未专注和局限于仅探寻个人或者心理意义上目的，或者说，主观解释论通过历史解释的途径更侧重于从政治、经济和社会等方面表现出的各种思想碰撞和利益冲突上找到立法者为何在特定的时刻制定该待解释的法律条文。历史解释和主观解释论并非意在探究某个或者某些具有立法权限的成员的个人价值判断和主张，它们的法律目的就是立法者根据立法之时的政治、经

① [德]英格博格·普珀：《法律思维小学堂》，蔡圣伟译，北京大学出版社 2011 年版，第 67 页。

② 张明楷：《刑法分则的解释原理》(上)，中国人民大学出版社 2011 年版，第 71 页。

③ 吴从周：《概念法学、利益法学与价值法学：探索一部民法方法论的演变史》，中国法制出版社 2011 年版，第 269 页。

济和社会状况而设计的矛盾解决方案。对于“立法者的意思”，海克认为其不属于“心理学上”的概念，而是“规范上”的概念，是一个利益概念。① 实际上，客观解释论始终无法在知识来源上回避历史解释，即便是纯粹的客观解释论者也需要运用历史解释方法。“反对主观解释论，并不意味着在刑法解释的过程中不需要考察立法背景与立法沿革或立法史。但是，对立法背景或者立法沿革的考察，绝对不意味着在适用刑法时应当按照立法者当初的本意解释刑法。”② 割裂历史解释与主观解释论的同一关系，是纯粹的客观解释论者对其否定主观解释论观点的自圆其说。

(二)理论对立

主观解释论与客观解释论之间存在紧张关系。主观解释论认为应将法律制定之时的立法者意图作为理解法律意旨的最重要依据，客观解释论则主张应在时代变迁中根据法律适用之时的社会状况理解具有相对稳定性的法律文本。在法律意旨的阐释依据这个核心议题上，主观解释论关注历史因素，客观解释论倚重时代精神。对立法者意图的解释是主观解释，根据理性和正义对法律予以解释是客观解释。

文本的意义是否可以或者应当跟随时间演进和空间变换而发生变化是一个古老的问题。在欧洲中世纪，“唯名论”与“唯实论”之争就已经涉及主观意义与客观意义的认识和取舍问题。唯名论与唯实论的争论紧密围绕着共相问题展开。简单地讲，所谓共相就是相对于具体事物而言具有普遍性、稳定性、一般性的特征或者意义。“共相与事物的关系也可以表述为意义与符号(语词、语句和文本)

① 转引自吴从周：《概念法学、利益法学与价值法学：探索一部民法方法论的演变史》，中国法制出版社 2011 年版，第 270 页。

② 张明楷：《刑法分则的解释原理》(上)，中国人民大学出版社 2011 年版，第 33 页。

的关系。”新柏拉图主义的唯实论主张共相具有实在性,不仅不同的语词和符号可以共享同一种意义,而且意义是固定和永恒的,而不会随着时间和历史发生变化。与之相对应的是,新亚里士多德主义的唯名论认为共相不是实在的,不仅每一个语词和符号都对应着各自不同的意义,而且同一语词和符号还会因为时间和历史的变迁而具有与此前不同的新意义。①

坚持历史解释的海克将客观解释论对主观解释论的批评观点总结为四种论证方式:形式论证、信赖论证、意思论证和补充论证。形式论证认为法律解释的唯一依据是形式上公布的法律,信赖论证认为受法律规范者和外行人都只会信赖法律的文义;这两种论证都是关于法律解释应当以法律的字义为唯一依据的主张。意思论证认为探求立法者意思是不可能完成的任务,因为现代的法律中不存在一个重要的个人意思,而且探求一个人心理学上的意思内容也是不可能的。补充论证认为历史的法律内容一直无法充分满足当代的生活需要,所以需要探究法律的客观意义加以补充。② 时至今日,在我国刑法学界这四种论证仍然是客观解释论者批评和否定主观解释论的主要理由。③

客观解释论的实益恰在于它的补充论证或者论点:“只有客观解释才能正确对待补充的和续造的利益。”④世间没有完美的事物,客观解释论亦复如是。“在‘法律之客观目的’这个讲究的标签下所

---

① 参见洪汉鼎:《当代西方哲学两大思潮》(下册),商务印书馆2010年版,第526~527页。

② 参见吴从周:《概念法学、利益法学与价值法学:探索一部民法方法论的演变史》,中国法制出版社2011年版,第272~280页。

③ 参见张明楷:《刑法分则的解释原理》(上),中国人民大学出版社2011年版,第27~30页。

④ [德]卡尔·恩吉施:《法律思维导论》,郑永流译,法律出版社2013年版,第110页。

要卖的，其实就是解释者自己放进法律中的目的。”①海克将客观解释论所采用的方法批评为“移项”：“它把法律文字从历史的时空环境中切割出来，放置到当代来，然后如此去作解释，仿佛这些文字是今日才形成似的。”②名义上具有客观属性的客观解释论只是解释者自己进行的主观解释，因此，客观解释论在一定程度上具有主观随意性、不确定性和独断性。这些特征从客观解释论常用的一个著名比喻中可见一斑。客观解释论代表人物拉德布鲁赫曾言：“法学解释不是对先前思考的再思考，而是将已经思考的东西思考完毕。它出自于对法律的语文学解释，是为了以后能够超越语文学解释——这就像一艘船在出航时由领航员掌舵穿过港口水域，引至规定的航道上，然后再由船长引导在公海上寻找自己的航线。”③然而，让我们冷静地扪心自问，法律解释与船舶出航之间真的有可比拟之处吗？诚如恩吉施所言：“人们在与比喻和比较打交道中，将首先必须小心谨慎。”④航海是包括船长、船员和乘客在内的人类命运寄托于漂泊在汪洋上的孤船。尽管所有的航行都应当设定目的地，但是对于危机四伏的航海而言，无论船舶飘向哪里，只要最终能够到达陆地就意味着获得了起码的安全，因此，航海具有主观随意性。航海也是势单力薄的人类与威力巨大的海洋搏斗的过程，有时胜负难料，因此，航海具有不确定性。危险的航海事业还要求大权在握的船长必须能够作出迅速和坚决的个人判断并且保证其意志的执行和落实，因此，航海具有独断性。而法律解释则是在制定法律条文的基础

---

① ［德］英格博格·普珀：《法律思维小学堂》，蔡圣伟译，北京大学出版社2011年版，第69页。

② 转引自吴从周：《概念法学、利益法学与价值法学：探索一部民法方法论的演变史》，中国法制出版社2011年版，第271页。

③ ［德］G. 拉德布鲁赫：《法哲学》，王朴译，法律出版社2005年版，第115页。

④ ［德］卡尔·恩吉施：《法律思维导论》，郑永流译，法律出版社2013年版，第111页。

上,以生活事实与法律理念为基本背景,并且在更加广阔的时代背景和历经传承的文化规范的影响下,对案件事实进行高度社会化的、有据可循的审慎评价。与航海的不同之处在于,法律解释必须按照一定的成文和不成文的社会化规则进行,必须能够反映出由民主过程生成的立法意志,并且要保证解释结论能够受到绝大多数人的接纳和认同。

施莱尔马赫曾言:“任务也可以这样来表述,要与讲话的作者一样好甚至比他还更好地理解他的话语。”①拉德布鲁赫亦言:“解释者对法律的理解可能比创立者对法律的理解更好,法律也可能比起草者更聪明——它甚至必须比它的起草者聪明。”②张明楷教授也指出:“由读者解释作品比作者解释作品更有说服力,同样,由适用者解释刑法比立法者解释刑法更有优越性。”③客观解释论者经常借助与施莱尔马赫近似的话语来表达解释者具有超越作者意图的能力。然而,施莱尔马赫的话极有可能被后世误读、误解和误用了。详言之,一方面,以主观解释论与客观解释论的核心观点为划分标准,施莱尔马赫应当被归入主观解释论者的行列。他始终坚持解释是通过语法和心理学的方式对作者意图的重现。“解释的重要前提是,我们必须自觉地脱离自己的意识而进入作者的意识。”④另一方面,施莱尔马赫所言之具体语境是对话语的历史的和预期的、客观的和主观的重构。“客观的历史的重构是考虑话语如何在语言整体里起作用,并把话语的自我包含知识认为是语言的产物。客观的预期的

① [德]施莱尔马赫:《诠释学讲演》,洪汉鼎译,载洪汉鼎主编:《理解与解释》,东方出版社2006年版,第61页。

② [德]G.拉德布鲁赫:《法哲学》,王朴译,法律出版社2005年版,第115页。

③ 张明楷:《刑法分则的解释原理》(上),中国人民大学出版社2011年版,第33页。

④ [德]施莱尔马赫:《诠释学箴言》,洪汉鼎译,载洪汉鼎主编:《理解与解释》,东方出版社2006年版,第22页。

重构是估量话语本身如何发展语言。没有这两者，量上的误解和质上的误解都不能避免。”“主观的历史的重构是认识话语如何是精神的事实（灵魂的产物）。主观的预期的重构是预测包含在话语中的思想如何又出现在讲话者的心灵里以及对他发生影响。同样，没有这两者，误解是不可避免的。”①换言之，客观方面历史的和预期的重构是从语言的角度考察语言的普遍规律对待解释语言的影响以及待解释语言的特点，而主观方面的历史的和预期的重构则是从心理的角度考察待解释语言是作者的意识以及待解释语言所包含的意图对作者的影响。需要注意的是，施莱尔马赫在客观和主观方面都提到“误解”的难以避免性。原因在于，他反对传统解释学所持的解释学只在例外的“不理解”状态才得以适用的观点，而是认为在解释中误解是一种常态和普遍的存在。② 因此，只要有理解的地方，就总是存在误解，于是就有诠释学的用武之地。也正因如此，施莱尔马赫才在那句名言的下一段提出：“任务是一种无限的任务。”③所以，应当在误解和解释学存在的普遍性的意义上正确地理解施莱尔马赫的名言。“鉴于误解是普遍潜在的，那么这句格言就是对更深层次的理解的公开邀请。既然我们永远不能完全确定我们自己的理解，那么我们就不能停止去重新洞察事物的努力。”④总之，施莱尔马赫的名言并不能作为客观解释论的理论依据，它只是施莱尔马赫在勇敢地面对无处不在的误解现状和永不停歇的解释任务时所发出的豪言壮语。

---

① ［德］施莱尔马赫：《诠释学讲演》，洪汉鼎译，载洪汉鼎主编：《理解与解释》，东方出版社 2006 年版，第 61 页。

② 参见［加］让·格朗丹：《哲学解释学导论》，何卫平译，商务印书馆 2009 年版，第 119 页。

③ ［德］施莱尔马赫：《诠释学讲演》，洪汉鼎译，载洪汉鼎主编：《理解与解释》，东方出版社 2006 年版，第 61 页。

④ ［加］让·格朗丹：《哲学解释学导论》，何卫平译，商务印书馆 2009 年版，第 120 页。

客观解释论的危机在于非民主风险。“不可太轻举妄动并毫无顾忌地强调,对于每一个议会式的和民主的宪法体系,客观方法是惟一可能的方法。对我而言似乎是,人们也在民主制中,太少地尊重立法的合意志的、政治——决定的重要性,并太多地强调了国家中其他权力的独立性,这包含滥用和分裂的危险,这些权力在一定意义上应遵循立法者的意志和立法者维护国家整体性的指示。”①因此就出现了应当如何限制客观解释论以增强其确定性和妥当性的问题。

主观解释论与客观解释论皆非完美之理论。“主观论只包含部分真理,仅此已足以明了:不向客观论借用一些思想是不够的。……然而,如果因此认为历史上之立法者的规范企图及其——可认识的——规范想法,在解释上完全没有意义,那就太过分了。”②学者几乎不可能维持纯粹的主观解释论或者纯粹的客观解释论的观点。③ 主观解释论与客观解释论的主要问题可能在于,两者都只是描述了解释活动的一个侧面。“理论这个词指对特定事物的大量观察、经验和陈述进行系统地收集和整理。这个词的希腊词根强调注意观看和观察,正如观众专心致志地看一场戏剧时自然而然地以自己对该剧的选择和认识一步步走进剧情中。”④可以说,主观解释论与客观解释论都片面地对应用层面的主观解释活动和客观解释活动进行了部分观察。

---

① [德]卡尔·恩吉施:《法律思维导论》,郑永流译,法律出版社2013年版,第115页。

② [德]卡尔·拉伦茨:《法学方法论》,陈爱娥译,商务印书馆2003年版,第198页。

③ [德]阿图尔·考夫曼:《法律哲学》(第2版),刘幸义等译,法律出版社2011年版,第110页。

④ [德]伯恩·魏德士:《法理学》,丁晓春、吴越译,法律出版社2013年版,第10页。

二、主观解释与客观解释之一体属性

(一)萨维尼的主张

1. 萨维尼的起点

萨维尼是德国19世纪最伟大的法学家。其对法律方法的研究奠定了法律方法的基础要素和整体框架,后世在此领域的研究基本上是对他所提出的问题的某种延续。虽然并未提出主观解释和客观解释的方法与理论,但萨维尼已意识到这一问题并且相关研究已有所涉及。

萨维尼希望法律本身是客观的,法律解释也是客观的。为公正地调整具有意志自由的个体之间的关系,其寄希望于以完全客观的法律维护个人权利、划定个人自由的界限,并且排除人治的主观肆意性。“最好的方案是:存在某种完全客观、完全独立、排除任何个人意见的东西,即法律。按照其原初目的,法律应该是完全客观的,即它应当是如此完备,以至于仅靠自身就可以适用,无需其他东西的介入。”“个人的自由存在及其不依赖于他人意志的独立性在任何一个国家都应当得到维护。为此,可以任命一个法官解决个人之间可能发生的纠纷,而更好的方式是依靠纯粹外在的不受制于任何人主观意志的法律,包括规定个人行为的民法以及关于这些行为之保障的刑法。”①由于法律是客观的,对法律的解释只是将客观的法律所包含的某些内容显现出来,因此,法律解释也应当呈现客观的基调。“法律本身应该是客观的,也就是说,它应该直接展现自身,因此,解释的全部前提都存在于法律自身之中,或者存在于一般知识

---

① [德]萨维尼、雅克布·格林:《萨维尼法学方法论讲义与格林笔记》(修订译本),杨代雄译,法律出版社2014年版,第71~72页。

之中，比如历史知识、语言知识。"①萨维尼所提到的包括历史知识和语言知识在内的一般知识具有客观和稳定的属性。这里的历史知识有其特定含义。"所有关于那些客观存在的事物的知识被人们统称为历史知识。"②这种见解与其创建的历史法学派有直接和密切关联。简单地讲，历史法学派致力于通过理解历史以理解现代，其核心概念是"民族精神"。法律并非以立法者的权力和意志为根基，而是源于与一个民族的习俗、信念等文化因素有关的长期历史实践的累积和延续。"历史法学派设想，法的素材是由民族的整个过去给予的，然而，不是经由意志以至于法的素材可能偶然地是这种或那种，而是源自民族自身内在的秉性和历史。"③而语言知识因在特定民族使用范围内包含固定语法结构和语词含义而同样具有客观属性。"……惟其如此，解释本身才能具备一般性与必然性。"④

为保证法律解释的客观性，萨维尼否定解释单纯旨在揭示立法者的意思、意图或者目的，而提出解释是对法律本身所包含的意图、思想的重构或者重建。萨维尼承认法律包含某种思想性的内核，解释的目的即是将其揭示出来。"法律应当把某种思想表达出来，使其走向客观化并且得以保存。我们必须洞悉法律所蕴涵的思想，揭示其内容。"⑤那么，这种思想的来源或者性质是什么？他将法律解

① [德]萨维尼、雅克布·格林：《萨维尼法学方法论讲义与格林笔记》(修订译本)，杨代雄译，法律出版社2014年版，第78页。

② [德]萨维尼、雅克布·格林：《萨维尼法学方法论讲义与格林笔记》(修订译本)，杨代雄译，法律出版社2014年版，第72页。

③ [德]弗里德里希·卡尔·冯·萨维尼：《历史法学派的基本思想》，郑永流译，法律出版社2009年版，第20页。

④ [德]萨维尼、雅克布·格林：《萨维尼法学方法论讲义与格林笔记》(修订译本)，杨代雄译，法律出版社2014年版，第8页。

⑤ [德]萨维尼、雅克布·格林：《萨维尼法学方法论讲义与格林笔记》(修订译本)，杨代雄译，法律出版社2014年版，第7页。

释应当以立法者的意思为准的观点称为“陈词滥调”,[①]从而批评法律解释对立法者意图之追求。同时,他也将法律解释是对模糊不清的法律的阐明称为“流俗鄙见”,[②]从而在更本质的视角上将法律解释的应用空间扩展到所有的情形。由于法律解释不以与立法者有关的意思为解释目标和终点,法律解释也不仅仅只在模糊不清的场合而是在所有存在思想的场合存在,因此法律解释理论在解释的目的、解释的场合乃至解释的途径等方面都面向客观角度有所拓展。“法律解释 = 法律重建。解释者应当站在立法者的立场上,模拟后者再次形成法律思想。”[③]“解释的最高任务是深层次的考证。易言之,将毁损残缺的文本恢复原状,通过解释本身对解释的素材进行重构。”[④]萨维尼的法律解释观,是以法律文本为基础和依据,以重新建构法律文本表达的思想为目的,以立足于立法者的视角为思考方法。“站在立法者的立场上”的表述令萨维尼极易被误解为主观解释论者。但事实上,他不仅不主张片面追求立法者意图,甚至在一定程度上反对和否认立法者意图,坚信能够从法律文本内部找到客观的意图。“……‘解释者应当站在立法者的立场上’——此种立场必须能够直接从法律本身显现出来。”[⑤]“人们通常认为,法律解释完全以立法者的意图为准,然而,这只说对了一半,解释只以法律的意

---

① 参见[德]萨维尼、雅克布·格林:《萨维尼法学方法论讲义与格林笔记》(修订译本),杨代雄译,法律出版社2014年版,第9页。

② 参见[德]萨维尼、雅克布·格林:《萨维尼法学方法论讲义与格林笔记》(修订译本),杨代雄译,法律出版社2014年版,第9页。

③ [德]萨维尼、雅克布·格林:《萨维尼法学方法论讲义与格林笔记》(修订译本),杨代雄译,法律出版社2014年版,第7页。

④ [德]萨维尼、雅克布·格林:《萨维尼法学方法论讲义与格林笔记》(修订译本),杨代雄译,法律出版社2014年版,第9页。

⑤ [德]萨维尼、雅克布·格林:《萨维尼法学方法论讲义与格林笔记》(修订译本),杨代雄译,法律出版社2014年版,第8页。

图为准,前提是此种意图可以从法律本身获知。"①以当今观点来看,萨维尼的观念实际上已经融合了主观解释论与客观解释论。如果划分理论阵营,他更像是一位温和的客观解释论者,尽管他自己未必是这么认为的。

2. 萨维尼的矛盾

虽然萨维尼的观念融合了主观解释论与客观解释论,但是这种融合在程度上并不彻底,表现出一种极其矛盾的态度:在基础理论方面对主观解释和客观解释予以否定,在解释应用方面对主观解释和客观解释予以采纳。

第一,萨维尼始终坚持认为立法理由不属于法律解释任务的范畴,其在学术研究早期反对立法理由的可应用性,后期又在一定程度上予以认可。

在19世纪初,萨维尼认为即使立法者明确地表达了立法理由,该立法理由也不能够在解释中被应用。"立法者并非将其作为一般规则提出来,也并非出于实践目的,其目的仅仅在于对以它为基础的规则进行说明。""立法者纯然出于实践应用目的提出立法理由。但这显然是不正确的,因为立法者提出立法理由很可能是出于其他目的,比如,指引未来的立法者或教导民众。"②亦即立法理由不同于具有实践可操作性的法律规则,立法者期待通过所颁布的法律发挥某种现实作用;但立法理由却不具备法律的实践功能,它只是对建立在其基础上的法律规则的说明;而且,立法者提出立法理由可能并不旨在将其应用于实践。然而,"说明"恰恰意味着立法理由对相应法律规则具有解释和证明的功能,虽然立法理由在形式上不具有

① [德]萨维尼、雅克布·格林:《萨维尼法学方法论讲义与格林笔记》(修订译本),杨代雄译,法律出版社2014年版,第79页。

② [德]萨维尼、雅克布·格林:《萨维尼法学方法论讲义与格林笔记》(修订译本),杨代雄译,法律出版社2014年版,第115页。

法律规则所具备的规范功能，但其在法律适用环节却能够影响法律规则内容的确定和参与法律规则裁判功能的发挥。这正是矛盾凸显之处。

40 多年后，在其名著《当代罗马法体系》中，萨维尼仍然坚持立法理由不属于法律解释任务的观点，只是在一定程度上承认了立法理由的可应用性。

一方面，对于立法理由的排斥，萨维尼有其特定的语言逻辑和认识依据。首先，他指出法律解释的任务在于使我们认识到制定法的内容，进而又将制定法基础（立法理由）与制定法内容区别开来，从而得出制定法基础不属于法律解释任务范围的结论。① 仅从形式逻辑角度来看，这种推论是可以成立的。之所以抱持排斥的立场，根源在于其对制定法基础的不确定性和不必要性的认识。根据是否被明确表达，制定法基础可分为两种：一种是被明确表达出来的制定法基础；另一种是未被明确表达出来的制定法基础。对于被明确表达出来的制定法基础，萨维尼指出其仍然具有不确定性。“在基础本身是确定（也许在制定法之中被表述出来）的情形中，不确定性产生于一种居于制定法基础和内容之间的未被表述出来的中间环节的存在可能性，通过此中间环节，制定法基础和内容两者之间的显著差别可能被表明出来和被证成。”②因制定法基础与制定法内容之间存在差异，制定法基础未必能够涵盖或者对应制定法所表达出来的所有内容，导致在制定法基础与制定法内容之间有所谓中间环节的存在可能性。在 40 多年前的马堡大学的法学方法论课堂上，萨维尼就表达过这种观点。“假如立法者曾经思考过这个立法理

---

① 参见［德］萨维尼：《当代罗马法体系Ⅰ》，朱虎译，中国法制出版社 2010 年版，第 169 页。

② ［德］萨维尼：《当代罗马法体系Ⅰ》，朱虎译，中国法制出版社 2010 年版，第 170 页。

由,那么,他必定认为该理由对于其他规则的任何可能的适用都合乎其本意。然而,这也不是必然的,因为这个推论可能会由于某个中间环节的错误而被推翻,甚至没有任何人能够对此予以证明。"①对于未被明确表达出来的制定法基础,他指出不明确的制定法基础并不影响制定法的效力,而且不确定性在存在多个制定法基础时也是存在的。"完全没有规定我们所认识到的制定法基础也并不会使得制定法没有效力;甚至在我们明确确定制定法根本不曾拥有真正的基础时,制定法的约束力也并不会因此而被削弱。——其中一种特别的不确定产生于多个并列基础的存在,这些基础相互之间的关系是有疑问的。"②

另一方面,萨维尼在一定程度上允许立法理由参与法律解释,对立法理由的可应用性作出妥协和让步。制定法基础与制定法内容之间的本质性、不可分离的关联得到承认,制定法基础也被认为具有客观性和可认识性。"在制定法基础之中,应注意到以下许多方面的差异:与制定法内容的关联方式,明确性,与制定法内容的亲和关系,以及可应用性。但除了这些差异之外,这些制定法基础还存在共同点,即它们始终与制定法内容的本质之间存在关联,或者换而言之,它们具有一种产生于立法者意图的客观性质。根据此种性质,它们本身能够被所有人认识到,如果它们在具体情形中无法被认识,那么我们只能将此视为偶然情形。"③制定法基础的应用场域是对不完善制定法的解释。所谓不完善制定法包括不明确的表述与不正确的表述。前者是指通常没有导致完备意图的表述,后者

① [德]萨维尼、雅克布·格林:《萨维尼法学方法论讲义与格林笔记》(修订译本),杨代雄译,法律出版社2014年版,第116~117页。

② [德]萨维尼:《当代罗马法体系Ⅰ》,朱虎译,中国法制出版社2010年版,第170页。

③ [德]萨维尼:《当代罗马法体系Ⅰ》,朱虎译,中国法制出版社2010年版,第171页。

是指直接指明的意图不同于制定法真实意图的表述。对于不完善制定法有三种不同的补救方式，分别是立法的内在关联、制定法与制定法基础之间的关联、根据解释产生出来的内容的内在价值。①制定法基础即为第二种补救方式。以现今观点观察另外的两种补救方式，立法的内在关联属于体系解释，而内在价值倾向于是狭义目的解释。"制定法基础可能也是对不完善制定法进行解释的一种补救方式，但是它却不像立法的关联那样毫无限制。毋宁说，制定法基础的可应用性依赖于我们认识此基础的明确程度，也依赖于制定法基础与制定法内容的亲和性程度。"②

第二，萨维尼反对狭义目的解释，但狭义目的解释却被他实际应用。

萨维尼将根据目的所进行的扩张解释和限缩解释两项活动统称为实质解释，并认为实质解释因充满任意性而有别于真正意义上的解释。理由在于，实质解释所寻求的立法理由是由解释者从法律规则的外部找到并向法律规则内部添加的，从而导致法律解释欠缺客观性；而且根据针对或者说明程度的不同，立法理由可分为一般理由与特殊理由，它们对法律规则应用时的解释程度也是不同的，这也会导致客观性欠缺的问题。"实质解释的第一步是从法律中的语词与规则上升到立法理由。那么，如何寻求此种理由？在某些法律中，规则本身就包含立法理由，但此种情况很少见，这也符合关于立法的理论。在大多数情况下，立法理由并非表现为规则，而是必须由解释者以模拟的方式去探求、补充。"③"因为法官在这个过程中

---

① 参见[德]萨维尼：《当代罗马法体系Ⅰ》，朱虎译，中国法制出版社2010年版，第173页。

② [德]萨维尼：《当代罗马法体系Ⅰ》，朱虎译，中国法制出版社2010年版，第174页。

③ [德]萨维尼、雅克布·格林：《萨维尼法学方法论讲义与格林笔记》（修订译本），杨代雄译，法律出版社2014年版，第114页。

附加给立法的东西不能借由立法客观化,而且操作过程的不确定性使得这种弊端更为显而易见,每一条规则的立法理由都存在位阶,有的是更为一般的理由,有的是更为特殊的理由,相应地,立法理由可以不同程度地适用于其他事务。因此,实质解释是相当鄙陋的。”①

实际上,萨维尼的解释理论已包含了狭义目的解释。如前所述,其承认立法理由在不完善制定法场合的可应用性。根据明确性程度不同,制定法基础被区分为特别基础与一般基础。所谓特别基础是指能够被明确认识到的具体的立法理由;而一般基础是指在无特别基础的情况下能够被认识到的某种抽象的价值,如“公正”。“要运用与制定法内容直接关联的特别基础,如果我们能够指明这种基础的话。如果我们不能指明此种基础,那么更为一般化的基础也是可以允许的。例如,如果制定法的内容仅仅以‘公正’作为根据,这在近代的常规法中必然是绝对会被接受的,那么在两种本身都是可能的阐释之中,要优先选择被此种‘公正’所证成的那种阐释。”②然而,公正是什么?难以对公正下一个准确而又简洁的定义,但众所周知,公正是法律的价值追求目标之一。抽象的公正似乎看不见、摸不到,但立法公正和司法公正又是可以在利益分配和秩序塑造等方面被实实在在感受到的。为维护其合法性或者正当性,所有的立法文件都将公正作为必然的价值目标,世界上没有标榜自身缺乏公正的法律。当法官认为某一法律条文的立法理由是抽象的公正时,与其说该条文内在地包含了公正而要求法官据此将其付诸现实,不如说法官将法学和法律领域普遍的公正观念作为一种衡量

① [德]萨维尼、雅克布·格林:《萨维尼法学方法论讲义与格林笔记》(修订译本),杨代雄译,法律出版社2014年版,第115页。

② [德]萨维尼:《当代罗马法体系Ⅰ》,朱虎译,中国法制出版社2010年版,第178页。

解释结论是否恰当的权威标准。由此，解释者已经越过立法理由而在普遍观念的指引下进行个性化的理解。“作为解释者，心中当永远充满正义，目光得不断往返于规范与事实之间。”①

萨维尼在进行具体的法律解释时也应用了狭义目的解释，关于《卡洛林那刑法典》第159条“危险性”的分析即是表现之一。该法第159条的大致内容是，窃贼侵入他人住宅或者爬入他人住所，或者携带武器，意图在他人反抗时使用该武器伤害他人的，属于盗窃。通过入室或者爬入他人住所实施的盗窃，属于故意的危险的盗窃。在携带武器实施的盗窃中，行为人有可能还会实施压制或者伤害等行为。在这样的情况下，男人处以绞刑，女人以水溺毙，或者根据法官的裁量以其他方法如挖眼或者其他类似的严厉的身体刑加以处罚。② 据此规定，破门入室、爬入他人住所盗窃和携带武器盗窃因具有危险性而应当受到严厉的加重处罚。当时大多数法学家主张对“危险性”进行限缩解释。在他们看来，盗窃行为必须具备危险性才能适用此条加重处罚的规定，只有在证明盗窃行为存在危险性之后才能加重处罚。盗窃行为危及他人的生命或健康是被立法者明确规定的此条文的立法理由。③ 费尔巴哈则对危险性作了较为独特的解释，他将上述三种行为分别区分为客观的危险与主观的危险。携带武器属于客观的危险，而破门而入与爬入他人住所属于主观的危险。具体而言，“危险的盗窃包括：Ⅰ.客观的危险，是指盗窃的方式有可能导致对他人的身体侵害——武装盗窃；Ⅱ.主观的危险，是指盗窃的方式表明行为人具有特别危险的违法意志。这种危险的盗

---

① 张明楷：《刑法分则的解释原理》（上），中国人民大学出版社2011年版，序说第1页。

② 参见［德］安塞尔姆·里特尔·冯·费尔巴哈：《德国刑法教科书》，徐久生译，中国方正出版社2010年版，第295、299页。

③ ［德］萨维尼、雅克布·格林：《萨维尼法学方法论讲义与格林笔记》（修订译本），杨代雄译，法律出版社2014年版，第123页。

窃的实施,包括:A. 通过暴力破门进入他人住宅,B. 通过爬入他人住所。最后两种方式被规定于法律中的理由,在于行为人很大的恶性和恶意的稳固性,这一点可以从盗贼消除盗窃障碍的行为故意中充分体现出来。据此,可以推断出盗贼对公众危险的大小"。[①] 由于不赞同包含扩张解释和限缩解释的实质解释,萨维尼对大多数法学家将危险性解释为盗窃行为对他人生命健康的危险的观点显然是不能接受的。他在一定程度上赞同费尔巴哈的观点,指出该条文中的危险性是指蓄意的、故意的,这三种情形的盗窃因具有特殊的恶意而应受严厉处罚。无论是对大部分法学家还是对费尔巴哈,萨维尼都持有一个共同的批判,即他们都将自己探求而来的所谓立法理由附加到法律之中,并声称其本来属于立法者。"立法者附加上述立法理由很可能是出于错误,因为他本来能够考虑到,并不是每一种情形中盗窃都存在此种危险性——而法官无权消除这个错误——但我们甚至连这个错误也无须假定,因为此种类型的盗窃在绝大多数情况下都对人身构成威胁。基于这个原因,立法者以完全一般性的方式规定上述规则,其目的在于排除法官的一切任意性,因为他担心法官在适用规则的过程中会更改规则。然而,上述所有的假定都是不必要的,整个解释都建立在一个误解的基础之上。因为这个条文中所谓的危险性与该法典的其他段落(第40、88条)一样,指的是蓄意的、故意的。如同人们进行相反的表述:无危险的,指的是'非故意的''非蓄意的'。上述三种情形中的盗窃表现出一种特殊的恶意,必须加重处罚。"[②]

萨维尼否定其他学者对危险性的解释,认为那些都是对立法理

---

① [德]安塞尔姆·里特尔·冯·费尔巴哈:《德国刑法教科书》,徐久生译,中国方正出版社2010年版,第295页。

② [德]萨维尼、雅克布·格林:《萨维尼法学方法论讲义与格林笔记》(修订译本),杨代雄译,法律出版社2014年版,第123~124页。

由的无端推测，缺乏客观性，但是，他似乎基于体系解释也对危险性作了一个具有个性化的判断结论。尽管明确说明没有必要探究立法理由，也没有在个人结论中提及立法理由，但将危险性等同于主观上的特定恶意即是作出了一个学理上的分析结论。这个结论是对危险盗窃构成要件的一种理论解读，对该条文的适用范围的大小具有框定的效果。实际上，萨维尼对所谓实质解释具有任意性和不确定性的担忧同样也可以适用于其自身的理论分析活动；其始终力求维持法律解释和法律适用的客观性，却难以跳出解释者对文本含义的操纵和影响的窠臼。不应被忘却的是他曾经说过，“真正意义上的法律解释只包括学理解释”。[①] 而学理解释必然会夹杂法学家基于个性化的前见有意或者无意所作的价值评价。萨维尼前后矛盾的立场和做法说明，主观解释论与客观解释论都有其存在之积极价值，主观解释方法和客观解释方法密不可分。

（二）前理解的启示

从表面上看，“时间”是致使主观解释论与客观解释论对立的根本原因。从法律制定到法律适用，无时无刻不是存在必然的和不可逆转的时间，它决定着法律制度确立和运作所赖以维系的政治、经济、社会和文化层面的不同程度变迁。但实际上，主观解释论与客观解释论之间的矛盾与冲突未必像理论所描述的那样鲜明。如前所述，主观解释论与客观解释论都具有内在缺陷，不可能存在绝对意义上的主观解释论或者客观解释论。主观解释论的问题在于，法律一旦制定即进入时间的流动长河之中，由此导致的语言意义和价值观念的不断变动非立法者意图所能驾驭；客观解释论的问题在于，抛开立法者意图而由解释者总结当下主流语言习惯和价值观念的活动易致违背权力分立原则并产生新的主观不确定性。因此，两

---

① ［德］萨维尼、雅克布·格林：《萨维尼法学方法论讲义与格林笔记》（修订译本），杨代雄译，法律出版社2014年版，第77页。

种缺陷理论的相互融合或者相互弥补是一种必然现象。

其实,主观解释论与客观解释论各自描述了主观解释活动与客观解释活动一方面的内容,实践层面的主观解释和客观解释本来即是整体解释活动的组成部分,主观解释与客观解释本为一体、不可分离。主观解释是立法权与司法权分立的必然结果;尽职的司法者有义务弄清楚立法者的意图,因为背离立法者的法律解释结论无论在官方还是民间都是站不住脚的。客观解释是满足现实司法实践需求和操作便利性的结果;从看得见的法律文本和可感受的生活事实中把握当下的社会状况和价值观念,远比回顾历史事件发生之时的诸种思想潮流、社会矛盾和宏观背景简单得多。在法律解释过程中,主观解释与客观解释都是被实际运用的方法,根本不存在对其中任何一方加以排斥或者限制的理论可能性和实践可能性。没有哪一种主观理论能够设立某种规则以禁止法官对亟待解决的事实与规范的关系展开符合当下需求的现实思考,也没有哪一种客观理论能够要求法官在解决当下案件的思考中将在个人历史中形成的专业知识和生活经验排除出去。

在哲学诠释学的影响下,认识论上的"主体—客体"模式被否定,"主体间性"模式被提出,因而主观解释与客观解释的一体性得以证明。"诠释学反对客观主义的认识论,之于所理解的现象,它摒弃了主体—客体图式,即认知者不掺杂主观成分地去认识处在自己的纯客观性中的对象——认识是对象在意识中的'图像'。……毋宁是,理解一直同时是客观与主观的,理解者带着客观与主观进入'理解视界',他不是纯消极地反映要被理解的现象,而是构建被理解的现象。"①主观解释论与客观解释论皆为"主体—客体"视野之产物,两者都旨在寻求某种客观的标准以提升解释结论的稳定性和

① [德]阿图尔·考夫曼、温弗里德·哈斯默尔主编:《当代法哲学和法律理论导论》,郑永流译,法律出版社2013年版,第145页。

说服力。在主观解释论看来,由权威的立法者所表达的立法者意图客观存在且不可违背;而在客观解释论看来,法律文本包含了源自民族精神或者主流文化的客观价值观念。但主观解释论与客观解释论都不可能实现其各自的客观理想,这是由解释者的前理解所决定的。“前理解包含了我们面对生活时的一整套个人生存和思想的架构:我们的语言、社交习惯、性别、智力、文化标准、生存环境、政治取向,甚至包括我们在某一时刻的情绪状态。这些元素建构并决定了我们个别的世界。”①在海德格尔的现代存在主义和伽达默尔的哲学诠释学的意义上,“时间不再主要是一种由于其分开和远离而必须被沟通的鸿沟,时间其实乃是现在根植于其中的事件的根本基础。……重要的问题在于把时间距离看成是理解的一种积极的创造性的可能性”。② 因此,通常被人们认为会对事物造成积极或者消极变化的无法回转的时间在与人的关系和意义上发生了改变。时间不仅与人的存在方式时刻保持同步和一致,更是已与人的存在方式化作一体。这种将时间和此在等同的哲学理念促使我们以一种积极的心态看待、承认、容许和接纳时间对人类生存和生活方式的诸种影响。

在法律解释领域,它消除了主观解释论和客观解释论的时空和心理维度的隔阂,也创造了两者的沟通和融合以及发展行为类型理论的契机。从受哲学诠释学影响的类型理论角度出发,“不是主观解释或客观解释的非此即彼的选择,而是一种不仅—而且—也是的关系”。③ 在司法过程中,类型既连接着通过立法程序立法者注入法

---

① [美]W. W. 克莱恩等:《基督教释经学》,尹妙珍等译,上海人民出版社2011年版,第195页。

② [德]伽达默尔:《诠释学Ⅰ:真理与方法》,洪汉鼎译,商务印书馆2013年版,第420~421页。

③ [德]阿图尔·考夫曼:《法律哲学》(第2版),刘幸义等译,法律出版社2011年版,第111页。

律文本中的意图,又回应着社会变迁的正义需求。从司法实践操作和需求的角度,“如果法定解释规则要求解释者必须严格地遵循立法者的意志,那么,这虽然是有效的和有意义的,但并不能阻止根据立法者的真实意图或难以探明的清楚且明确的意图作出客观解释。相反,如果法定解释规则要求解释者必须用某种方式探寻客观的意义,那么,人们仍然能看到这种意义将通过关系到历史的立法者的意图的方式被探寻,因为这可以最好地发现这一意义”。[①] 在司法实践中根本无法要求司法者在主观解释论与客观解释论之间作出唯一的选择。主观解释论和客观解释论都是对法律规范目的的探寻,它们之间并不存在明显的对立。

行为类型的生成和释放机理消弭了两者的理论对立并促进了两者的实践融合。经由立法者着重描述的类型即隐藏在这个以释放和更新为主要特征的“或多或少的时段中”。既然行为类型被立法者寓于法律文本和构成要件之中,为重现行为类型,以立法意图为解释目标的主观解释就成为一种必要的解释路径。只有了解立法时点的立法意图、社会背景和学理状况才能准确地回溯行为类型。与此同时,不可回避的问题是,由于时间的必然性和不可逆转性,解释者无可选择地面对与立法时点日渐疏远的法律文本和社会生活。鉴于此种情形,根据时下社会需求和价值观念在文义范围之内提炼出核心和边缘意义的各类行为结构即是客观解释的路径。活在当下的司法者在定罪量刑时至少会下意识地将时代精神纳为重要的考量因素,而他们所获取和存储的法律知识、技巧和观念又都源自过往时空中的直接和间接经验。因此,法律适用历来都是综合运用主观解释和客观解释的过程,既要关注立法者意在塑造何种行为类型和意欲实现何种目的,又要关注作为裁判对象的案件事实的本来面目及其时代背景。主观解释和客观解释在行为类型中实

---

① [德]卡尔·恩吉施:《法律思维导论》,法律出版社2013年版,第113页。

现了沟通和融合。

在施莱尔马赫看来，诠释学意义上的理解是以读者通过作品对作者的思想进行还原式的追寻，应当将读者对作品作出脱离作者意图的个性解读完全排除在外。施莱尔马赫提出，理解具有三种不同的类型：第一种是作者与读者双方能够分享的理解；第二种是作者所特有的理解，而读者只能对之重构；第三种是读者所特有的理解，而作者也能将之作为一种特殊的外加的意义加以重视，但这种理解类型不属于诠释学。[①] “解释的重要前提是，我们必须自觉地脱离自己的意识而进入作者的意识。”[②]对作者思想的理解既不能陷入纯粹的个体心理层面研究，也不能以抛弃文本的语言为代价。施莱尔马赫对文本含义的解释通过两条主线得以展开。一方面，由于语言是个人思想的表达工具和表现形式，因此必须从作者的生活状况和心理状态等与个体有关的主客观情况加以研究。“从主观即从作者的个性方面进行解释，导致用作者的生平、生活状况、心理学的因素和社会情况的观点来进行解释。”[③]另一方面，由于客观的语言承载着作者的思想，在一定意义上是作者的存在形式，因此也有必要从语言的角度加以分析。“语言保存了我们之前数代人的思想发展。任何人进行思维都不能脱离沉淀在语言里的思维的各种传统。于是，这种观点经由语言又导致追溯到一般的精神历史：追溯到风格的发展、形式的发展、理念的发展，作者早就被置身于这些发展之中，它们给了他以表达的可能性，正如它们也许已经也决定了他的思维的方向一样。”[④]理解并非只是简单地根据语言的含义而确认作者的想

---

① 参见[德]施莱尔马赫：《诠释学箴言》，洪汉鼎译，载洪汉鼎主编：《理解与解释》，东方出版社2006年版，第25~26页。

② [德]施莱尔马赫：《诠释学箴言》，洪汉鼎译，载洪汉鼎主编：《理解与解释》，东方出版社2006年版，第23页。

③ [德]H. 科殷：《法哲学》，林荣远译，华夏出版社2002年版，第209页。

④ [德]H. 科殷：《法哲学》，林荣远译，华夏出版社2002年版，第209页。

法。理解的准确性必须建立在将作品和作者放置于特定语境的基础上，理解的范围不仅包含语言的意义和作者的思想等主观方面的内容，而且包括作品所依凭的宏观的语言发展阶段和特征，以及作者本人所寄身的时代环境和个人境遇等客观方面的内容。概言之，语言的历史和作者个人的历史都是理解的资料。

法律解释的主观解释论或者历史解释即是对具有作者身份的立法者意图的理解。“历史解释旨在确定，立法者凭借指出这项必须解释的法律原则究竟想达到什么样的目的。它想设身处地地理解历史上立法者的思想。”①与施莱尔马赫的诠释学理论基本一致的是，主观解释并非如客观解释论者以“意图论证”所批评的那样仅寄希望于对拟制的立法者心理状态和内容的探索。“它企图认识立法者想解决的问题究竟是什么；……为此，它将会考虑一切适合于了解这个问题的要素：既定的实际情况和法律情况，立法者所看到的和尊重的各种利益，供立法者认识形势的种种范畴，大致决定着立法者的伦理和社会政策的种种理念；立法者借以表达的种种法律概念。这样，历史的解释就囊括着社会学的解释和价值论的解释。但是，它研究在法律产生时的局势里所存在的这两方面的问题。这样一来，历史的解释就远远地超出技术性的立法的历史，即超出所谓的资料研究，它必须既把整个政治史吸纳进来，也必须吸纳社会史和思想史。历史的解释就是借助决定法律产生的整个历史的各种要素来进行解释的。”②

因此，主观解释要面对的不单是法律条文背后的立法者意图，还有立法者对优先的价值所作的评价、评价意欲解决的利益冲突和生成利益冲突的社会形势。“主观目的论解释就要去详细研究立法资料中关于法律意旨的表示。”“有时候，从法律被议决的历史局势，

① ［德］H. 科殷：《法哲学》，林荣远译，华夏出版社2002年版，第212页。

② ［德］H. 科殷：《法哲学》，林荣远译，华夏出版社2002年版，第213页。

还有从当时通行的法律见解及法释义学中，也能够推论出立法者通过这个法律所要追寻的目的。”①魏德士认为通过历史解释了解规范产生之时的各种情况和影响因素有三方面内容：(1)历史—社会的上下文，即导致立法的社会利益、冲突状况和目的观；(2)思想史和信条史的上下文，即酝酿和表达立法时所处的概念史和信条史的初始状态；(3)立法的调整意志，即立法的政策上的意图和调控目标。②所谓“历史—社会的上下文”，是指引发立法需求的事实层面的利益冲突或者宏观的社会背景。所谓“思想史和信条史的上下文”，是指立法之时理论上对相关概念的界定和运用情况。所谓“立法的意志”，则是主观解释论或者历史解释的目标；对以上两种上下文的探索也以发现立法者的规制意图为目的。

饶有趣味的是，主观解释论或者历史解释的理论都提及应当考察立法过程中的各种官方文件或者与立法有关的其他资料，但是，这些材料的性质仅仅是参考性的。目前尚无观点认为立法资料具有决定性意义。“历史记载当然不具有法律地位。但考察历史记载可能有助于说明立法机关当时所关心的问题，无论是一般关心还是对具体案件的关心。解释者应致力于获得这方面的知识。”③法学理论虽然强调立法资料对探寻立法者意图的价值，但是始终不敢将此中的内容等同于立法者意图，而只将相关文献的作用评价为参考价值，这与避免落入人治与违背民主原则的考量有关。

有一种解释规则被称为“从事实含义进行解释”。“这条解释规则是从这种观点出发的：每一部语言的作品都表现出一种在语言的

---

① [德]英格博格·普珀：《法律思维小学堂》，蔡圣伟译，北京大学出版社2011年版，第67~68页。

② [德]伯恩·魏德士：《法理学》，丁晓春、吴越译，法律出版社2013年版，第328页。

③ [美]凯斯·R.孙斯坦：《法律推理与政治冲突》，金朝武等译，法律出版社2004年版，第225页。

表达之外的,内在的实际相互关系;它道出某些事情。”①这种事实含义超越了历史和作者本人赋予作品的特定含义,其不再受制于历史和作者本人,而是因循解读之时的年代、环境、事件和人物,从而生成一种独立的意义。“人文科学虽然首先与各种文本、精神作品打交道,它们是历史上产生的,并且表现着个人精神的个人创作,但是,这些文本同时也是超历史的,因为它们想指出某一种特定的实际相互关系。”②客观解释论即是“从事实含义进行解释”在法律解释领域的体现。这种技术性的解释规则是“按其实际意义来理解”。③ 实际意义意味着法律条文用语的意义并不是显而易见的,其要求解释者应当以现实的、当下的需求为服务对象,而且该意义也必须在自然法意义上具有正当性。“按其实际意义来理解”揭示出客观解释论的对象、方法和目标。

首先,客观解释论的判断对象是利益。“如果人们对法律所规范的利益冲突加以考虑,则可以更好地理解这个规则目的。这一点又取决于立法者和主流法律意见如何评价该利益冲突以及哪些利益获得了优先权。”④客观解释论与主观解释论在具体的判断内容上是一致的。利益是法律的实质内容,在目的法学中它被套上目的的外观,在利益法学中它被直白地表述出来,而在价值法学中它被作为人们衡量行动的对象。从根本上讲,法律解释始终都围绕着案件事实与法律规范中的利益冲突和利益协调而开展。

其次,客观解释论的判断方法是理性。“根据法的理性进行解释是解释的所谓客观理论的真正基础。它认为追索法律资料是不正确的;因此,它并不探索历史上立法者的意思,而是探索‘法律本

---

① [德]H. 科殷:《法哲学》,林荣远译,华夏出版社2002年版,第209页。

② [德]H. 科殷:《法哲学》,林荣远译,华夏出版社2002年版,第209页。

③ 参见[德]H. 科殷:《法哲学》,林荣远译,华夏出版社2002年版,第213页。

④ [德]N. 霍恩:《法律科学与法哲学导论》,罗莉译,法律出版社2005年版,第136页。

身’的意思。”①“法的理性就是客观的目的,客观的目的存在于一项准则背后,并使这项准则成为一种由意义的、亦即恰恰是公正的和有的放矢的规章。在法的理性里,既出现法律的实用主义的基础,也出现法律的伦理的基础。”②在文明社会,理性应当成为法的主要组成部分。这种理性由具备民主形式的立法机关注入法律之中,并在法律适用中表现为司法者根据普遍价值观解读而来的理性思考结果。不同于立法者意图,立法目的是由解释者运用理性所发现的,结合上述客观解释论的判断对象,狭义目的解释所追求的客观目的实际上就是运用理性对利益加以衡量的结果。

最后,客观解释论的判断目标是公正。“在法律的规则里,这种实际意义就是它的作为人类共同生活的某一种问题的公正的、适当的秩序的意义。解释必须试图去把握和发扬这种意义。然而,只有当解释本身就了解正义,也了解要整理处置的各种实际难题之时,才能做到这一点。”③将公正作为客观解释的目标增强了客观解释的正当性,而妥当的狭义目的解释结论必须是公正的结论。由此也涉及狭义目的解释结论的后果考察问题。

事实上,对客观解释结论的评判必须经过一个或长或短的程序性商谈或者论辩的过程。尽管客观解释结论能否获得司法者、诉讼参与人以及社会公众的认可,最终依赖于其是否具备完整充分的逻辑论证和是否与法律共同体以及普罗大众的价值观念、道德规范和文化背景相契合。其实,由于司法裁判权及其运作过程本身具有精英属性,客观解释结论的正当性和合理性往往来自在某一特定群体范围内形成暂时或者长久的共识。“至于使用‘目的论’解释方法所得出的解释结论是否违背罪刑法定原则,是否符合条文字面本来的

---

① [德]H. 科殷:《法哲学》,林荣远译,华夏出版社2002年版,第214页。
② [德]H. 科殷:《法哲学》,林荣远译,华夏出版社2002年版,第213页。
③ [德]H. 科殷:《法哲学》,林荣远译,华夏出版社2002年版,第213页。

语词含义，这其实最终只是一个大家在‘理解’上能否约定俗成、达成默契的问题。”①

第四节 目的解释之应用路径

一、利益衡量

自由法运动代表人物伊赛曾尖锐地指出，利益法学欠缺利益衡量的评价标准，因而根本不能算是一种方法。② 海克认识到利益法学面临应当区分评价对象和评价标准的问题，“有时我们的学说受到责难，认为我们虽然谈论利益，但却不给立法者一个普遍的标准，没有一个生活利益的位阶秩序”。③ 但是，海克最终还是选择在法律方法领域中排除这一问题，并将安置利益位阶和订立评价标准的工作交给了关涉世界观的哲学。“因为我们并不处理这些最高的目标。我们是要为法官而工作。而法官并不必去创造一个新的法律秩序，他只要在一个既存的法律秩序中共同实现公认的理念即可。因此，我们方法论的目标是一个限缩的目标。我们已经把这个研究工作交给世界观的学说，特别是哲学……并非蔑视这个问题，而是反而确信如此一个巨大而广泛的任务，不能被当作方法论的下位问题来处理。”④利益法学的创立者将利益的排序和择取问题交给了专门研究世界观的学科。其实，哲学不会对法律科学中的利益衡量展

① 冯亚东：《法学方法论再议——以刑法学为视角的分析》，载梁根林主编：《刑法方法论》，北京大学出版社2006年版，第99页。

② 参见吴从周：《概念法学、利益法学与价值法学：探索一部民法方法论的演变史》，中国法制出版社2011年版，第340页。

③ 参见吴从周：《概念法学、利益法学与价值法学：探索一部民法方法论的演变史》，中国法制出版社2011年版，第437页。

④ 参见吴从周：《概念法学、利益法学与价值法学：探索一部民法方法论的演变史》，中国法制出版社2011年版，第438页。

开有针对性的研究，哲学家也几乎不可能参与到事关利益分配的法律规则的制定活动之中。因此，“海克其实是把为立法者选取值得保护的利益与利益冲突决定标准的难题，交给政治，或者说根本就是交给立法者自己”。① 总之，海克所回避的是对利益衡量中的利益内容和衡量规则的描述与构建。

日本有一套不同于德国理论的利益衡量方法。在第一次世界大战之后，日本理论界受美国现实主义法学的影响而发展了独立于德国利益法学的利益衡量理论。其代表性人物加藤一郎提出：“首先应将法律摈除在外，仅就具体纷争事件作利益衡量，如其所获得之结论，苟依法律等为‘理论构成’，能圆满即罢；如不能达成，则应再利益衡量，据以修正或变更结论，直到能够达成‘理论构成’为止。至于作利益衡量时，则应采取功利主义的立场，谋求对立的价值或利益获致平衡，以实现社会的最大值为目标。”②“在最初的裁判过程中，应该有意识地排除既存的法规，在一个全然白纸状态下，考虑这个事件的应然解决。”然后再对这个假设的结论附加检验性的和形式化的法规理由。这种理由附随具有结论妥当性的检验、结论适用范围的明确和结论说服力的增加等三种作用。③ 我国有学者支持该主张，认为利益衡量是法官在考虑社会环境、经济状况和价值观念等因素而作出维护案件一方当事人的判断后，再寻找法律依据的活动。④

相对德国利益衡量理论而言，受美国现实主义法学影响的日本利益衡量理论具有较强的实用主义和规则怀疑主义特征，其在进行

---

① 吴从周：《概念法学、利益法学与价值法学：探索一部民法方法论的演变史》，中国法制出版社2011年版，第438页。

② 转引自杨仁寿：《法学方法论》，中国政法大学2013年版，第222页。

③ 参见张利春：《关于利益衡量的两种知识——兼行比较德国、日本的民法解释学》，载《法制与社会发展》2006年第5期。

④ 参见梁慧星：《裁判的方法》（第2版），法律出版社2012年版，第261页。

利益衡量时偏向于考虑社会因素和运用类似于自然法的规则，而忽略蕴含在法律条文背后的立法者意图。有学者正确地指出："德国的利益衡量是一种固属于西方法治传统的、关于民法解释的方法，它始终强调法律或者法律构成在裁判中的决定性作用，追求法律上的正义；而日本的利益衡量论则带有明显的淡化法律在裁判中作用的倾向，更强调国民的意志、社会的评价以及案件事实本身中诸利益的衡平在裁判中的实质性决定作用，更多地追求一种社会的正义。"①由于民法所调整的是平等主体之间的人身和财产关系，其并不像刑法那样具有生死予夺的强烈严厉性，因此，有丰富司法经验的、心怀正义的法官完全有可能根据日本式的利益衡量理论作出妥当的解释结论。然而，日本的利益衡量在民法上也颇有争议。有学者指出其建立在主观说的基础上，具有较强的主观性并容易造成法解释的肆意。② 对刑法解释而言，日本利益衡量论与刑法的罪刑法定原则水火不容，因为罪刑法定原则不允许法官抛开刑法文本而优先进行罪与刑的道德判断。其与刑法解释的思维模式亦格格不入，因为以类推或者类比为核心内容和结构的等置模式极为重视对蕴含在罪状中的构成要件和行为类型进行回溯和重构，其无法满足利益衡量的规则怀疑主义倾向。其还与广义目的解释不相符合，因为广义目的解释包含主观解释和历史解释，其关注对立法者意图的发现，无法满足利益衡量对社会考量因素的偏爱。从根本上讲，日本利益衡量论具有让司法者侧重从社会影响和社会效果的角度考量罪与刑的问题的巨大风险，从而忽视从形式角度遵循刑法关于构成要件和法律后果的明确规定，最终容易导致突破罪刑法定原则的不

---

① 张利春：《关于利益衡量的两种知识——兼行比较德国、日本的民法解释学》，载《法制与社会发展》2006 年第 5 期。

② 参见梁上上：《利益的层次结构与利益衡量的展开——兼评加藤一郎的利益衡量论》，载《法学研究》2002 年第 1 期。

当后果。因此,不宜采用日本的利益衡量作为实现刑法目的之方法。

美国学者庞德将利益分为个人利益、社会利益和公共利益三大类。第一,个人利益是指与个人生活密切相关的利益,主要包括人格利益、家庭利益和物质利益。其中,人格利益由人身自由、个人意志自由、荣誉和隐私权、信仰和思想自由等具体权益构成;家庭利益包括父母与亲子关系利益以及婚姻关系利益;物质利益是指个人依法享有财产占有、使用、支配的财产利益和缔结合同等商业权益。第二,公共利益主要是指个人或者组织提出的关于有组织政治生活方案的利益和请求,主要包括国家领土主权完整和国家尊严方面的政治利益,国家作为社团法人享有的财产权益,以及维护国家和社会安定、安全的利益。第三,社会利益是指社会整体的需要和请求,具体包括公共安全的利益、社会制度安全的利益、公共道德利益、公共资源保护和社会可持续发展利益以及个人对社会的需求利益等内容。① 庞德的利益划分模式符合个人、社会与国家之间的现代关系。在个人利益、社会利益和国家利益之间,应当以个人利益为起点和终点,社会利益和国家利益的实现应当以个人利益为基础和终极目标。这与前述耶林关于个人目的和社会目的的观点是完全一致的。以个人利益为中心和以个人目的为终极目的符合自由主义的要求。在利益判断的个人主义与集体主义之间,个人主义是一切利益衡量的出发点和落脚点。哈耶克的“扩展秩序”理论能够有力地证明这种抉择的必然性和正确性。

哈耶克描述了原始人的交往模式向“扩展秩序”的变迁。原始人的交往范围局限于相互了解和信任的同胞之间,而不适用于团体之外的外人,而且支配他们活动的是建立在食物来源和藏身之地以

---

① 参见[美]罗斯科·庞德:《法理学》(第3卷),廖德宇译,法律出版社2007年版,第20~244页。

及其他危险和机会上的共同目标和感受。对于这些协作方式起决定性作用的是休戚与共和利他主义的本能,这种本能总体上是集体主义的。而扩展秩序则是与原始人的交往方式截然相反的行为规则。扩展秩序极大地扩展了人与人之间交往的范围,而且在交往方式上也不再遵循休戚与共和利他主义的规则,而是遵照有关私有财产、诚信、契约、交换、贸易、竞争、收获和私生活等方面的行为规则。扩展秩序下的行为规则并非本能的产物,而是经由传统、教育和模仿代代相传的结果,其主要内容是划定个人决定之可调整范围的禁令。人类通过发展和学会遵守一些往往禁止他按本能行事的规则,从而不再依靠对事物的共同感受,由此建立了文明。① 可见,扩展秩序否定了原始人交往的集体主义属性,并以划定个人行动范围的方式自然而然地构建起文明的交往模式。原始人的交往模式与扩展秩序之间最大的差别在于,原始人的交往具有本能的利他主义属性,扩展秩序却通过自利行为实现了利他的结果。本能的利他主义只能存在于原始人社会,而在现代社会中仅能依靠孤立个人的自由展开,而无法产生大规模和大范围的利他效应。"一切道德体系都在教诲向别人行善,从这个意义上说,它们当然都赞扬利他主义行为,但问题在于如何做到这一点。"②但是扩展秩序恰恰能够创造出广泛的利他主义结果。"在一个利用广泛的劳动分工导致的更高生产力的秩序中,个人再也不可能知道他的努力是在为谁或应当为谁服务,他也不可能知道自己的行为会给那些他不认识但消费着他的产品的人或给他所提供的产品带来什么后果。这样一来,他根本不可能再用利他主义来指导自己的生产活动。即使我们仍可把他的

---

① 参见[英]弗里德里希·奥古斯特·冯·哈耶克:《致命的自负》,冯克利等译,中国社会科学出版社2000年版,第8~9页。

② [英]弗里德里希·奥古斯特·冯·哈耶克:《致命的自负》,冯克利等译,中国社会科学出版社2000年版,第91页。

动机称为利他主义,因为他的动机最终注定会给别人带来好处,然而它们有此结果,却不是因为他的目标或愿望就是服务于别人的具体需要,而是因为他遵守了抽象的规则。"①

有学者将利益区分为当事人的具体利益、群体利益、制度利益和社会公共利益。其中,当事人的具体利益是指案件双方当事人之间各种利益;群体利益是指类似案件中的对类似原告或者类似被告作类似判决所产生的利益;制度利益是指一项法律制度所固有的利益;而社会公共利益既包括经济秩序和社会公德,也包括公平正义的法律理念以及其他如热爱和平等抽象理念。它们之间的关系是,群体利益是联系当事人利益与制度利益、社会公共利益的桥梁,群体利益和制度利益作为社会存在物应当放到特定的社会中去考察和评估。总之,利益衡量的思维过程是:以当事人的具体利益为起点,在社会公共利益的基础上,联系群体利益和制度利益,特别是对制度利益进行综合衡量,从而得出妥当的解释结论。② 可见,利益衡量是关于个人利益、法律制度利益和社会公共利益的综合衡量方法,个人利益是利益衡量的出发点和落脚点,个人利益主要应由法律制度利益决定,其结论应当经受社会公共利益的检验。"制度利益与社会公共利益相一致,这是社会对法律制度的要求。"③

在刑法理论中,"法益衡量"一词出现的频率比利益衡量更高,尤其是法益侵害说将法益衡量作为构成要件符合性和违法性判断的根本理由。"归根到底,这与结果无价值在方法论上的偏差有关,即错误地将利益衡量等同于法益衡量,并认为除当下的现实法益之

① [英]弗里德里希·奥古斯特·冯·哈耶克:《致命的自负》,冯克利等译,中国社会科学出版社2000年版,第91页。

② 参见梁上上:《利益的层次结构与利益衡量的展开——兼评加藤一郎的利益衡量论》,载《法学研究》2002年第1期。

③ 梁上上:《制度利益衡量的逻辑》,载《中国法学》2012年第4期。

外,在违法性判断上并无考虑其他因素的必要。"[①]事实上,法益衡量只是包括构成要件符合性和违法性在内的不法判断的主要论点和论证理由之一,包含法益衡量的利益衡量才是不法判断的完整依据。

一方面,立法层面的宪法性法益决定其属于一种消极的和排除式的概念。罗克辛指出:"法益是指所有对于个人的自由发展、其基本权利的实现和建立在这种目标观念基础上的国家制度的功能运转所必要的现实存在或者目的设定。"[②]这种法益概念是以个人为中心的自由主义式概念,它的批判性特征可以发挥限制立法的功能,而且能够说明立法之时最重要或者核心的利益,但其并不能排除立法者在自由主义的旗帜下对于规范的设置拥有多种利益考量的可能性。另一方面,司法层面的法益概念具有解释论机能,当其排除行为的不法成立之时也属于宪法性的法益概念。换言之,司法层面的法益概念虽然能够说明立法保护了何种利益以及根据自由主义理念不得将某种行为认定为不法,但是其不是不法判断的全部内容。

详言之,"法益的解释论机能,是指法益具有作为犯罪构成要件解释目标的机能。即对犯罪构成要件的解释结论,必须使符合这种犯罪构成要件的行为确实侵犯了刑法规定该犯罪所要保护的法益,从而使刑法规定该犯罪、设立该条文的目的得以实现"。[③] 需要说明的是,此处的法益概念并不完全与方法论的、目的论的法益概念相同。作为方法论的、目的论的法益概念的倡导者之一,德国学者霍尼希认为:"保护客体的概念不过是为各个刑罚法规目的而决定的

---

① 劳东燕:《法益衡量原理的教义学检讨》,载《中外法学》2016年第2期。

② [德]克劳斯·罗克辛:《刑法的任务不是法益保护吗?》,樊文译,载陈兴良主编:《刑事法评论》(第19卷),北京大学出版社2007年版,第152页。

③ 张明楷:《法益初论》,中国政法大学出版社2003年版,第216页。

直观形式,不过是通过由保护客体而考虑刑罚的各个共同体价值的行为所侵害到的关系上应被概念化时的直观形式。"①方法论的、目的论的法益概念的主要缺陷在于,其不承认具有刑事立法批判功能的刑事政策意义上的法益概念。"方法论的、目的论的法益论认为对所有的犯罪设定妥当的、有内容的法益概念是不可能的,放弃实质的、实体的法益概念,仅仅从法益概念上寻求解释刑罚法规的方法论上的机能。"②罗克辛指出:"要拒绝这种法益概念,是因为它对于其他承认的目的论的解释的基本原则没有给出什么结论。"③本书认为,应当反对的是,方法论的、目的论的法益理论中排斥立法批判意义上的法益概念的观点。方法论的、目的论的法益概念所具有的解释功能是进行广义目的解释所必不可少的。"任何一个意图追求构建体系性刑法教义学的人,都不可能真的去质疑方法论上之法益概念的必要性。"④法益概念在客观上具有的解释论机能,这是任何人都不可能否认的。⑤ 只有借助法益概念才能在刑法解释学中妥当地说明实质的犯罪概念或者犯罪成立条件的依据。法益的解释机能既表明解释者对立法者寄予刑法之中的立法者意图的回溯,亦即对立法层面的法益或者刑事政策意义上的法益所指代的现实利益予以释放,也包含解释者根据正义、理性和利益在刑法文本的语义范围内进行的核心利益重构。但是,不能将法益的解释机能理解为在是否成立不法的判断上只能在不同的法益之间或者在有无法益

---

① [日]伊东研祐:《法益概念史研究》,秦一禾译,中国人民大学出版社2014年版,第106页。

② [日]关哲夫:《现代社会中的法益论的课题》,王充译,载赵秉志主编:《刑法论丛》(第12卷),法律出版社2007年版,第355页。

③ [德]克劳斯·罗克辛:《刑法的任务不是法益保护吗?》,樊文译,载陈兴良主编:《刑事法评论》(第19卷),北京大学出版社2007年版,第152页。

④ [德]金德霍伊泽尔:《法益保护与规范效力的保障》,陈璇译,载《中外法学》2015年第2期。

⑤ 参见张明楷:《法益初论》,中国政法大学出版社2003年版,第217页。

的问题上进行比较和衡量。刑事司法过程需要面对复杂的案件和社会状况并满足正义的要求。

而且,在刑法中,利益衡量在违法性阻却事由或者正当事由的判断上表现得十分明显,单独的法益衡量无法承担正当化事由判断的复杂任务。在正当事由的依据的阐述上,存在“一元论”与“多元论”。一元论试图将所有的正当事由的依据都归结为某个唯一原理;而多元论则从多种角度论证正当事由背后的原理。一元论有“优先性财物要求”“超损害值的利益”“为实现一个被法秩序所承认的目的而使用适当手段”“价值衡量”“对利益和相对利益作正确的社会性调整”等不同观点。这些从不同角度论证正当事由的“唯一”观点都具有抽象的和形式的特征。① 多元论则将“压倒性利益”和“缺乏性利益”作为正当化的原则。② 事实上,一元论与多元论之间并不存在鲜明的界限,因为一元论需要对基于不同原理的各种正当事由予以分别说明,这势必导致其在学说展开上向多元论靠拢。“若要对诸种合法化事由成立的要件和适用范围作说明,实现其目的的惟一考察方法,就是使人们承认这些事由的实质内容具有多样性。”③例如,在一元论中,诺尔的“价值衡量”理论里所需要考虑的“价值”不仅包括法益,而且包括国家的制度、司法和家庭等确定的社会关系。④ 这种观点无疑是走向了多元论的立场。总之,“只有通

① 参见[德]汉斯·海里因希·耶塞克、托马斯·魏根特:《德国刑法教科书》,徐久生译,中国法制出版社2001年版,第389~390页。

② 参见[德]克劳斯·罗克辛:《德国刑法总论》(第1卷),王世洲译,法律出版社2005年版,第399页。

③ [德]汉斯·海里因希·耶塞克、托马斯·魏根特:《德国刑法教科书》,徐久生译,中国法制出版社2001年版,第390页。

④ 参见[德]克劳斯·罗克辛:《德国刑法总论》(第1卷),王世洲译,法律出版社2005年版,第399页。

过多元的角度,才有可能对正当化范畴进行广泛的结构化”。①

例如,结果无价值论认为偶然防卫不成立犯罪,其理由在于,“虽然行为人主观上具有犯罪故意,但其客观行为没有侵犯刑法所保护的法益,相反刑法还允许以造成损害的方式保护另一法益”。②对此,有学者指出,认为偶然防卫不违法的做法并未将制度利益纳入考虑的范围。正当防卫的设立是权衡诸多利益因素的结果:防卫人个人的权利、不法侵害人个人的利益、未然的防卫人群体的权利、未然的不法侵害人的利益、“法无需向不法让步”所代表的法确证利益以及对未然不法侵害的预防效果等。正当防卫制度的核心利益是优先保护防卫人群体针对不法侵害的防卫权,同时实现对法确证利益的维护。而在偶然防卫的场合,单是行为人客观上“保护”了另一主体的具体法益不足以得出利益优越的结论,此间至少还需考虑法确证的利益和防卫人所代表群体的权利。③ 本书赞成此观点。在偶然防卫的场合下,行为人在杀人故意的主观支配下实施了杀人行为,只是由于被杀者恰巧正是实施行为人所不知道的另一杀人行为,而按照彻底的结果无价值论,行为人的行为不成立犯罪。这种结论一方面违背了生命的不可衡量性,错误地对两个生命作出数学上的衡量和比较;另一方面,让实施了故意杀人行为的行为人因为特定时空上的偶然性而脱离刑法的有罪评价,与不具备这种偶然性的杀人行为的刑法评价相比,该结论立足于偶然场景而未将稳定和妥当的法秩序作为考量因素,这显然有悖正义。“在利益衡量过程中,如果对利益的层次结构认识不当,只对当事人的利益进行简单的衡量,特别典型的是只对当事人之间的利益进行衡量而不考虑制

---

① [德]克劳斯·罗克辛:《德国刑法总论》(第1卷),王世洲译,法律出版社2005年版,第399页。

② 参见张明楷:《刑法学》(上),法律出版社2016年版,第208页。

③ 参见劳东燕:《法益衡量原理的教义学检讨》,载《中外法学》2016年第2期。

度利益和社会公共利益等,那么就会造成利益衡量滥用或者不当。"①

二、合宪性解释

(一)合宪性解释厘清

根据德国学者介绍,合宪性解释要求"对法律解释的多种可能结果进行相互比较,并排除其中与宪法和宪法的基础决定不符的部分"。② 当对法律的解释出现包括合宪结论和违宪结论在内的多种结论时,合宪性解释方法要求选择符合宪法的解释结论。选取合宪解释结论避免了法律适用呈现违宪状态,从而维护了立法权威,因此,合宪性解释具有规范保全功能。通常认为,德国的合宪性解释来源于美国。有学者指出,合宪性解释与美国的回避宪法方法和合宪性推定在学理上并无二致,都体现出对立法权的谦抑。③ 由于合宪性解释的反面是通过规范审查而宣告立法者违宪,具有保全功能的合宪性解释减少了违宪宣告的数量,从而降低了司法权与立法权发生冲突的可能性。"只有在穷尽所有公认的解释原则仍无法为该法律确定合乎宪法的内容时,才能确认立法者违宪。"④在德国,合宪性解释并非规范审查机构的专有权力,宪法法院和普通法院都可以进行合宪性解释。

宪法学界对合宪性解释的含义存在争议。有的观点提出,合宪性解释是规范审查程序中的一种特殊制度,其根本目的在于通过选择合宪的法律解释以避免宣布规范违宪;而基于宪法的解释是指在

---

① 梁上上:《利益衡量的界碑》,载《政法论坛》2006 年第 5 期。

② [德]斯特凡·科里奥特:《对法律的合宪性解释:正当的解释规则抑或对立法者的不当监护》,载《华东政法大学学报》2016 年第 3 期。

③ 参见王书成:《论合宪性解释方法》,载《法学研究》2012 年第 5 期。

④ [德]斯特凡·科里奥特:《对法律的合宪性解释:正当的解释规则抑或对立法者的不当监护》,载《华东政法大学学报》2016 年第 3 期。

个案中用宪法的规定或精神将法律中的一般条款或不确定法律概念具体化。应当区分合宪性解释与基于宪法的解释。合宪性解释发生在违宪审查过程中，而由于普通法院不享有违宪审查权，因此普通法院只能进行基于宪法的解释。[①] 本书不赞同此观点。如果不从违宪审查制度层面而仅从法律方法论的思维层面出发，合宪性解释与基于宪法的解释并无实质区别。合宪性解释的应用场合是，在多种可能的解释结论的抉择中或者在存在违宪可能性的法律解释活动中，让符合宪法成为解决问题的关键考量因素。而基于宪法的解释的应用场合是，当法律规定较为模糊而导致解释空间较大，通过借助宪法的规定和精神以提高法律的确定性。从法律方法论角度观察，两者都存在多种可能的解释结论，也都需要由宪法在规则或者价值方面发挥决定性的指引作用。有学者正确地指出："主张我国法院不能对具体的法律规范进行合宪性解释，这种观点看似有宪法体制上的依据，但它既难以在理论上得到证立，也漠视了我国法院对合宪性解释的普遍实践。"[②]

目前宪法学界已对普通意义上的合宪性解释和违宪审查意义上的宪法解释予以区分。有学者将宪法案件区分为违宪审查意义上的宪法案件和法律的合宪性解释层面的宪法案件，进而提出法律的合宪性解释是指按照宪法的精神对法律的内涵进行的解释。[③] 也有学者在广义的合宪性解释的概念之下划分出狭义的合宪性解释与违宪审查层面上的合宪性解释。在狭义的合宪性解释中，合宪性解释的主体是审理普通诉讼案件的各级人民法院的法官，解释对象是被法官纳为裁判依据或者说理依据的法律规范。而违宪审查层

---

① 王锴：《合宪性解释之反思》，载《法学家》2015 年第 1 期。

② 杜强强：《合宪性解释在我国法院的实践》，载《法学研究》2016 年第 6 期。

③ 参见张翔：《两种宪法案件：从合宪性解释看宪法对司法的可能影响》，载《中国法学》2008 年第 3 期。

面上的合宪性解释是指违宪审查机构在作立法审查时须尽量寻找系审立法的合宪性的解释空间,以在最大限度上避免作出损害立法权威的违宪判断。[①] 还有学者主张有两种意义上的宪法解释,一种宪法解释表现为由全国人大常委会对行政法规等规范性文件作抽象式审查并作出撤销等处分决定的权力,而另一种宪法解释则是固有地存在于任何认同宪法的规范性和最高性的司法过程中的法律方法和司法技艺。后者即为合宪性解释。[②] 以上两种不同的合宪性解释的关键区别在于其处于何种制度框架之内。普通意义上的合宪性解释是由普通法院的法官针对个案适用而作出的解释,违宪审查意义上的合宪性解释是由违宪审查机构对有违宪嫌疑的法律作出的解释。本书所称之合宪性解释是普通意义上的合宪性解释,其是普通法院的司法者根据宪法规定和宪法精神对法律进行的解释;其既包括在运用法律方法难以对一般条款和不确定法律概念作出定论时考虑宪法的规定和精神,又包括在多种可能解释结论的场合选取符合宪法的解释结论。

有学者以"基本权利的双重性质理论"论证运用合宪性解释是普通法院和法官的义务。该理论以《德国基本法》第1条第3款为依据。该款规定:"下列基本权利是约束立法、行政和司法的直接有效的法律。"基本权利具有"主观权利"和"客观法"的双重属性。基本权利的主观权利性质是指公民个人向国家提出主张的层面,而客观法性质是指基本权利是一种超越一切实定法乃至制宪权的、对立法权、行政权和司法权都有直接效力的客观价值、客观规范和客观秩序。基本权利的"客观法"性质要求国家对基本权利负有帮助和促进的积极义务,由此也推导出普通法院的法官对法律作合宪性解

---

① 参见黄卉:《合宪性解释及其理论检讨》,载《中国法学》2014年第1期。

② 黄明涛:《两种"宪法解释"的概念分野与合宪性解释的可能性》,载《中国法学》2014年第6期。

释的义务。而我国的审判机关和法官的这种宪法义务的来源则是我国《宪法》序言中的相关表述，"全国各族人民、一切国家机关和武装力量、各政党和各社会团体、各企业事业组织，都必须以宪法为根本的活动准则，并且负有维护宪法尊严、保证宪法实施的职责"。[①]有学者指出，虽然由德国方法论学者率先提出的合宪性解释直至在德国宪法学者根据《德国基本法》第 1 条第 3 款发展出基本权利双重属性理论、客观价值秩序理论和保护义务理论之后才得到司法机关的认真对待，但是，发生实效的时间顺序不能替代法理依据的时间顺序。"在规范宪法学层面上，合宪性解释的最根本的法理依据就是宪法相关规定。"[②]本书认为合宪性解释不必以基本权利双重属性理论为依据。合宪性解释只须以在一国法律体系中有最高位阶的根本法为存在前提，而并不以德国的基本权利双重属性理论为前提。在不具备德国基本权利双重属性理论的制度基础或者不接纳基本权利双重属性理论的国家，其法官在司法裁判中仍然可以进行合宪性解释。一个简单的道理是，只要法官从体系上进行解释，就必然要考虑位于一国庞大法律体系最顶端的宪法；只要法官从目的上进行解释，就肯定要考虑记载着一国国民关于利益取舍和价值评价的共识的宪法。只要存在成文或者不成文的宪法，普通法院的法官在解释法律时就必须将宪法规定和宪法精神作为体系化的和目的性的考量因素。这既是从整体法秩序的角度对解释活动和解释结论提出的正义要求，也是民主法治国对司法活动的应然期待。

虽然普通法院的法官没有开展违宪审查的权力，但是他们在针对普通案件的审理中仍然有可能遭遇法律存在违宪嫌疑的情形。只要普通法院的法官寄希望于通过法律这种普遍的理性制度来获

① 参见张翔：《两种宪法案件：从合宪性解释看宪法对司法的可能影响》，载《中国法学》2008 年第 3 期。

② 参见黄卉：《合宪性解释及其理论检讨》，载《中国法学》2014 年第 1 期。

得秩序恢复和个案公正的效果,就必然存在形式的法律文本与实质的法律目的之间进行理解和解释法律的活动。解释法律的权力是法官的司法权中的一项附随权力。在法制的历史中,法官从来都不是售卖判决的机器,法律适用必然以法律的理解和解释为起点。解释法律是不可能被禁止和剥夺的必然权力,是一种不证自明的天然权力。解释法律的权力能够让法官更好地掌握法律的精神。在裁判过程中,司法者所面对的不是某个或者某些孤立的法律条文,而是需要在以宪法为根本法的整个法律体系中对法律用语的含义和意义加以理解。由此,裁判结论中被适用的法律条文也应当是整个法律体系中在逻辑和价值两种不同层面上最为妥当的结果。当面对具有违宪嫌疑的法律条文时,普通法院的法官应避免作出与宪法相违背的理解,运用各种解释方法消除其违宪嫌疑,使之不与宪法规定和宪法精神相冲突。总之,合宪性解释是一种具有控制功能的、非独立性的法律解释方法。当司法者面对数个具备旗鼓相当论证理由的备选解释结论之时,应当选择最符合宪法的文本规定和价值目标的解释结论;当法律出现疑似违宪的情形时,应当考察它是否仍然具备从不同角度开展解释并得到符合宪法的解释结论的可能性。合宪性解释既属于体系解释又属于目的解释,但由于宪法的规定较为笼统,在进行合宪性解释时通常需要特定的价值或者原则层面的理论论证作为补充理由,因此本书将合宪性解释置于目的解释中探讨。

(二)刑法合宪性解释

刑法合宪性解释是合宪性解释在刑事实体法中的具体表现。由于刑法具有强烈的严厉性,关乎公民的财产、自由、尊严、身体和生命,因此,刑法解释方法与其他部门法解释方法相比呈现明显的谦抑性。例如,受罪刑法定原则的限制,除有利于被告人的类推之外,司法者不得在刑法规定的构成要件的基础上运用类推处罚未被规定为犯罪的行为。相对而言,民法解释则具有较强的灵活性和实用性特征。民法解释更为注重遵循"不得拒绝裁判"的原则,在民事法律没有作出明确规定的场合仍然允许依据民法的基本原则为纠纷和争议提供合理的解决方案。对刑法合宪性解释来说,一方面,在法律没有明文规定的情况下不得以宪法规定或者精神为由将某种行为认定为犯罪;另一方面,当构成要件的描述模糊和具有不确定性时,司法者应当运用宪法规定和宪法精神限缩构成要件的适用范围,以廓清含义和意义并使之不与宪法发生冲突。让刑法与宪法规定和宪法精神相符合,要求置宪法于整个法律系统的顶端,按照不同法律条文之间的等级关系确定待解释条款的含义,并将宪法所确认的传统、习惯、制度、理念和观念等一以贯之,以此作为在不同解释结论之间进行衡量和取舍的价值依据。

在一定程度上,刑法合宪性解释与刑法的刑事政策化或者刑事政策的刑法化具有相同的价值和意义。众所周知,德国刑法学者李斯特提出,罪刑法定原则是刑事政策不可逾越的樊篱。"一方面,他将体现整体社会意义之目的的、与犯罪作斗争的方法,按照他的话,也就是刑法的社会任务,归于刑事政策;另一方面,按照刑法的司法意义,法治国—自由的机能,亦即法律的平等适用和保障个体自由免受'利维坦'的干涉的机能,则应归于刑法。"①这种区分刑事政策与刑法的方法被称为"李斯特鸿沟",亦即在刑事政策与刑法之间存在截断机制,以保证刑法体系和刑事司法不受外来因素干扰。刑事政策只存在于刑法解释学之外,而不得干涉刑法体系内部的适用问题。有学者指出,李斯特鸿沟的法治意义在于,其"本质上是对形式法治的坚守。……形式法治让人们预先了解到,国家在何种情况下采取何种行动。这种规则是公开的和具有一般性的,并不考虑特定的时空与人的因素。这种形式一致性使法治天然具有遏制公权力

① [德]克劳斯·罗克辛:《刑事政策与刑法体系》,蔡桂生译,中国人民大学出版社 2011 年版,第 4 页。

专横和保障个人自由的功能”。[①] 李斯特区分此两者，是为了通过构建封闭和专业化的刑法体系来防范公权力借助刑事政策的渠道干涉刑法适用，最终达到限制权力和保障人权的目的。

然而，随着刑法解释学和法律解释学的不断发展和研究深入，李斯特鸿沟已经难以实现区隔刑事政策与刑法体系的功能。犯罪论体系在历经古典犯罪论体系、新古典犯罪论体系、目的犯罪论体系和功能犯罪论体系的变迁之后，已经呈现由侧重构建形式化的逻辑体系向注重发掘实质化的价值评判的现象。而且，法律解释方法论也实现了从讲求抽象体系的概念法学向彰显利益衡量、价值判断的利益法学和评价法学的转变。这两种理论演变趋势说明，在生活事实是否符合构成要件的判断中必然存在价值层面的判断和取舍。罗克辛指出了李斯特鸿沟的问题，“我们运用精致的概念精心构建了教义学，而教义学中这种体系化的精工细作是否会导致深奥的学理研究与实际收益之间产生脱节”。[②] “若刑事政策的课题不能够或不允许进入教义学的方法中，那么从体系中得出的正确结论虽然是明确和稳定的，但是却无法保证合乎事实的结果。这些具有充分的明确性和稳定性的法律问题，却是在刑事政策上有所欠缺的，那么，有什么法子可以帮助解决这些问题呢？为解决这些问题，真的必须脱离体系，并专门针对个案上的判决吗？显然，不能这么做，不过，我们也必须从刑事政策上主动放弃那些过于僵硬的规则。”[③]封闭的刑法解释学系统可能会因为排斥外来的价值干涉而无法满足个案的正义裁判需求，而且偏向于策应社会效应的刑事政策也在事实上

① 张翔：《刑法体系的合宪性调控——以“李斯特鸿沟”为视角》，载《法学研究》2016 年第 4 期。

② ［德］克劳斯·罗克辛：《刑事政策与刑法体系》，蔡桂生译，中国人民大学出版社 2011 年版，第 6 页。

③ ［德］克劳斯·罗克辛：《刑事政策与刑法体系》，蔡桂生译，中国人民大学出版社 2011 年版，第 7 页。

总是对犯罪论和刑罚论提出统一的和贯穿性的后果考察要求。事实上,李斯特鸿沟只存在于理论层面,而在实践中不具备可行性。刑事司法不可能丝毫不顾及解释结论的正当性和合理性诉求,因此有必要将包含某种价值考量的刑事政策贯彻于犯罪论体系和刑罚目的。

随着刑法的刑事政策化和刑事政策的刑法化研究的发展,我国刑法学者赞同刑事政策对刑法体系施以影响,但是,在应将什么样的刑事政策内容输入刑法体系的问题上莫衷一是。“在刑法解释中,解释者应当优先以刑事政策所代表的价值取向来填充其间的价值判断内容。一般来说,刑事政策既代表主流的价值取向,也是政治意志与社会需求的切实体现。以之作为法解释中价值判断的实体内容,不仅具有可把握性和可操作性,能够避免解释结论因解释者个人价值的不同而大相径庭,确保法适用的统一性,也有助于使解释结论呼应社会的现实需求,使法体系通过不断更新的解释来实现与时俱进。”①此观点中的刑事政策是指一种既能为政治权力容许或者提倡,又能获得公众接纳或者需要的主流的价值观念,但其具体内容为何仍然模糊不清。换言之,尽管我们已经认识到刑法解释学中必然包含利益取舍和价值评判,但是评价对象和评价标准仍然有待研究发现。

对此,有学者指出:“刑事政策并不是超实证法的,而应当以宪法为基础。刑事政策取向于为刑法体系提供价值判断(在立法和司法两个层次),而宪法正是一个包含各种价值目标(包括个人自由、社会正义、共同体秩序、国家安全等)的价值体系,刑事政策的价值补充应当以宪法价值为实质来源。”“在刑事司法中,刑事政策的考

① 劳东燕:《刑事政策与刑法解释中的价值判断》,载《政法论坛》2012 年第 4 期。

量应当表现为宪法价值对刑法解释和适用过程的实质影响。"①以宪法规定和宪法精神引领和贯穿于刑法解释活动,有助于在贯通刑事政策与刑法体系之间鸿沟的同时,避免刑事政策的短视化、空洞化和政治化,同时也排除不具有法治、人权和民主色彩的内容渗入的可能性。刑事政策能够为刑法解释的利益衡量和价值判断提供确定的和普遍性的依据,而宪法规定和宪法精神是刑事政策的实质的和根本的依据。

本书认为,以宪法规定和宪法精神作为刑事政策的实质内容和依据,刑事政策介入刑法解释才不会轻易造成刑法解释学的权力化和政治化。原因在于,宪法及其实施蕴含着以契约为基础的法治国家建设要求和以权利为基础的自由主义价值追求,这些因素是制衡和限制国家刑罚权扩张和滥用的根本力量。宪法实施"包含以下 7 个元素:法治、权力分立、权力互相制衡、公民权利和自由的保障、成文宪法、政府行为能受到违宪审查、政权依据宪法性规范和平交接"。② 以宪法作为刑法解释的制度依据和精神依托,刑法的适用状态将会趋向于自由主义的总体方向,进而使以人权保障为根本价值目标的罪刑法定原则得以更好地巩固和发扬。因此,宪法所蕴含的法治、民主、分权、人权、自由等多种价值可以作为因应刑法的刑事政策化或者刑事政策的刑法化的根本的和内在的价值判断依据。这是刑法合宪性解释的基本内容与价值追求。

例如,通过运用刑法合宪性解释可以得出以下结论:虚化关于正当防卫的明文规定并限制正当防卫的保护法益范围的观点,是有失妥当的。《刑法》第 20 条第 1 款规定:"为了使国家、公共利益、本

① 张翔:《刑法体系的合宪性调控——以"李斯特鸿沟"为视角》,载《法学研究》2016 年第 4 期。

② 陈弘毅:《亚洲国家宪政发展的道路初探:五大国家的比较研究》,载《政法论丛》2013 年第 1 期。

人或者他人的人身、财产和其他权利免受正在进行的不法侵害，而采取的制止不法侵害的行为，对不法侵害人造成损害的，属于正当防卫，不负刑事责任。”据此规定，个人有权在国家或者公共利益遭受不法侵害时实施正当防卫。但是，关于正当防卫适用范围是否应包含国家或者公共利益受损的情形，存在理论争议。

有些观点认为，正当防卫的保护范围限于侵害个人法益以及与个人法益有关的国家法益、社会法益的场合，但不包含侵害纯粹的国家法益、社会法益的场合。其主要理由是，保护公法益属于国家应尽之义务，国家不应当将此保护义务转嫁给公民；公民以防卫的名义保护公法益容易造成秩序混乱。“与个人法益无关联性的、单纯的国家法益、社会法益不应当属于正当防卫所要保护的范围。……国家机关有义务随时保持警惕，防范侵害国家和社会利益的行为发生。这种义务不能转让给个人。对侵害国家、社会利益的行为进行追诉、惩罚的权力，本质上是属于国家的垄断性的权力，是国家专门机关的专门活动与职权，如果允许公民个人进行防卫，难以有效保护国家、社会与公共利益，还可能引发社会秩序的混乱。”①“国家以及公共利益的保护是专属于国家机关的任务，如果将保护国家和公共利益的任务委托给私人的话，会造成人人都以警察自居的局面，反而不利于保护国家和公共利益。因此，原则上，任何人不得假借维护国家或者公共利益之名而行使正当防卫权。不过，例外地，在国家利益遭受国家机关来不及处理的重大危险如间谍窃取国家机密文件正欲出境时，个人可以为保护国家利益而实施正当防卫行为。”②上述观点反映出正当防卫制度围绕着维护个人权利而构建，符合德国和日本刑法理论关于正当防卫范围的主流观点。但是，德国和日本刑法理论立足于其本国刑法典；在正当防卫的范围

---

① 周光权：《刑法总论》（第2版），中国人民大学出版社2011年版，第143页。

② 黎宏：《刑法学》，法律出版社2012年版，第130页。

方面,德国刑法和日本刑法与我国刑法有明显不同。《德国刑法典》第 32 条第 2 款规定:“为使自己或他人免受正在发生的不法侵害而实施的必要的防卫行为,是正当防卫。”①《日本刑法典》第 36 条第 1 款规定:“为了防卫自己或者他人的权利,对于急迫不正当的侵害不得已而实施的行为,不予处罚。”②因此,若从刑法合宪性解释的角度考察,上述观点不无疑问。

《宪法》第 24 条第 2 款规定:“国家倡导社会主义核心价值观,提倡爱祖国、爱人民、爱劳动、爱科学、爱社会主义的公德,在人民中进行爱国主义、集体主义和国际主义、共产主义的教育,进行辩证唯物主义和历史唯物主义的教育,反对资本主义的、封建主义的和其他的腐朽思想。”爱国主义和集体主义是我国对国民进行教育的主要内容之一。《教育法》第 6 条规定:“教育应当坚持立德树人,对受教育者加强社会主义核心价值观教育,增强受教育者的社会责任感、创新精神和实践能力。国家在受教育者中进行爱国主义、集体主义、中国特色社会主义的教育,进行理想、道德、纪律、法治、国防和民族团结的教育。”新中国成立 70 余年来,爱国主义和集体主义已成为主流的价值取向。正当防卫制度将国家、公共利益规定为保护对象即是由此价值观念所决定的。“我国刑法之所以把国家、公共利益列于正当防卫保护对象之首位,就在于国家、公共利益是个人利益的基础,个人利益是从国家、公共利益派生出来的。没有国家、公共利益,个人利益就不可能得到切实的保障。所以,我国刑法鼓励公民为保护国家、公共利益而奋不顾身地和正在进行的不法侵害作斗争。这不仅是公民的权利,也是公民应尽的道德义务。”③价

① 《德国刑法典》,徐久生译,北京大学出版社 2019 年版,第 14 页。

② 张凌、于秀峰编译:《日本刑法及特别刑法总览》,人民法院出版社 2017 年版,第 16 页。

③ 陈兴良:《正当防卫论》(第 3 版),中国人民大学出版社 2017 年版,第 26 页。

值的取向决定了行动的方向。在爱国主义和集体主义观念的深刻和长远影响下,公民主动保护公法益,在公法益受侵犯时实施防卫行为是接受国民教育的表现和结果。

若不承认保护公法益的正当防卫,将使公民陷入尴尬的境地。当公民面对公法益遭受侵害的情形时,由宪法所确定的教育内容叮嘱其可以用行动来保护公法益,而宪法和刑法的有关规定更令其知晓保护公法益属于一种个人权利。毕竟,根据《宪法》第 33 条第 3 款的规定,公民享有宪法和法律规定的权利。在公民个人看来,既然刑法中的正当防卫制度已经将公法益纳入适用范围,则其理所应当地有权对侵害公法益的不法侵害人采取正当防卫。但如果司法者贯彻前述限缩正当防卫适用范围的观点,则会令为保护公法益而实施防卫行为的公民陷入法律和道德的困境:根据长期受教育形成的价值观念和明确的法律规定而实施的防卫行为,其实是法官根据某些刑法理论所认为的构成要件行为;虽然这种行为在形式上为宪法和刑法所认可和鼓励,但其真实的反价值属性只有掌握特定专业知识的法律人才能知晓和宣布;刑事司法裁判结论告诫公民,不可顺从普遍道德的信念或者感觉而行事,即使在所享有的个人权利有明确法律依据的场合仍不可擅自行动。这显然令人难以接受。诚如张明楷教授所言,“其一,从解释论上来说,在现行立法之下,我们不可能说,如果有人为了保护公法益进行正当防卫,其防卫行为就是违法的。否则,就明显侵害了防卫人的自由。同样,也不可能说,为了保护公法益的防卫行为,虽然是违法的,只是由于行为人缺乏责任(违法性认识的可能性)而不可罚。其二,从立法论上来说,允许为了公法益进行防卫,也没有不当之处。虽然公法益是由国家机关来保护的,但国家机关的保护与救济能力有限;在国家机关不能保护的情况下,由公民通过正当防卫进行保护,不会出现混乱现象。在许多人只是习惯于看热闹或者绕道而过而不愿见义勇为的情况下,规定一般公民可以为了公法益进行正当防卫,具有积极的现实意义。况且，刑法所保护的公法益都可以还原为个人利益，公法益与个人利益在许多情况下难以区分”。①

又如，通过运用刑法合宪性解释可以得出以下结论：为维护公民的表达权利，不宜将所有严重干扰国家机关工作秩序的行为评价为扰乱国家机关工作秩序罪。《刑法修正案（九）》于妨害社会管理秩序罪一章中增设“扰乱国家机关工作秩序罪”。根据《刑法》第290条第3款的规定，扰乱国家机关工作秩序罪是指多次扰乱国家机关工作秩序，经行政处罚后仍不改正，造成严重后果的行为。从立法背景来看，增设扰乱国家机关工作秩序罪主要是为了惩治那些所谓的缠访、闹访等上访、申诉过程中出现的极端行为。

《宪法》第2条第3款规定：“人民依照法律规定，通过各种途径和形式，管理国家事务，管理经济和文化事业，管理社会事务。”第35条规定：“中华人民共和国公民有言论、出版、集会、结社、游行、示威的自由。”第41条第1款规定：“中华人民共和国公民对于任何国家机关和国家工作人员，有提出批评和建议的权利；对于任何国家机关和国家工作人员的违法失职行为，有向有关国家机关提出申诉、控告或者检举的权利，但是不得捏造或者歪曲事实进行诬告陷害。”所谓缠访、闹访大多是由于在征地拆迁补偿、案件处理等事件中的正当性要求得不到及时处理或者无任何回应之后的过激行为，它的初衷是公民自由的正当的维权行为。② 扰乱国家机关工作秩序罪的适用范围极有可能会与公民的基本权利行使有所冲突，因此有必要以合宪性解释对之进行限缩。

社会秩序是人类为维系正常有序的社会生活所必须遵守的行

---

① 张明楷：《正当防卫的原理及其运用——对二元论的批判性考察》，载《环球法律评论》2018年第2期。

② 刘志伟：《〈刑法修正案（九）〉的犯罪化立法问题》，载《华东政法大学学报》2016年第2期。

为准则。为了形成和维护社会秩序,国家机关需要实施各种社会管理活动,这就形成了社会管理秩序。妨害国家对社会的管理活动即是对社会管理秩序的破坏。然而,秩序并不当然地属于法益的范畴,“维持秩序一语,所重视的不是对社会成员的生活利益或法益的保护,大多强调的是对现存的社会秩序、整体状态的维护,故不宜将法益包含在秩序概念中;当某种秩序属于社会成员的生活利益时,将这种秩序归入法益较为合适”。① 因此,某种被指控为破坏社会管理秩序的行为如果并没有侵害社会成员的生活利益,就不应当被认定为犯罪。

有学者指出,行为人如果具有维权的依据,并且出于维权的动机,即使多次实施扰乱国家机关工作秩序的非暴力行为,受过行政处罚又造成严重后果的,原则上也不属于该罪的犯罪化范围。针对一些民众为维权而在国家机关的办公区域内实施的静坐、下跪、张贴标语等行为,不能简单地认为他们“企图通过这种扰乱活动,制造事端,给国家机关施加压力,以实现自己的无理要求或者借机发泄不满情绪”,②而是要探究导致这种行为发生的根本原因。对于多数采用过激方式维权的民众而言,实施缠访、闹访等行为是因为寻找不到正当的救济途径来维护其自身的合法权益,而为公民的权利救济提供通畅有效的渠道正是国家机关工作的正常组成部分。因此,由于国家机关工作的疏漏,导致公民无法通过正常渠道维权从而引发的维权过激行为自然也是国家机关需要面对和解决的正常工作。“不能想象国家机关的工作是一派高枕无忧的平和景象。不应把国家机关的工作与公民非暴力的维权过激行为对立起来,将前者作为

---

① [日]内藤谦:《刑法讲义总论》(上册),有斐阁1983年版,第46页。转引自张明楷:《法益初论》,中国政法大学出版社2003年版,第173页。

② 沈德咏主编:《〈刑法修正案(九)〉条文及配套司法解释理解与适用》,人民法院出版社2015年版,第287页。

刑法保护的对象而将后者作为需要惩治的对象。”①

如果将所有有损国家机关工作秩序的行为一概认定为犯罪，说明国家机关的平和景象被视为比维护公民正当权益更为重要的利益，本罪所维护的秩序显然是与全体社会成员的生活利益相悖的。“对国家机关的工作秩序的保护，也就此沦为对建筑物内的人员行使公权力的不受干扰性和自在安宁性的保护。这种所谓的‘国家机关工作秩序’，难以经受住批判性法益概念的检验而被承认为‘法益’。”②这种解释结论不仅无法通过司法过程中的宪法性法益的检验，更是存在违宪的风险和嫌疑，因此应当将运用合宪性解释排除此种有违宪法规定和宪法精神的解释结论，而以宪法规定的基本权利为判断基点将扰乱国家机关工作秩序罪的适用范围限缩在妥当的范围之内。

---

① 夏勇：《维权过激行为犯罪化评论》，载《法商研究》2016 年第 3 期。

② 参见车浩：《刑事立法的法教义学反思——基于〈刑法修正案（九）〉的分析》，载《法学》2015 年第 10 期。

第五章　刑法解释方法位阶

在征表着法律人实践智慧的法律方法理论中，各种法律解释方法（要素、因素）之间是否存在位阶是一个长期困扰理论家们的难题。“法律解释的各种方法之间应该如何排序？许多人认为，这是法律解释学的最大的难题或困扰之一。”①既然法律解释方法的意义是提升司法过程和裁判结论的客观性、可预测性并使之尽量接近正义的终极价值目标，那么位阶的存在似乎是证明各种法律解释方法已具备科学属性而并非杂乱无章地可被任意运用的标志之一。但是，关于法律解释方法位阶的理论长期处于众说纷纭、莫衷一是的状态，“茨威格特曾正确地指责道，我们的法律解释学说的缺陷具体在于，在各种解释

① 陈金钊等：《法律方法研究》，山东人民出版社2010年版，第325页。

标准中并未找到一个‘确定的次序’。”①这种理论不确定性引发了一个严峻的理论情势，即法律解释方法因缺乏稳定或者固定的位阶而存在被任意运用和操纵的危险，从而导致是否具备科学性的理论生存危机。“当不同解释方法出现不同解释结果时，法官以什么标准来决定取舍？如果这个问题悬而未决，各种解释方法的选择和适用就是随机性的，疑难案件的判决就仍然充满变数，由法律不确定而引起的整个司法过程杂乱无章的局面也不会有彻底改观。”“……由于解释方法元规则的缺位，即便各种解释方法是成立的，法律解释学仍然难以具有方法论的意义。”②法律解释方法位阶问题成为法律解释理论发展过程中的一个症结和致力于法律解释理论研究的法学家的一个心结。

对于四种法律解释方法应如何运用和排列，萨维尼指出：“对于制定法内容的理解通过这四个要素而得以实现。这四个要素并非是人们可以根据其趣味和偏好而任意选择的四种解释方式，毋宁说，如果解释能够成功达成，这四个要素必须是协调作用的不同活动。无疑，或者是此要素或者是彼要素可能更为重要和明显，但必不可少的是考量要始终取向所有这四个方面，尽管在许多具体的案件中，对这四个要素的其中之一的明确考虑可能被认为是不必要的和不方便的从而被省略，同时这对于解释的缜密性而言并无危险。”③换言之，各种解释因素的运用既不能取决于解释者个人的主观偏好，也不能单独地依赖某一种解释因素；尽管有些解释因素对于得出解释结论的影响未必直观地展现，但是解释结论的获得必须历经对所有那些具有不同解释功能、作用和意义的解释因素的整体

① ［德］卡尔·恩吉施：《法律思维导论》，郑永流译，法律出版社2013年版，第95页。

② 桑本谦：《法律解释的困境》，载《法学研究》2004年第5期。

③ ［德］萨维尼：《当代罗马法体系Ⅰ》，朱虎译，中国法制出版社2010年版，第167页。

和集中运用。萨维尼虽指明了各种法律解释因素的宏观适用方式，但是其未能对由各种法律解释因素至最终所获得的解释结论之间的因果流程或者运行过程作出准确的理论描述。恩吉施将之评价为“用了一个机智的表述遮盖了这一问题”。①

第一节　位阶之有无之争

学界对刑法解释方法的位阶问题大体存在肯定说与否定说的理论对立。总体而言，肯定说赞同各种刑法解释方法在适用层面和效力层面上存在某种固定性的先后顺序；否定说则认为在司法实践中各种刑法解释方法的运用具有复杂性、目的性和灵活性，难以明确厘定各种刑法解释方法之间的界限和顺序。下文将详细介绍肯定说与否定说的基本观点。

一、肯定说之基本观点

有学者指出，刑法解释方法的位阶问题既关系到刑法解释的客观性和解释结论的妥当性，也涉及法律思维过程的条理性和次序性。“……刑法解释方法的位阶问题，即刑法各种解释方法之间的关系与次序。”具体而言，“刑法解释方法的位阶，不仅指运用上的先后顺序，而且包括结论冲突时的地位等级问题。刑法解释方法的运用顺序，是指解释刑法用语时何种解释方法先用、何种解释方法后用的问题；刑法解释结论的地位等级，是指当不同解释方法得出的结论不同乃至冲突时，何种解释方法得出的结论在效力上具有优先性，以排除其他解释方法的结论。前者解决的是运用解释方法时间上的先后顺序，后者解决的是不同解释方法的效力等级。二者属于两个层面，相互联系又有所区别，共同说明刑法解释方法的位阶。

---

① [德]卡尔·恩吉施：《法律思维导论》，法律出版社 2013 年版，第 95 页。

既不能把二者混淆,也不能把刑法解释方法的位阶简单等同于运用上的先后顺序或结论的效力等级。一方面,先使用的某种解释方法,其结论并不必然具有优先效力;另一方面,仅仅研究解释结论的效力等级,也不能反映解释刑法这一思维过程的逻辑特点与先后顺序”。总体而言,刑法解释方法的位阶取决于刑法的价值目标,即刑法的价值取向是刑法解释方法位阶的最重要的决定性因素。单纯追求安定性的刑法无法实质地保障人权和保护法益,而过于追求妥当性则会引发司法肆意、践踏自由的危险并最终造成实质的非正义,因此,刑法的价值目标是刑法的安定性优先、兼顾刑法的妥当性。文义解释、体系解释等以安定性为取向,目的解释则以妥当性或者正义性为取向。“安定性优先决定了刑法解释方法的运用顺序,即那些倾向安定性的解释方法在运用上应先于倾向妥当性的解释方法;兼顾妥当性,决定了不同解释方法结论的效力等级,即在未损害安定性的前提下,倾向妥当性的解释方法的结论在效力上优先于倾向安定性的解释方法的结论。”换言之,在运用顺序方面,文义解释、体系解释、历史解释、目的解释、合宪性解释的先后运用顺序体现出刑法价值目标中的安定性要求;在效力等级方面,在可能的文义的界限点上文义因素绝对优先,在可能的文义的界限之内目的解释处于优先地位,合宪性解释在检验其他解释方法结论的层面具有绝对优先性。①

与上述观点大致相同的是,有学者指出:“由于不同的解释方法立足于不同的价值基础,具有不同的功能,如果任由解释者随意选择解释方法,势必会得出五花八门的解释结论,而这种状况终将影响刑法安定与正义价值目标的实现。”基于限制刑法解释方法适用随意性的考量,刑法解释方法的位阶被划分为适用位阶和效力位阶。对于适用位阶,其主张刑法解释方法应当按照语义解释、体系

---

① 参见苏彩霞:《刑法解释方法的位阶与运用》,载《中国法学》2008年第5期。

解释、目的论解释的适用顺序。对于效力位阶，其主张只有在目的论解释与文理解释的结论发生冲突时才存在刑法解释方法的效力位阶，此时文理解释的结论优先适用。①

总之，肯定说承认刑法解释方法之间具有位阶性，是基于刑法解释因素的位阶问题与刑法解释结论的妥当性之间存在直接关联的前提和预设。肯定说将位阶问题区分为适用顺序和效力等级两个层面，这说明位阶问题包含着对现实司法过程中刑法解释因素通常或者普遍适用顺序予以具体描述和对不同解释方法生成的不同解释结论作出衡量决断的双重任务。在适用顺序层面，肯定说都承认从文义解释经由体系解释最终通向目的解释的固定顺序，只是在历史解释和合宪性解释的理论归属和适用顺序上有所不同。在效力等级层面，如何在由不同的解释方法所衍生的相互冲突的不同解释结论之间作出抉择的问题，被归结为目的解释结论是否可以突破可能文义范围的讨论。

二、否定说之基本观点

否定说认为，刑法解释方法的位阶性根本不存在，关于位阶性的讨论缺乏理论意义，甚至该命题是一个脱离司法实践的假命题。外国许多学者否认法律解释方法中存在一种抽象的顺位关系。德国学者埃塞主张："法律适用者是先根据他的前理解及可信度衡量决定正确的结论，然后再回过头来寻找能够证成这个结论的解释方法。"②德国学者拉德布鲁赫曾言："解释是一种结果。通常是在结果早已确定之后，才选择解释的方法。所谓的解释方法只不过是对文

---

① 参见程红：《论刑法解释方法的位阶》，载《法学》2011 年第 1 期。

② 转引自[德]英格博格·普珀：《法学思维小学堂》，蔡圣伟译，北京大学出版社 2011 年版，第 78 ~ 79 页。

本的补充的事后的注脚而已。”①德国学者朔伊尔勒认为:“解释的重点在这种事实中产生出来:实践的法律适用随便利用了解释理论认识到的所有的方法。”②

在我国的否定论者看来,刑法解释方法之间不具有位阶性,一部分原因在于,各种刑法解释方法之间的关联无法彻底厘清,因而根本不存在一种具有绝对优先性的刑法解释方法;另一部分原因在于,刑法解释方法仅仅是司法者考量和运用的方法论工具,而对于裁判结论的最终形成而言,还需要经由可交流的辩论程序对各种复杂的利益和后果进行基于正义的检验与衡量。下面将以上述两类理由为大致划分标准,详细介绍我国否定说的代表性观点。

(一)各种刑法解释方法之间的关系

有学者认为,文义解释不具有绝对优先性。文义解释的优先性仅体现在单独通过文义解释即可得出明确结论以及目的解释与文义解释相冲突这两种情形之中。由于运用文义解释通常会得出多种结论,而且难以判断目的解释是否真的与文义解释相抵触,因此需要继续引入体系解释和历史解释等其他解释方法对解释结论加以检验、判断和印证。而且,目的解释也只在相对意义上具有优先性。详言之,作为目的解释组成部分的主观解释仅仅是辅助理解规范意义的历史资料,其与客观解释之间具有包容和并存的关系。当可能的文义范围较窄时,不能根据客观目的解释扩大处罚范围,此时目的解释受制于文义解释;而客观解释只有在可能的文义范围过宽需要其发挥构成要件适用范围限制功能时才具有决定性。此外,目的解释与体系解释之间的关系也难以彻底厘清。若肯定目的解

① 转引自[德]伯恩·魏德士:《法理学》,丁晓春、吴越译,法律出版社2013年版,第303页。

② 转引自[德]卡尔·恩吉施:《法律思维导论》,郑永流译,法律出版社2013年版,第95页。

释处于最高位阶就如同承认体系解释也处于最高位阶，加之文义解释具有最高位阶的观点，从而会得出文义解释、体系解释和目的解释都具有最高位阶性的结论，最终导致刑法解释方法的位阶问题丧失实际意义。①

（二）解释方法位阶实践价值的理由

第一，刑法解释是一个商谈和反复试错的过程，解释方法在不同案件中被视情形而灵活运用。"在法律解释的商谈过程中，不同解释主体的立场不同，其所选择的解释方法也必然不同。"控辩双方都会有倾向地采用有助于支撑本方解释结论的解释方法，而法官也可能根据其解释前见而直接运用某种解释方法作出定罪与否的结论。同时，刑法解释还是一个反复试错的过程，其并非单向度地从文义解释出发抵达目的解释的思维过程。当解释结论不妥当时，需要多次在各种解释方法之间反复试错以取得共识性的结论。②

第二，采用何种解释方法取决于对处罚必要性的判断。"很多刑法规定的解释都是解释者或明或暗地有了倾向性意见之后，再回过头寻找解释方法，论证该结论的正确性。"在司法实务中大量存在先根据处罚必要性得出预设的定罪结论再灵活地寻找解释方法的现象。③ "从本质上说，设证理论是一种溯因推理，是在一定具备结论的前提下来寻找对其最佳的解释。"④换言之，刑法解释方法在一定程度上是服务于司法者先行判断正当性的"事后"论证理由。

第三，除解释方法之外，经得起社会检验的解释结论还要考虑国民认同程度，进行后果考察。⑤ "刑事裁判需要作出判断，需要考

---

① 参见周光权：《刑法解释方法位阶性的质疑》，载《法学研究》2014 年第 5 期。

② 参见周光权：《刑法解释方法位阶性的质疑》，载《法学研究》2014 年第 5 期。

③ 参见周光权：《刑法解释方法位阶性的质疑》，载《法学研究》2014 年第 5 期。

④ 温登平：《刑法解释方法位阶关系否定论》，载陈金钊、谢晖主编：《法律方法》（第 13 卷），山东人民出版社 2013 年版，第 367 页。

⑤ 参见周光权：《刑法解释方法位阶性的质疑》，载《法学研究》2014 年第 5 期。

虑判决的社会效果和社会接受性。这是刑法解释方法本身所不能胜任的,也是刑法解释方法位阶关系论所忽视的。"①申言之,刑事裁判结果是否妥当不仅关系到对被告人的生杀予夺,而且涉及借助刑罚方式所能够追求和实现的面向过去的正义匡扶与面向未来的危险人格和危险心理矫治;更深层的道理是,刑事裁判结果的妥当性与国家刑罚权的正当性呈现正比关系,以社会认同为根基的刑事司法的权威和信用在极大程度上维系于此,因此,解释结论的正义基础应当奠基于社会层面的广泛认可。对作出最终裁判结果而言,除了各种法律解释方法之外,许多复杂的后果性和社会性因素都需要被司法者纳入综合考量范围,这也使法律解释方法的位阶问题的理论和实践意义大打折扣;因此,在各种解释方法之间并不存在某种适用或者效力顺序。

第四,法律解释并非纯粹的客观活动,在法律解释过程中解释主体也对解释结论形成发挥一定的影响。"一般认为,法官在解释法律、适用法律时通常存在'预判''先前理解',或者是在'法律感''是非感'的指引下进行的。"②因此,这些包含着事实和价值判断的、经验的、主观的和个性化的因素无可避免地存在于法律解释的过程中并对解释结论产生或大或小的作用。由此说明刑法解释方法的位阶无法符合保证解释结论的唯一性和客观性的初衷与使命。

第二节　位阶之问题指向

饶有趣味的是,肯定说与否定说会将同一位学者的观点分别纳

---

① 温登平:《刑法解释方法位阶关系否定论》,载陈金钊、谢晖主编:《法律方法》(第13卷),山东人民出版社2013年版,第370页。

② 温登平:《刑法解释方法位阶关系否定论》,载陈金钊、谢晖主编:《法律方法》(第13卷),山东人民出版社2013年版,第369页。

入各自阵营,以此来支撑各自观点。例如,肯定说代表人物苏彩霞教授认为拉伦茨持肯定说,①但否定说的代表人物周光权教授对此却持截然相反的观点,其认为:“拉伦茨主张不同解释方法之间存在关联性,但这并不意味着他承认各种解释方法之间存在固定的位阶关系。”②而且,对于同一学者应当属于哪个阵营的划分,中西学者的观点也有所不同。例如,德国学者拉伦茨认为阿列克西“肯定有一种阶层秩序存在”,③但是我国学者周光权教授却指出:“阿列克西认为,各种不同形式的解释的分量,必须根据权衡轻重的规则来确定,而无一定之序。”④这说明中西学者以及国内学者对于何谓位阶有着不同的理解。关于位阶问题研究成果的普遍写作模式是,首先收集和梳理关于位阶有无以及法律解释方法具体排列方式的各种观点,然后运用某种法理学或者法哲学的理论对之进行论证或者批评,最终得出作者对位阶问题的立场选择和具体判断。这种研究模式存在严重的逻辑跳跃,学者们似乎已经在位阶的含义问题上达成了共识;可事实是,到底何为位阶尚未完全厘清。遗憾的是,我们在批判概念法学的同时,可能也一并丢弃了对法学概念的分析传统。为了确保研究对象的同一性,在探讨位阶的有无之前,有必要对于位阶问题的本体进行梳理和厘定。

在现代汉语中本不存在“位阶”这一概念,它产生于对西方国家法律方法论文献的翻译。位阶的德语表述是 Rangordnung。从字面含义分析,“位阶”一词应当表达的是“地位”和“等级”之意。在阿列克西看来,“不同形式的论述之关系问题就作为解释规准的一个

---

① 参见苏彩霞:《刑法解释方法的位阶与运用》,载《中国法学》2008 年第 5 期。

② 周光权:《刑法解释方法位阶性的质疑》,载《法学研究》2014 年第 5 期。

③ [德]卡尔·拉伦茨:《法学方法论》,陈爱娥译,商务印书馆 2003 年版,第 242 页。

④ 周光权:《刑法解释方法位阶性的质疑》,载《法学研究》2014 年第 5 期。

分层目录或一个位阶排序难题来加以讨论”。① “为了确保这个论辩受现行有效的法之约束,就必须要求那些表达这个约束的论述优先具有更大的分量。”②可见,位阶是指某种论证方式的优先性,因而阿列克西应属于肯定说阵营。阿列克西虽然主张“各种不同形式的论述的分量,必须根据权衡轻重的规则来加以确定”,但从该论著中却无法发现“无一定之序”之语;而且,他还尝试提出文义解释和历史解释具有优先性的判断,“那些表达受法律的文义或历史上的立法者意图之约束的论述,比其他论述具有优位,除非能够提出合理的理由说明其他的论述被赋予了优位”。③ 而拉伦茨应当被归属于否定说的阵营。在依照文义解释、体系解释、历史解释、目的解释和合宪性解释的顺序分别阐述各种解释标准的内容、作用和界限之后,拉伦茨指出:“依此虽然还不能构成一种固定的——各种标准之间的——位阶关系,依此得以终局地确定个别标准的重要性;然而,它们毕竟不是无所关联的并立关系而已。”④换言之,拉伦茨描述出五种法律解释标准的基本适用顺序,始终未提及它们之间的效力等级,但是他确实所指的位阶也是在效力等级的意义上的。我国有的学者承继了这一正确的位阶概念。“法学方法论上面临一个重要的问题,即各种解释方法互相间是否具有某种位阶关系(Rangverhaltnis),可据以决定各种解释方法的优先次序?”⑤这意味着在面临适用冲突

---

① [德]罗伯特·阿列克西:《法律论证理论》,舒国滢译,中国法制出版社2002年版,第305页。

② [德]罗伯特·阿列克西:《法律论证理论》,舒国滢译,中国法制出版社2002年版,第307页。

③ [德]罗伯特·阿列克西:《法律论证理论》,舒国滢译,中国法制出版社2002年版,第308~309页。

④ 参见[德]卡尔·拉伦茨:《法学方法论》,陈爱娥译,商务印书馆2003年版,第219~221页。

⑤ 王泽鉴:《法律思维与民法实例——请求权基础理论体系》,中国政法大学出版社2001年版,第240页。

之时各种法律解释方法何者更为优先。“各种解释理由也可能形成相互冲突的结论,于是出现了解释理由的位阶关系问题。”①这说明关于法律解释方法位阶的讨论所指向的仅仅是肯定说中的“效力等级”。因此,法律解释位阶的问题指向是法律解释方法的优先性,亦即当不同的解释方法产生不同的解释结论之时何者因具有优越的合理性和正当性而应当被采纳。可是,有的学者在谈论法律解释方法的位阶问题时通常会将之与“位序”“次序”“顺序”等概念相互替换和混用,加之在现代汉语中“位”有“所在或所占的地方”②之意,因此“适用顺序”也就想当然地被包含在位阶问题的研究之中。模糊和多余的研究对象使位阶难题在中国本土环境中变得更加复杂,给肯定说和否定说都带来一些困扰。

在位阶议题之下同时讨论适用顺序与效力等级给肯定说带来了许多理论先天不足。

有的肯定论者由于未明确区分适用顺序与效力等级,导致关于位阶的描述和判断显得十分含糊和暧昧。在对适用顺序和效力等级不作属性区分的情形下,一部分肯定论者根据法律解释经验认为,在获得解释结论之前,数量众多的法律解释方法确实在按照某种具有规律性的顺序排列和运作,但同时基于实际解释过程的反复性和复杂性,又难以言之凿凿地在各种解释方法中确立某一个具有绝对优先意义的选项。因此,对解释方法位阶性的理论判断呈现折中的特点。例如,有的观点主张:“虽然不能说各个解释方法之间有一种‘固定不变的位阶关系’,但也不应认为各种解释方法杂然无序,可由解释者随意选择使用。其间应有某种大致的规律可循。”该观点进而提出文义解释、体系解释、法意解释、目的解释、合宪性解

① 张明楷:《刑法学》(第4版),法律出版社2011年版,第40页。

② 中国社会科学院语言研究所词典编辑室:《现代汉语词典》(第6版),商务印书馆2012年版,第1359页。

释、比较法解释和社会学解释的先后顺序。[①] 又如,有的观点主张:"不认为各种解释方法具有一种固定不变的位阶关系,但亦不认为解释者可任意选择一种解释方法,以支持其论点。法律解释是一个以法律意旨为主导的思维过程;每一种解释方法各具功能,但亦受有限制,并非绝对;每一种解释方法的分量,虽有不同,但须相互补足,共同协力,始能获致合理结果,而在个案中妥当调和当事人利益,贯彻正义的理念。"据此观点,文义解释、体系解释、历史解释、比较解释、目的解释和合宪性解释的先后顺序是法律解释方法的大致位阶。[②] 由此,位阶关系成为一种富有灵活性的规律,或者是一种有规律的灵活。此类观点使位阶问题变得模棱两可,也让该命题的理论意义和实践价值付之阙如。

有的肯定论者对适用顺序和效力等级的混淆还导致了学说内部的逻辑矛盾。例如,有学者指出:"我个人较为赞成梁慧星教授的观点,应当承认各种解释方法之间存在一定的位阶关系,但这种位阶关系不是固定不变的,尤其不能将位阶关系直接等同于顺序关系。如果这种解释方法的位阶关系得不到遵守,可能会影响解释结论的合理性。"[③]问题在于,其主张位阶关系不同于顺序关系,亦即此位阶关系仅仅是指效力等级,同时该观点又提出"位阶关系不是固定不变的",可是,效力等级问题意味着不同法律解释方法的地位必然形成高下之分。虽然各种解释方法具有不同的诠释功能,在具体的案件中它们对解释结论的形成所发挥的重要性程度有所差别,但是"等级"却是一种超越具体语境的、绝对意义上的优先性。如果效力的高低需要附加某种条件才能彰显或者附随某些情境而发生变

① 参见梁慧星:《民法解释学》(第4版),法律出版社2015年版,第247~248页。

② 王泽鉴:《法律思维与民法实例——请求权基础理论体系》,中国政法大学出版社2001年版,第240~243页。

③ 陈兴良:《刑法的知识转型(方法论)》,中国人民大学出版社2012年版,第111页。

化，那么这种根据不同语境而呈现出不同样态的"效力"实质上与"顺序"毫无二致，效力等级与适用顺序的区分也随之失去了意义。总之，此观点具有明显的逻辑矛盾。

有些区分了效力等级与适用顺序的肯定论者，通常先规划适用顺序再判定效力等级，但是由于法律解释方法数量众多，对法律解释方法进行适用排序最终干扰了对效力等级的判定。例如，在适用顺序方面，有观点认为："解释刑法时应遵循文义解释→体系解释→历史解释→目的解释→合宪性解释的先后顺序，依次运用这五种解释方法。"对于效力等级问题，"在'可能的文义'之界限点，文义要素具有绝对的优先性：当目的解释、历史解释与体系解释超出可能的文义时，文义因素具有绝对的排除功能"。"在可能文义的界限内，目的解释处于优先地位。这表现在：其一，当文义解释、体系解释与历史解释的结论存在多种可能性或相互冲突时，目的解释起最终决定作用；其二，当目的解释的结论与文义解释、体系解释、历史解释相冲突时，目的解释的结论优先于其他解释方法结论。""合宪性解释在检验其他解释方法结论的层面具有绝对优先性，不合宪的解释结论应予摒弃；当存在多种解释结论时，应优先选择合宪的解释结论。"①此观点在编排上述五种刑法解释方法的适用顺序后，又不得不为它们在效力等级上予以安排，否则即有丢失要素和缺乏对应之嫌，这也造成文义解释、目的解释和合宪性解释都在某种特定情形中才具有绝对优先性。对多个解释方法的效力等级进行附条件的限定，产生了具有强烈哲学辩证法色彩的位阶结论。"在辩证的相对论思考中，法律意义的不确定性得到更进一步的强化。由于辩证法在人们的思维中获得了至高无上的地位，使得奠基于形式逻辑的法治思维和法治方式得不到人们的认同。"②这不仅致使位阶问题所

① 苏彩霞：《刑法解释方法的位阶与运用》，载《中国法学》2008 年第 5 期。

② 陈金钊：《法学话语中的法律解释规则》，载《北方法学》2014 年第 1 期。

追求的法律解释客观性的实践理性导向受到遮蔽,而且令本应为刑事司法实践提供简洁和简约适用服务的刑法解释规则变得更加含糊和烦琐。

在位阶议题之下同时讨论适用顺序与效力等级也使否定说走向了另一种极端。

为了反对刑法解释方法的位阶性,否定说需要同时针对适用顺序和效力等级进行反驳。否定说以在刑事司法实践中刑法解释因素的运用具有选择性、随机性、反复性和目的性为由,试图证明在刑法解释因素之间不存在固定的适用顺序。“在刑法解释的商谈和试错过程中,解释方法的采用具有灵活性。”①并且,否定说还以各种刑法解释方法之间的难以分割的关联为由,试图否认存在具有绝对性效力等级的刑法解释方法。“各种解释方法之间的关系错综复杂,难以进行简要的概括和归纳;各种解释方法各有优劣,不存在哪一种解释方法完全优于其他方法的情形,没有任何一种解释结论能够完全排除另外一种解释结论。”②总体而言,通过对适用顺序和效力等级的否定,否定论者彻底地反对任何形式的关于刑法解释方法的排序,在司法实践中各种刑法解释方法完全依据具体案件情形而灵活运用。“在个案中并不预设解释方法的排序,以解决个案问题为中心,可基于案件的特殊性适用不同的解释方法。这种思路实质上就是论题学思维方式的一个缩影。”③否定说的问题在于,在适用顺序上以司法实践运作的具体性彻底否认理论抽象和定型的可能性;在效力等级上在缺乏必要的逻辑论证环节的情况下直接以刑法解释方法之间关系的复杂性为由彻底否定在该关系中存在决定性的

① 周光权:《刑法解释方法位阶性的质疑》,载《法学研究》2014 年第 5 期。

② 温登平:《刑法解释方法位阶关系否定论》,载陈金钊、谢晖主编:《法律方法》(第 13 卷),山东人民出版社 2013 年版,第 366 页。

③ 孙光宁:《反思法律解释方法的位阶问题——兼论法律方法论的实践走向》,载《政治与法律》2013 年第 2 期。

因素。

总之,刑法解释方法的位阶性所要解决的问题是,当不同的刑法解释方法产生相互矛盾的解释结论时,何种刑法解释方法具有决定性或者终局性的效力。肯定论者望文生义地将适用顺序加入位阶议题,使该问题变得含混而复杂;否定论者激进地反对任何形式的适用顺序或者效力等级,进而导致对刑法解释活动的起点和终点的全盘否定。

第三节　目的之最高位阶

一、刑法解释始于文义

文义是法律解释的起点。“解释的最高任务是深层次的考证,易言之,将毁损残缺的文本恢复原状,通过解释本身对解释的素材进行重构。”①由于法律解释活动的对象是法律文本,而让法律文本所表达的法律意义变得清晰明白是法律解释活动的最终任务,因此,法律解释活动的起点就指向了法律文本中文字的含义。“如果没有关于语言的最一般的知识,我们也不能理解所讲的话。”②“任何解释都从规范文本出发。文义是所有解释的首要的出发点。因此,对法律文义谨慎地认识和分析是适当解释的首要前提。”③这就是文义解释的起始功能。

与此同时,文义也是法律解释的界限。“可能之语义的界限也

---

①　[德]萨维尼、雅克布·格林:《萨维尼法学方法论讲义与格林笔记》(修订译本),杨代雄译,法律出版社 2014 年版,第 79 页。

②　[德]弗里德里希·施莱尔马赫:《诠释学箴言》,洪汉鼎译,载洪汉鼎主编:《理解与解释:诠释学经典文选》,东方出版社 2006 年版,第 29 页。

③　[德]魏德士:《法理学》,丁晓春、吴越译,法律出版社 2013 年版,第 315 页。

即是解释的界限。”①如果超出文义的可能范围，那么在解释的外衣之下进行的就是实质上的造法活动。“当法院强调规定的意义及目的应优先于‘语言上明确的’字义时，当它主张解释不应局限于字义范围之内时，事实上它从事的是漏洞填补、类推适用或目的论的限缩，假使其所得的结论确已逾越语言上可能的字义范围的话。”②文义解释的界限功能隐含着文义解释通常无法使解释者直接获得妥当解释结论的前提性事实。

作为解释活动的起点和界限，文义解释为解释结论框定了一个大致的范围。在法律解释活动中，之所以通过文义解释常常无法直接获得妥当的解释结论而只能呈现一个解释的“域”，其原因在于，法律语言沿袭了语言的多义性。“一般性地指称经验事实构成的语词在通常情况下都是多义的。也就是说，它们并非对于所有人都具有相同的涵义；而且，即便是对于特定人自身来讲，它们常常也不具有完全确定的涵义。”③确定法律语言的含义主要需要在核心含义与边缘含义、日常含义与专业含义、历史含义与当下含义之间作出抉择。为了获得妥当的解释结论，必须依赖体系解释和目的解释等解释方法辅助。“必须用其他解释方法来检验文义解释。”④在很大程度上，解释结论的选择和确定是由体系解释和目的解释主导的，甚至可以说，目的解释最终操纵和控制了解释结论的获得。例如，根据《刑法》第308条打击报复证人罪的规定，对证人进行打击报复的处3年以下有期徒刑或者拘役，情节严重的处3年以上7年以下有期徒刑；此处的证人通常是指刑事诉讼、民事诉讼和行政诉讼案件

---

① ［德］齐佩利乌斯：《法学方法论》，金振豹译，法律出版社2009年版，第66页。

② ［德］卡尔·拉伦茨：《法学方法论》，陈爱娥译，商务印书馆2003年版，第202页。

③ ［德］齐佩利乌斯：《法学方法论》，金振豹译，法律出版社2009年版，第65页。

④ ［德］伯恩·魏德士：《法理学》，丁晓春、吴越译，法律出版社2013年版，第316页。

中的证人。但是,刑法理论认为受到打击报复的被害人也应当被认定为本罪罪状中的证人。① 根据《刑事诉讼法》的规定,证人证言与被害人陈述是不同的证据类型,亦即在刑事程序中证人与被害人是被区别对待的。之所以认为被害人属于证人,是因为本罪旨在保护证人权利和维护诉讼秩序,而被害人在刑事诉讼中发挥的证明作用与证人没有实质的区别,因此将被害人归类为广义的证人。可见,刑法文本中被立法者和法学家注入的意图和目的决定着“域”内法条文义的最终确定。

二、刑法解释终于目的

揭示刑法条文背后的“目的”是刑法解释的终极任务。“任何制定法都要确定法律关系的性质,也就是要表达出某一种意图(此种意图可能是单一的,也可能是复合的),根据此种意图,上述法律关系的存在没有错误和任意性。如果要达成此种目的,那么与法律关系存在关联的人就必须真正和完全理解上述意图。这就要求他们站在立法者的立场之上思考上述意图,并人为地重复立法者的工作,也就是在他们的思考之中重现制定法。这就是解释行为,我们可以将它确定为重建内在于制定法之中的意图。”②萨维尼相信,立法者在制定法中注入了某种意图,而解释者的任务就是基于立法者的立场将制定法所内含的立法者意图予以重现。“每部法律都应当把某种思想作为能够发生约束力的规则表达出来。解释法律的时候必须洞悉其所蕴涵的思想,揭示其内容。”③

① 参见周光权:《刑法各论》(第3版),中国人民大学出版社2016年版,第387页;张明楷:《刑法学》(下),法律出版社2016年版,第1093页。

② [德]萨维尼:《当代罗马法体系Ⅰ》,朱虎译,中国法制出版社2010年版,第166页。

③ [德]萨维尼、雅克布·格林:《萨维尼法学方法论讲义与格林笔记》(修订译本),杨代雄译,法律出版社2014年版,第77页。

“任何解释的目的都是为了理解文本(条文)、把握它的精神的含义、它的意思。”①法律解释的任务是揭示以文字为表达形式的法律的意图和目的。这是作为人类社会硬性规则的法律在解决各种争议和冲突时对法律适用者提出的实践理性要求。即使并不存在任何关于法律解释的认识论或者本体论的理论基础和条件,每一位打算运用法律解决冲突的人在面对法律条文时都会努力地体会和领悟文字背后的奥义。如果否认这一事实,那么所有意欲通过法律所追求的利益、正义和崇高等不同层次的价值目标都将失去现实的社会根基。“一方面,刑法理论必须探讨各个分则条文的目的,即制定该条是为了保护什么法益,另一方面必须根据所确定的法益内容来解释构成要件。”②这种理解活动是发生于司法过程之中的客观实在,而非某些法律解释或者法律诠释理论虚构之产物。因此,无论基于何种刑法解释方法的解释活动,也无论刑法解释方法如何具体应用,其都指向刑法规范的目的。

本书认为,目的解释在各种刑法解释方法中处于最高位阶,刑法解释活动都是通过文义解释而最终实现对目的的揭示。所有的刑法解释都从文义解释开始,直至发现和确定刑法条文的具体目的为止。“刑法的解释应当从用语的文义出发,并且在用语可能具有的含义内得出符合法条目的的解释。此外的各种解释理由中,不存在一种解释理由优越于另一种解释理由的规则。”③目的解释的优先性并不与文义解释相冲突。文义解释为解释结论提供了一个大致的范围,而目的解释在此范围内享有最高的优先性。“目的论解释方法体现为法律人最重要、要求最高并且也是最具创造性的行为;

---

① [德]H. 科殷:《法哲学》,林荣远译,华夏出版社2002年版,第208页。

② 张明楷:《刑法的基本立场》(修订版),商务印书馆2019年版,第160页。

③ 张明楷:《刑法分则的解释原理》(上),中国人民大学出版社2011年版,第50~51页。

而不应将之理解为：目的论解释无论如何都必须贯彻，甚至当其与法条文义抵触时亦应得到贯彻。”[①]目的解释的最高位阶属性揭示了一个与人类本能密切相关的具有普遍性的行为：当看到一段文字或者听到一句话语的时候，我们会自然而然地透过语言的外在形式而对文字或者话语背后的意图进行揣摩和理解。在法律领域，这种理解活动同样无时无刻地、自动地进行着。当面对经由文字表达出来的法律条文时，以满足法律适用需求为任务的解释者会运用各种知识和方法去追求法律背后的目的。因此，获取法律的目的是各种法律解释方法的最终目的。“解释方法之桂冠当属于目的论之解释方法，因为只有目的论的解释方法直接追求所有解释之本来目的，寻找出目的观点和价值观点，从中最终得出有约束力的重要的法律意思；而从根本上讲，其他的解释方法只不过是人们接近法律意思的特殊途径。”[②]

在此，需要对体系解释的地位予以说明。体系解释于肯定说的适用顺序中占据一席之地，它往往存在于文义解释与目的解释之间。否定说也以体系解释同文义解释和目的解释之间难以厘定的复杂关系为由彻底否定位阶问题。因此，有必要对体系解释在刑法解释因素位阶问题中的性质和地位加以分析。体系解释之所以总是与文义解释和目的解释发生纠缠，是因为它同时包含着文义要素和目的要素。或者说，体系解释是文义解释和目的解释的综合体，具有中介性质的体系解释在文义解释与目的解释之间发挥着连接和沟通的作用。如今，体系解释已经从概念法学时代的纯粹外部体系解释转化为由外部体系和内部体系相结合的解释方法。外部体

① [德]英格博格·普珀：《法律思维小学堂》，北京大学出版社2011年版，第78页。

② [德]汉斯·海里因希·耶塞克、托马斯·魏根特：《德国刑法教科书》（上），徐久生译，中国法制出版社2017年版，第215页。

系以文义为组成要素，所以文义解释也是体系解释的起点，但是仅仅依靠外部体系并不能真正得到体系解释的结论。内部体系的价值指向和权衡让目的解释渗透到体系解释内部，从而使体系解释以目的性的利益衡量或者价值考量为终点。“价值标准或目的，透过体系化已被纳进体系中，具有一定之逻辑构造。其结果，使得看来纯逻辑的法律思维，带上或深或浅的价值色彩。”[①]因此，体系解释始于文义，终于目的。文义解释借助体系解释得以向目的解释靠拢，而目的解释则透过体系解释还原至文义解释的对象——法律文本——从而使解释结论获得合理性和正当性。具体而言，体系解释将具体的刑法条文放置于刑法规则、刑法制度乃至整体的法律体系和法律秩序之中。一方面，由于整个法律体系和法律秩序以表现在法典之上的文字为形式的语言为基础，因此，体系解释必须立足于语言的日常含义与专业含义、核心含义与边缘含义以及历史含义与当下含义之运用习惯和规则，通过形式逻辑的方式力求获得语言不相矛盾的、协调的法律系统。另一方面，在体系被划分为外部体系和内部体系之后，在司法过程中重新发现立法者的意图和立法的目的成为司法者的正当任务。由于整个法律体系和法律秩序中分别蕴含着法律系统的目的、法典的目的和具体法条的目的，因此，体系解释还需要对这些位于不同时空的各种目的根据具体的语境予以比较、取舍、调和或者妥协，从而使体系解释的结论符合普遍正义和个案正义的要求。可见，体系解释始终存在于文义解释和目的解释之间，它与文义解释和目的解释之间不存在任何冲突，相反，它是此两者之间冲突的调解者和缓和者。是故，在肯定说的适用顺序中，总是能在文义解释与目的解释之间发现体系解释的踪影，而在肯定说的效力等级中体系解释又莫名其妙地消失于文义解释与目的解释之间。

---

① 黄茂荣：《法学方法与现代民法》，法律出版社2007年版，第343页。

第六章　刑法解释思维模式

刑法解释思维模式是指解释者在进行刑法解释时所运用的总括性和抽象性的思考方式、思辨路径和思维方法。法律领域的“西学东渐”现象始自清末,迄今已有上百年历史。我国现行刑法的概念、原则、规则以及相关理论系统和理论话语基本源于西方大陆法系国家的法治经验。我国刑法的理论、制度和实践样态整体呈现从德日模式转换到苏俄模式继而再度向德日模式复归的运动轨迹。在向西方学习的历程中,我国刑法理论已对西方国家刑法理论有了初步的基本的了解和掌握,我国刑法制度及其实践已经初步具备西方刑事法治的制度框架和运作程式。但是,由传统文化所塑造的传统思维方式难以与西方式思维尤其是西方法治思维相兼容,而且因为传统思维方式在法律领域尚且具有较大的惯性,致使西方法治思维无法充分地彰显和发扬,具有形式化色彩的概念思维之缺陷被放大,刑法制度也无法在司法实践中被正确地贯彻和实施。

传统思维方式是一种玄学思维,其在概念上不要求客观的准确性,在逻辑上不追求完整的自洽性,在价值上也不崇尚意义的明确性。正因如此,尽管我国拥有相当悠久的法制传统,但是始终未能养成规则意识和形成规则之治。也正因如此,尽管我国在古代即具有优秀的法律制度和法律实践,但是从未衍生和发展出一套概念精准和逻辑自洽的法律理论体系。与东方经验不同的是,西方法律的理论、制度和实践都奠基于若干基本和重要的法律概念;重视对概念的提炼、分析和延展,是概念思维的主要表现。始自清末的西方法律移植以引入法律概念为核心的学习和传播方式让中国人接触到西方法治经验。法律概念的引入实际上代表着由法律概念所构成的法律原则、法律规则和法律制度的引入。概念思维一方面能让中国人迅速了解西方的法治状况;另一方面也能够迅速传播其西方法治的优越性。但是,在传统思维方式的干预下,概念思维容易演变为两种极端形态:一是对传统思维矫枉过正而走向了死板和教条地以法条的字面含义为解释圭臬的极端;二是借助传统思维的惯性而走向了在法条字面含义的掩盖下肆意解读以谋取某种不正当利益的极端。这两种极端现象的共同之处在于,它们名义上以法律条文的字面含义为理解的起点和终点。正如张明楷教授所言:“我提出实质解释论是因为看到了我们刑法学界很长一段时间处于‘汉语文字法学’状态。”①破解症结的关键在于,在刑法理论上承认刑法解释的思维模式是类推、类比或者比较,并且在刑事司法活动中运用类型思维,构建和沟通法律条文背后的历史因素和现实需求。

---

① 梁根林主编:《当代刑法思潮论坛:刑法教义与价值判断》(第2卷),北京大学出版社2016年版,第274页。

第一节　概念思维的优势与缺陷

概念思维致力于对外部事物的表象、性质、成分、结构和功能等特征予以精确的描述,以达到通过特定的语言指代该事物并使之与其他事物相区别的目的。“概念,最简单的思维方式,是一种思维上的,亦即抽象地——精神上对客体(不必是实体上的客体)作描述。”①在刑法方法论知识随着德日阶层化犯罪论体系引入之前,中国刑法理论和实践领域的思维方式是概念思维,迄今为止这种以概念为中心的思考方式在法律思维中仍占据主导地位。刑法中的概念思维将关于案件事实是否契合刑法条文字词内涵和外延的探究活动置于整个法律解释活动的核心位置,罪名的确立和刑罚的量定必须根据和依赖刑法中的各种“定义”。在刑事法治建设初期阶段,概念思维倾向于维护刑法的安定性和确定性,从而有助于在前法治时代促成形式法治的实现。在中国特色社会主义法律体系基本形成之后,刑事法治建设应当顺应历史潮流而实现由立法中心主义向司法中心主义的理论和实践范式转型,亦即在有法可依的基础上更加关注在刑事司法实践中能否实现刑事正义。但是,概念思维无法顾及隐含在概念中的立法意图和目的、此概念与彼概念之间的关联以及运用概念之时由政治、经济、科技和文化等状况所决定的具体实践语境。

一、概念思维的优势

总体而言,概念思维比中国传统的直觉思维更为进步和优越。“中国的思想形态中,注重延续,而不主张断裂与对抗。延续的思想

① ［德］阿图尔·考夫曼:《法律哲学》(第2版),刘幸义等译,法律出版社2011年版,第77页。

见于天人之际(兼指自然与人、及神与天之际)、世代之际、阶级之际、城乡之际及社会关系,都可觇见,两偶之间,由一端至另一端,其递换为'渐',而不为顿然的断裂。"①直觉思维的特点是,思维以直觉为开端并在延展中继续依赖直觉。直觉思维具体包括整体思维和经验思维。整体思维倾向于对世间万物进行统一的一体性思考,以抽象的总体观念对世间万物进行统一的看待或者对待;经验思维则突出亲身感受或者观察习得的生活经验对思考内容的启发和确信。较之中国传统的整体思维和经验思维,从属于理性思维的概念思维更具现实性和逻辑性,更能体现人类对客观世界的认知欲望和探索过程,更有助于把握事物的本来面目和客观属性。传统文化中的整体思维和经验思维讲求由对外部事物的感觉、感受和感知直接提升至生存经验、人生体验乃至天人体悟的境界和高度。整体思维不注重对世间万物的区别和系统研究,亦即未能在自然科学上实现"格物"。经验思维不注重将朴素的日常经验提炼升华为深刻的理性知识,亦即未能从研究方法上达到"致知"。这两种思维方式其实都是直觉思维的具体表现。

在科学领域直觉思维的缺陷较为突出。"中国古代哲学家在认识事物、分析现象、构建体系时,往往从日常生活的经验出发,凭直觉办事。……直觉思维的长处,是以经验为参照,从总体上把握对象,有时能体验、证悟出逻辑思维所不能揭示的意境。缺点是不够严谨,对对象的认识含糊而不清晰,其结论具有很大的或然性。"②直觉思维在概念形成过程中并不专注于精准归纳事物的核心特征,而且对提炼出的特征追求运用统一的语言予以指代,从而导致对该事物的描述可能会产生多种不同的概念形式。其后果是,相应的概念虽然在外观上具有一定确定性,但含义却具有严重的模糊性和不确

① 许倬云:《中国古代文化的特质》,北京大学出版社2013年版,第45页。
② 李宗桂:《简论中国传统哲学的特点》,载《学术论坛》1988年第5期。

定性,对它的解读和运用也会因具体语境的不同而体现过度的灵活性。由此,貌似定型的文字表述却富含多种复杂和玄妙的含义。“暧昧而不明爽——以中国文化与其他文化(类如西洋文化)相对照,令人特有‘看不清楚’‘疑莫能名’之感。”①这种蕴含在传统文化基因中的直觉思维也在法律解释思维上留下深刻的历史烙印。中国传统法律思维方式擅长围绕法律的字、词、句的含义和寓意加以演绎和注解,省略对具体制度的功能和效果的细致分析,而径直探寻法律和道德规则背后深层次的人与自然之间的交互关系以及人与人之间的伦理关系。“尽管中国古代律学达到了相当高的理论水平,但我们不能不看到,它只囿于对律文的语言解释,把法律规定当做一般的概念加以注疏,而没有建立起法律的一般模型,缺乏形式理性的法逻辑思维。”②虽然这种思维方式易于把握事物的根本性质,但是它明显缺乏条分缕析事物的耐性,因而难以构建起具备逻辑和客观属性的法律知识和学术系统。“我们不仅缺少理论提炼的热情,也缺乏捕捉理论创造机遇的敏感性。”③

传统思维虽然将法律文本中的概念作为律法注释和案件评判的基础,但严重欠缺对概念对象的观察分析和对概念边界的严格遵循,总体上属于非理性思维。这种非理性思维方式无法生成科学和精密的法律方法论,也不能造就包含对普遍事例和例外情形进行理性分析并给予固定结论的解释学体系,从而未能向法律实践提供具有制约功能的实用思维工具。“传统中国法律虽然强调依据法律审判,但在面对法律因为语言或体系问题具有多种可能时,并没有发展出类似当代德国刑法学强调的比例原则、刑法最后手段原则

① 梁漱溟:《中国文化要义》,上海人民出版社2011年版,第273页。

② 陈兴良:《刑法的知识转型(方法论)》,中国人民大学出版社2012年版,第117页。

③ 周少华:《中国刑法学的文化际遇和理论前景》,载《法学研究》2013年第1期。

并且也没有类似德国刑法学在理论层次发展出犯罪阶层化理论，以保护人民在面对审判时，不会被法官恣意上下其手侵犯人民的人权。"①

概念思维有助于生成现代的自然科学和人文社会科学。下定义的方式是认识客观事物和主观事物的基本手段。通过运用语言将事物的现象和本源描述出来，人类可以从中发现此物与彼物的区别，进而得以根据客体的功能或者主体的需求将事物运用于不同的实践活动。概念思维能够促进知识体系的建立和增长。概念思维的缺乏是中国在近现代的自然科学和精神科学领域长期落后于西方国家的原因之一。在法律方面，概念思维有助于实现形式法治和严格法治。在立法阶段，概念是形成法律条文、法律规则、法律制度和法律体系的基本要素，从而有利于实现"有法可依"；而在司法阶段，概念所呈现出的内涵和外延又限制着司法者的裁量空间，法律规定的行为方式和后果必须得到严格的遵循，从而有利于实现"执法必严"。

二、概念思维的缺陷

概念思维虽然在衍生科学研究方法和研究成果方面比中国传统的直觉思维更具优势，但其并非完美无缺。总体而言，作为概念思维起点的"概念"本身存在无法克服的内在缺陷，同时在法学理论和法律实践中绝对化的概念思维也是不可行的。

（一）概念的内在缺陷

概念思维存在一些内在的固有缺陷。作为一种描述和区分事物的手段，概念必须首先提炼事物的核心特征和整体结构，进而用抽象和固定的语言形式表达和指代具有复杂性和变迁性的生活世界。因此，概念本身具有抽象性、鲜明性和封闭性；这些特征赋予法律概

① 陈惠馨：《德国近代刑法史》，台北，元照出版有限公司2014年版，第123页。

念以客观性、安定性和稳定性。就刑法而言，公开的、明确的、非朝令夕改的刑法概念能够产生保障个人自由的效果，避免出现公民行动萎缩的不当后果。但是，这些特征也给刑法概念的适用带来一些问题。

首先，高度抽象的刑法概念，其内涵越小，外延则越大，往往导致构成要件适用范围扩张的结果。“形成抽象概念，特别是那些抽象程度日益升高的概念，虽则很可能帮助提纲挈领(因为借助它们可以赋予大量极度不同的现象相同的名称，并作相同形式的规整)，然而这些概念的抽象程度越高，内容就越空洞。”①例如，根据《刑法》第310条，明知是犯罪的人而作假证明包庇的，成立包庇罪。问题在于，如果单从用语习惯的角度分析，“包庇”的含义极为广泛，只要是有助于犯罪的人无罪或者轻罪的行为都属于包庇，其可以包含作伪证、妨害作证和毁灭、伪造证据等行为，故此，本条将与《刑法》第305条伪证罪，第306条辩护人、诉讼代理人毁灭证据、伪造证据、妨害作证罪，第307条第1款妨害作证罪，以及第307条第2款帮助毁灭、伪造证据罪发生极为复杂的竞合关系。而过于复杂的竞合关系会不必要地提高理解刑法的成本和增加刑法适用的难度，这恰恰说明在刑事立法层面的罪状描述与刑法解释层面的构成要件解读中至少有一方出现了欠缺明确性的问题。

其次，生活事实的复杂性常让追求精准表述的概念落入“疑难”境地。对于概念所提炼出的各种特殊要素，“如将之视为‘概念上必要的’要素，因此系不可或缺的前提要件时，其重要性常被过分夸大。如是，则概念之能否适用于某案件事实即取决于该要素之存否。此要素(至少在‘中间地带’)是否在其程度上能代之以另一要素，这种想法在此种思考方式并无存在的空间。在抽象概念的思考

① [德]卡尔·拉伦茨：《法学方法论》，陈爱娥译，商务印书馆2003年版，第332页。

中没有‘或多或少’,只有‘非此即彼’可言”。“生活事件之间并不具有概念体系所要求的僵硬界限,毋宁常有过渡阶段、混合形式及以新形态出现的变化。”①例如,盐酸是否属于武器曾经在德国刑法学界引起广泛的争议。

最后,科技和经济的不断进步与发展给日常生产和生活方式带来许多日新月异的变化,此时刑法典中的概念是否能将一些新生事物涵括在内就成为问题。“生活本身经常带来新的创构,它不是已终结的体系所能预见的。”②例如,《刑法》第285条和第286条分别规定了非法侵入计算机信息系统罪,非法获取计算机信息系统数据、非法控制计算机信息系统罪,提供侵入、非法控制计算机信息系统的程序、工具罪,以及破坏计算机信息系统罪等,有关规定明确了什么是计算机信息系统,但计算机的含义尚不清晰。《计算机信息系统安全保护条例》第2条规定:“本条例所称的计算机信息系统,是指由计算机及其相关的和配套的设备、设施(含网络)构成的,按照一定的应用目标和规则对信息进行采集、加工、存储、传输、检索等处理的人机系统。”2011年8月1日最高人民法院、最高人民检察院《关于办理危害计算机信息系统安全刑事案件应用法律若干问题的解释》第11条第1款规定:“本解释所称‘计算机信息系统’和‘计算机系统’,是指具备自动处理数据功能的系统,包括计算机、网络设备、通信设备、自动化控制设备等。”一般而言,在生活领域我们将计算机通俗地理解为“电脑”,但是随着科技进步,智能手机与电脑的界限越来越模糊,与电脑一样具备输入、存储和输出设备与互联网连接功能的智能手机等设备是否属于计算机?如果智能手机等

① [德]卡尔·拉伦茨:《法学方法论》,陈爱娥译,商务印书馆2003年版,第330~331页。

② [德]卡尔·拉伦茨:《法学方法论》,陈爱娥译,商务印书馆2003年版,第330页。

设备被侵入、控制乃至破坏数据，能否适用上述计算机犯罪的相关罪名？这是由科技进步引发的刑法适用问题。

（二）概念思维的理论缺陷

概念思维在法学理论方面的典型产物是概念法学。“概念法学认为，科学的一般概念是法律的原因性基本概念，是产生法律规范，因而也间接地影响生活的观念。”①概念法学的代表人物普赫塔曾言：“科学现在的任务在于在体系性的关联上去认识法条，认识这些彼此互为条件且相互衍生的法条，以便能够从个别的系谱学向上追溯至其原则，并且同样地可以从这个原则向下衍生至最外部的分支。”②概念法学怀揣对完美法律体系的不懈追求，意图从最抽象的概念或者原则向下衍生和延伸出包含着层级逐步降低的各种概念和规则的整套法律制度。概念法学在后世遭受到猛烈的批评，主要原因在于其排除了法律中的利益、目的和评价等因素，过度地依赖形式和逻辑的方法以试图构建封闭的、完整的、却不可能实现的理想体系。“我们对概念法学的批评，其实主要是指责它对概念逻辑运用的过度以及片面性，指责它过度强调逻辑与体系的一贯性与合体系性，忽略个案的实质妥当性。”③由此导致概念法学成为以逻辑为核心的文字游戏，而未能对现实生活有所裨益。“概念法学用严格而完美的学术将法与社会、法与现实彻底割裂开来。”④现今，概念法学的研究方法和方式已经遭到否定，但其对法学概念的内涵和外延的精确提炼和描述得以延续，无论是立法还是司法活动都将归纳

---

① ［德］菲利普·黑克：《利益法学》，傅广宇译，商务印书馆 2016 年版，第 15 页。

② 转引自吴从周：《概念法学、利益法学与价值法学——探索一部民法方法论的演变史》，中国法制出版社 2011 年版，第 35 页。

③ 吴从周：《概念法学、利益法学与价值法学——探索一部民法方法论的演变史》，中国法制出版社 2011 年版，第 42 页。

④ ［德］伯恩·魏德士：《法理学》，丁晓春、吴越译，法律出版社 2013 年版，第 204 页。

或者演绎法律概念作为基础性工作,特别是在作为法律解释方法的体系解释中,我们仍然能够感受和领教到概念法学的理想主义精神。

概念思维在法律适用方面的典型产物是司法三段论。司法三段论由作为大前提的法律规范、作为小前提的事实和作为结论的裁判结论三部分构成。依照三段论的形式逻辑,只要小前提能够涵摄于大前提即可获得一定的推论。“法官对任何案件都应进行三段论式的逻辑推理。大前提是一般法律,小前提是行为是否符合法律,结论是自由或者刑罚。”①司法三段论符合司法者面对争议事实时通过适用法律以作出裁判结果的整体思维方式和决断过程,其概括出司法过程的形式框架。但是,司法三段论无法展现司法适用中的具体思维方式和决断过程。“将事实涵摄于法律规范,就是检验事实是否满足法律规范的事实构成并因此产生规范所规定的法律后果。这样的过程通常由许多很复杂的思维步骤组成。”②事实上,法律规范与事实并不像司法三段论所显示的那样可以自动地清晰呈现,作为小前提的事实需要被司法者提炼为案件事实,而作为大前提的法律规范需要根据案件事实而被司法者从相关的法律中挑选出来以供适用。“在法律适用的时候,法官在法律规范与事实之间建立起一种联系。更准确地说,是在特定的事实构成要件与事件的特定部分之间逐步地建立起来。”③因此,在进入能够获得裁判结论的演绎步骤之前,司法者已经在法律规范与事实之间开展过极为复杂的认识和分析过程。“在能够包摄之前,先必须完全明确地进行等同处

---

① [意]贝卡利亚:《论犯罪与刑罚》,黄风译,中国法制出版社 2005 年版,第 15 页。

② [德]伯恩·魏德士:《法理学》,丁晓春、吴越译,法律出版社 2013 年版,第 293 页。

③ [德]伯恩·魏德士:《法理学》,丁晓春、吴越译,法律出版社 2013 年版,第 295 页。

置的工作。由此显示出(却未被意识到的),演绎(包摄)只是表明了法律发现的最后环节,某程度而言,是‘拿个例子来作(分析的)测试’而已。”①司法三段论未能完整地描述司法适用的过程,其只是演示了获得裁判结论的最后推理步骤。

(三)概念思维的实践缺陷

法律解释的技术水平整体上停留在按照字面含义进行理解或者超过文义作过度解读的层次。在当前的法学教育和法律实践中,概念思维占有较大分量。法学教育以认识和了解基本的法律概念和法律规定为主要内容,法律实践突出表现为以法律概念径直框定案件事实或将案件事实强行加入法律概念,但法律概念背后的立法者意图和立法目的却被忽略了。由此导致的问题是,表面上严谨的法律概念容易被注入解释者的某种个人目的或者政治任务。

在刑法领域,过度注重概念的思维方式往往导致某些具体犯罪构成要件适用范围不断扩张,以至于呈现新型口袋罪倾向。最高司法机关通过制定和发布司法解释的方式将一些具有危害性的经营行为认定为非法经营罪。问题在于,非法经营罪一方面要求这些经营行为必须违反“国家规定”或者“法律、行政法规规定”,另一方面要求这些经营行为必须违反行政许可制度,而最高司法机关的某些司法解释仅从字面角度理解“非法经营”的含义,却未顾及上述原理。

例如,2013 年 5 月 2 日最高人民法院、最高人民检察院《关于办理危害食品安全刑事案件适用法律若干问题的解释》第 11 条第 1 款将以提供给他人生产、销售食品为目的,违反国家规定,生产、销售国家禁止用于食品生产、销售的非食品原料的行为认定为非法经营罪。有论者指出:“这类非食品原料是国家禁止用于食品生产、销售

① [德]阿图尔·考夫曼:《法律哲学》(第 2 版),刘幸义等译,法律出版社 2011 年版,第 89 页。

的,因不存在对应的合格产品,一般不宜以生产、销售伪劣产品罪定罪处罚。”可是,由某种行为不成立生产、销售伪劣产品罪并不能必然推理出该行为应成立非法经营罪的结论。在实践中,被作为食品添加物质的非食品原料大多属于有毒的化工原料,如果该非食品原料的生产、销售以具备生产许可证、经营许可证为前提,那么在不具备有关许可证的情况下,生产、销售该非食品原料的行为确有可能因侵害特定经营许可制度而成立非法经营罪;但是,如果该非食品原料的生产、销售无须特定经营许可证,或者在已经具备有关许可证的情况下,生产、销售该非食品原料的目的是使之发挥某种食品添加物质的功用,由于这两种行为都未侵害特定经营许可制度,它们都不成立非法经营罪。存在类似问题的还有该条第 2 款。此款将生产、销售国家禁止生产、销售、使用的农药、兽药、饲料、饲料添加剂、饲料原料和饲料添加剂原料的行为认定为非法经营罪。问题是,既然国家已经禁止该农药、兽药和饲料等生产、销售和使用,就不可能存在任何针对此类物质的生产和销售活动的经营许可。所以,违反国家规定生产、销售这些物质的行为也不可能因侵害经营许可制度而成立非法经营罪。

又如,2013 年 9 月 10 日最高人民法院、最高人民检察院《关于办理利用信息网络实施诽谤等刑事案件适用法律若干问题的解释》第 7 条将在互联网上有偿删除信息或者发布虚假信息的行为认定为非法经营罪。此条针对的是在互联网上专门从事造谣、炒作、“删帖”等活动的所谓“网络公关公司”、“策划营销组织”及“网络推手”。就有偿发布虚假信息而言,全国人大常委会《关于维护互联网安全的决定》和国务院《互联网信息服务管理办法》等规定未针对利用互联网有偿发布虚假信息设定行政许可,而且,国家机关也不可能对上网用户的任何言论行为设定任何经营许可。就有偿删除信息而言,如果“网络公关公司”等通过正当救济途径,以“客户”本人或者代理人的名义出示证明材料,要求网站工作人员依据工作权限删除负面信息的,因利用合法的申诉或者沟通渠道,此行为并不触犯刑法;如果"网络公关公司"等利用黑客技术非法侵入计算机信息系统删除或者修改数据,则此行为成立相应的计算机犯罪;如果"网络公关公司"等通过给予金钱、财物等"好处"让网站工作人员删除有关信息,那么此行为有可能成立商业贿赂犯罪。由于国家机关不可能针对删除信息活动设定行政许可,因此有偿删除信息行为也不成立非法经营罪。

除了立法上的固有缺陷,非法经营罪的口袋化的主要原因之一是该罪名被简单地从字面角度理解为"非法""经营"行为,以至于只要在经济领域出现具有处罚必要性且无法被其他罪名的构成要件所涵盖的行为,都可以根据《刑法》第225条第4项而适用非法经营罪定罪处罚。非法经营罪已经成为现行《刑法》中的口袋罪。

第二节　类型思维的优势与模式

类型思维是基于类型的思考方式,其针对概念思维的缺陷而提出。类型思维并非为反对概念思维而构建出来的纯粹理论概念,实际上它是一个刻画法律适用的主观和客观过程的描述性概念。在关于类型思维的理论中,类型、概念、事物的本质、类推、比较等是经常使用的高频词汇。这些术语主要涵盖类型与概念的关系、类型的立法和司法功能、类推和比较的地位等问题。

一、类型思维的优势

类型具有弥补概念缺陷的效果。类型与概念之间存在诸多不同之处。"类型是建立在一般及特别间的中间高度,它是一种相对具体,一种在事物中的普遍性。类型一方面与抽象一般的概念相异,一般概念,通过一个有限数量独立的'特征'被加以'定义'(被限制),并因此——依康德的意思,与直观相对的。类型在它与真实接近的以及可直观性、有对象性来看,是相对的不可以被定义,而只能被'描述'。它虽然有一个确定的核心,却没有确定的界限,以至于对于一个类型存在的特征'或多或少'有所缺少。"①类型是一种存在于具体事物与概念之间的观念形态。类型是一种中观的维度,其一方面归纳具体事物的相同之处;另一方面又尚未达到概念的抽象程度。概念对事物关键特征的精准描述使之与生俱来具有抽象性、稳定性和封闭性,而类型更具有直观性、灵活性和开放性。"使用类型掌握案例说明其中道理,或使用类型剖析价值对于具体状况之内涵,不会流于僵化或空洞。常常能够在个案之处理上降低劳动强度,触类旁通,在价值之引用上避免过度一般化,以偏概全。"②类型致力于减轻和削弱由概念所导致的在思维判断上的非此即彼模式,其表明思维判断必须要面对模糊地带,在模棱两可领域中需要人们经过比较和衡量之后再作出判断。尽管在概念与类型的比较上,存在"抽象"与"相对具体"、"定义"与"不可以被定义"、"封闭"与"开放"、"不是什么,就是什么"与"或多或少"、"精确"与"模糊"等具有对立特征的概念标签,但类型之所以比概念更能准确和贴切地说明立法与司法的思维过程,是因为其展现出在法律中人们期望注入或者再次解放的意图与目的。"它连接,让意义的相关联性被认知。"③对此,拉伦茨指出:"类型构建的价值于此比较不是在个案中的法发现,建构类型及类型系列的价值毋宁比较是在,认识不同规整整体'内在'有意义的脉络关系。与抽象概念适相反,作为思考形式的类型之认识价值在于:其能够清楚显现——并维持彼此有意义地相互

① [德]阿图尔·考夫曼:《法律哲学》(第2版),刘幸义等译,法律出版社2011年版,第148页。

② 黄茂荣:《法学方法与现代民法》,法律出版社2007年版,第577页。

③ 参见[德]阿图尔·考夫曼:《法律哲学》(第2版),刘幸义等译,法律出版社2011年版,第148页。

结合的——包含于类型中的丰盈的个别特征。”①类型思维是人类对于自身认知能力的相对满足。概念思维认为人类能够完全认识客观事物,能够把握其本质和特征。但人类的认知能力受各种主观和客观条件局限而不可能完全揭示事物的当前属性以及预知其未来性状。

类型的优点既不表明应当彻底否定概念,也不表明类型是与概念截然不同的事物。类型理论并非无懈可击。魏德士指出拉伦茨的类型学说在表达上具有不清晰性。“‘类型’到底是指特定的事实还是特定的概念,这一点本身就不清楚。作者使用不准确的术语自有其道理。作者认为,与事物的本质这个抽象概念不同的是,类型概念可以被再现。……该概念在于抹杀实然和应然的区分。”②这种批评是有道理的,因为主张类型理论的学者极少能够开门见山、直截了当地叙明类型的含义、性质和功能。如果类型是不能够被定义的,那么类型就是不可以被认识的;根据类型理论,类型比事物抽象又比概念具体,亦即类型可以沟通具体与抽象,但倘若类型无法被认识,则概念也无法被归纳。过度强调类型思维和忽略概念思维“容易模糊属于不同问题层次的两个事物之间的界限,这样不仅使得不同事物的广度和深度都受到了不应有的‘局限’乃至‘挤压’,从而阻滞了‘物尽其用’,而且类型化思维本来想要的‘类型’也被‘窒息’了”。③ 对类型与概念的关系以及类型的意义认识,恐怕仍需回归魏德士一针见血式的评论。“拉伦茨的类型学说只说明了一个众所周知的情况,即概念及其定义可能随着时间的推移而改变;基于

---

① [德]卡尔·拉伦茨:《法学方法论》,陈爱娥译,商务印书馆2003年版,第347页。

② [德]伯恩·魏德士:《法理学》,丁晓春、吴越译,法律出版社2013年版,第382页。

③ 马荣春:《警醒刑法学中的过度类型化思维》,载《法律科学》2012年第2期。

新经验所发生的改变常常是符合目的的。”①类型通过对由具体事物到抽象概念的描述来说明概念的形成及其解释应当具有一定灵活性和开放性;而在概念的形成和解释过程中,始终存在塑造概念和释放概念的特定时代的利益取舍和价值判断。因此,在类型与概念的关系问题上,类型是概念的一种开放形式,概念包含着类型。

类型所蕴含的人文意义使法律适用具备追溯历史和回应未来的开放结构。这种开放结构首先是由立法创制活动所引发的。“类型是那个所有立法及法律形成的前身,立法者的任务是去描述类型。”②类型是对一系列具备某种相同或者相似特征的生活事实的归纳和归类,这种类别化过程被立法者根据社会态势、利益冲突和价值观念等注入了特定的欲求和期待,从而使立法能够实现目的和表达意义。“立法者将一组生活事实行为,它们据一个被视为‘本质的’观点(如行为能力),证明是‘相同’的,概括成一个用概念表达的法律规范,并规定其法律后果。”③就创制刑法而言,立法者的核心任务是力图准确描述各种行为类型。尽管在外部表现形式上,刑法分则的内容是明文描述各种犯罪的成立条件和法律后果,但刑法分则实际展现的是由结构或者要素各异但又不失联系的诸多行为类型结合而成的行为类型群。这些行为类型由众多类似犯罪的基本特征归纳而成,并旨在具体犯罪是否成立的辨别上发挥演绎功能。而在统一刑法体系秩序和实现法益保护目的的指导下,这些行为类型之间应形成交互或者相邻的和谐关系。

解释者必须重新发现法律文本背后的思想和观念,才能够将之

① [德]伯恩·魏德士:《法理学》,丁晓春、吴越译,法律出版社2013年版,第382页。

② [德]阿图尔·考夫曼:《法律哲学》(第2版),刘幸义等译,法律出版社2011年版,第149页。

③ [德]阿图尔·考夫曼、温弗里德·哈斯默尔主编:《当代法哲学和法律理论导论》,郑永流译,法律出版社2013年版,第187页。

准确地适用于立法者在拟定方案时所针对的生活事实和期待的社会秩序。“立法者尝试标准的生命事实尽可能精确地以概念来掌握,而判决必须将这个概念再度解放,因为它是以一种限制(‘定义’)表现,以便于可以对应生命的真实性,但同时,这种回溯性的过程——如由法律的评释论者为之,会对该概念再给予一个新的‘更正过’的定义,而这个定义将又因生命的多样性,只能在一个或多或少的时段中有效——这是一个永远没有结束的过程。”①由于立法之时与司法之时毕竟不同,倘若其间相隔甚久,科技、经济、政治和价值观念的变化要求对概念含义作出不同的理解。因此,概念含义的释放必然是追溯历史的过程,也很可能是在客观环境或者价值观念发生变迁情况下与时俱进的过程。对刑法适用而言,类型思维的开放结构和概念的与时俱进具有一定风险,它们可能会对造成构成要件适用范围的意外变动,从而冲击罪刑法定原则和损害自由保障价值。

类型思维的开放性是由立法和司法过程的类推性质以及“事物的本质”的中介作用或者效果所决定的。“立法是将法律理念及未来可能的生活事实加以调整,法律的发现是将法律规范及真实的生活事实加以调整配合。这样的一种调整,这样的一种配合,这样的一种使存有与应然间的取得相对应,必须要有一个要件,也就是说要有一种第三者,在其中理念或者规范以及事实相合一,一个存有与应然间的中介。”“这种第三者,立法及法律发现程序的中介,就是‘意义’。……这个意义,这个‘法律的意旨’(它并不仅在法律,而且也在具体的生活事实中存在)人们也称它为‘事物之本质’(虽然这个事物之本质的思考形式,在高的层次上是多意义的)。这个‘法律的意旨’是被接受的观点,在其中,实然和应然相遇,它是真实与

---

① [德]阿图尔·考夫曼:《法律哲学》(第2版),刘幸义等译,法律出版社2011年版,第149页。

价值相联系(相对应)的方法之处。从事实到规范,以及从规范到事实之匙,也就往往是有关'法律的意旨'之匙。它是类推适用之匙的重点。它是在立法以及法律的发现的类推程序中的基石。"①虽然事物的本质的确切含义尚无定论,②但该概念要求在处理法律关系时尊重人的本性和人类活动的规律性。事物的本质"包括人的本质,他的天然的能力、本能冲动、意志目标,等等,这些品质在不同的年龄阶段上都会有所表现。然而除此之外,它本身也还包括人的各种活动领域和共同体所固有的、独特的客观规律性"。③ 事物的本质揭示出在立法和司法过程应当有规律地协调关系、判断价值和分配利益。因此,所有法律生活都基于特定的价值观念而追求特定的实践效果的活动。然而,事物的本质这一概念过于晦涩和玄妙,容易成为掩盖具体价值评价指标的"大词"。"以'事物本质'或者本质论据进行论证,在法律史上被证明是使法官造法不受限制的工具,它几乎可以服务于任何法政策目的。"④因此,本书对事物的本质这一概念持否定态度。其实,不使用此概念也并不影响类推在立法与司法过程中发挥作用。

二、类型思维的模式

(一)等置模式:类推和比较

等置模式是相对于包摄模式而被提出来的。包摄模式是司法三段论的概称,而等置模式则是对以类推(比较)为核心并且包含设

---

① [德]阿图尔·考夫曼:《法律哲学》(第2版),刘幸义等译,法律出版社2011年版,第147~148页。

② [德]卡尔·拉伦茨:《法学方法论》,陈爱娥译,商务印书馆2003年版,第290页。

③ [德]H.科殷:《法哲学》,林荣远译,华夏出版社2002年版,第147~148页。

④ [德]伯恩·魏德士:《法理学》,丁晓春、吴越译,法律出版社2013年版,第379页。

证、归纳和演绎的法律发现过程的统称。等置模式并非意在彻底否定包摄模式，而是为了说明“传统的法学方法论注意到的，只是法律发现过程的最后行为，即包摄，而它使得所有在包摄之前的一切程序都陷入迷雾，混沌不清”。[①] 包摄模式展示了获得裁判结论所需要的条件和最后步骤，但是它却不能描述裁判结论是如何得出的。等置模式比包摄模式更能清晰地说明法律发现的过程，尤其是能够将被包摄模式遮蔽了的大前提和小前提的形成过程呈现出来。“法律适用的过程不能被过度地简化为涵摄，相反，我们应扩大对这个问题的难题意识，并妥善清理在该过程中并非以形式逻辑所进行的所有操作。它们至少包括：规范前提的寻找、整合、填补与筛选；规范意义的解释与探寻；案件事实的加工与纯化；案例间的权衡比较。更毋论那些超越立法的利益衡量、漏洞填补或法的续造。而所有上述操作的基本指向都是——将当下案件以某种近似的方式归入特定的规范类型之下。”[②]源于逻辑学三段论的包摄模式构建了法律适用的形式框架，而等置模式则更细致地描述了该框架内部各要素的生成过程及其相互关系。

等置模式缘起于立法过程中的类型化。“立法过程，法律规范的形成的过程也具有类推的性格。它在于：法律理念（或者说源自它的普遍法律原理）与拟规范的、可能的、立法者思维上所预期的生活事实相互对应（调适，同化）。一方面，法律理念必须向着生活事实开放，它必须实质化，具体化，‘实证化’——另一方面，生活事实必须理念化，规范式——概念式地予以型塑，‘建构化’。”[③]对于刑

① [德]阿图尔·考夫曼：《法律哲学》（第2版），刘幸义等译，法律出版社2011年版，第106页。

② 杜宇：《刑法解释的另一种路径：以“合类型性”为中心》，载《中国法学》2010年第5期。

③ [德]亚图·考夫曼：《类推与“事物本质”——兼论类型理论》，吴从周译，台北，学林文化事业有限公司1999年版，第97页。

法的生成而言，立法者基于一定意图或者理念，将一些具有相同特征的应当受到刑事处罚的行为表述为刑法典中的构成要件。在此过程中，一方面是通过有针对性的犯罪化，立法者的特定目的注入刑法典中；另一方面则是一件件鲜活的、具体的案件被归纳为一类，进而提炼出独一无二的特征和剥除不具有普遍意义的琐碎细节，最终从存在于现实生活中的某种事实走向受强制性权力支撑的刑法文本和刑法规范。

等置模式是对司法过程中的类型被回溯和重构的写照。“法律发现之方法论过程的‘两个方面’是：一方面针对规范调适生活事实。另一方面针对生活事实调适规范。但不能因此将其理解为是一种分开的行为，是一种归纳法与演绎法的先后行为。相反地它是一种同时的行为。它是一种‘同时履行’地进行的、事实向着规范与规范向着事实自我——开放的过程，而且类推特有的‘扩张’就在这种‘自我——开放’中。”①对刑法的适用而言，司法者需要在案件事实与刑法规范之间作出妥当的刑事裁判结论。一方面是通过刑法文本找寻刑法规范形成过程中所蕴含的行为类型，并注意该刑法文本在适用之时是否发生意义上的变化；另一方面是从待裁判的案件事实中抽丝剥茧，提取出对于某些刑法文本、刑法规范、行为类型来说具有比较意义的特征。谨慎的司法者一边将案件事实与隐藏在刑法文本中的行为类型作比较，一边将案件事实与一些先前作出的、未引起争议的已裁判事实作比较，同时还须时刻注意待裁判事实、已裁判事实与刑法文本的文义之间的紧张关系。

等置模式的核心要素或者结构是类推，而类推则是一种比较。“类推（比较）……不是逻辑上的推论，而是一种带有相当复杂结构的比较……毫无疑问，类推比归纳和设证还要不确定、大胆和有风

---

① ［德］亚图·考夫曼：《类推与“事物本质”——兼论类型理论》，吴从周译，台北，学林文化事业有限公司1999年版，第91页。

险。主要是类推程序的有效性所依赖的两个因素。第一，为了扩展比较的基础，人们必须尽可能地出示许多‘案例’；法律人也很尽力这样做，但大多数人无意去强调类推。第二，类推的有效性相当根本地取决于比较点（比较的第三者）的选择，而且取决于确定被比较者之特征。比较点的确定主要不是根据一个理性的认识，而是很大程度地根据决断，因而取决于权力的运用，而这绝大部分都未被反思过。”①“法律发现过程的核心就是类推。……但类推并非孤立出现，而是结合这三种逻辑推论：设证、归纳及演绎成为一体。所有的思维都是这四个程序因素，它们是相互纠结在一起的。在案件与结论类推而等置的阶段，案件与规范是互相加工筛选的。规范成为‘符合存在的’，案件成为‘符合规范的’。并且逐步地，规范变成较具体的、较接近现实的，案件变成轮廓较清楚的，成为类型。”②立法过程中的归类或者类型化是以比较为基础的，而司法过程中的类型回溯则需要将立法之时的比较因素和比较决定重新呈现；而对于刑事疑难案件而言，随着时间和空间的变化和扩展，在文义范围之内可能衍生出的新的行为类型仍然是可供比较之对象。“这种等置从未仅是决定和推论，也不仅是解释（而也是构建），它只有在这种前提下方为可能，即案件与规范虽不相同，然而却相似，即在法之意旨这个具体点上是相似的。为了能等置规范与案件，必须存在意义关系中的同一性。”③归根结底，刑法解释的思维模式是类推和比较。

等置模式的朴素哲学基础是不同事物之间肯定存在某种相同之处。“在现实中，绝无存在完全相同或完全不同的事物，因为所有

---

① ［德］阿图尔·考夫曼：《法律哲学》（第2版），刘幸义等译，法律出版社2011年版，第93页。

② ［德］阿图尔·考夫曼：《法律哲学》（第2版），刘幸义等译，法律出版社2011年版，第109页。

③ ［德］阿图尔·考夫曼、温弗里德·哈斯默尔主编：《当代法哲学和法律理论导论》，郑永流译，法律出版社2013年版，第184页。

世上的事物,至少在'它存在'这点上是相同的,而且至少在'它存在空间中另一个位置'这点是不同的。"①根据事物对于社会和个人的各种不同的价值和功能,人类需要在具有各种关联的事物之间进行比较,进而作出满足自身需求的选择和判断,而不论这种关联是真实的还是虚假的、是实质的抑或形式的、是有价值的或是无价值的。"在类比中,待认识的对象不是在其内部及从其本身(在其本质上),而是在关系中被获知的,对象与其他已知的东西具有一种关系。这是一种从在一些特征上一致,向在未知的其他特征上一致的推理。"②在有关联的事物——尤其是相似的事物——之间总能发现一些足以将之归为一类的因素或者条件。

在刑法理论和实践中,从属于罪刑法定原则的"禁止不利于被告人的类推"被作为刑事司法正当性的凭据之一。以至于,类推在刑法中成为一个敏感的字眼:主张或者赞同类推的刑法理论被当然地认为超越人权保障的价值底线,而且没有任何刑事司法判决有勇气公然以类推的名义对定罪量刑的原由进行说理。"'禁止类推'隐然已成了刑法学理上的某种'禁忌',一般学者不敢轻易置喙。"③拒绝类推,既与我国现行刑法已经废除类推制度有关,更与以自由主义为内核的罪刑法定原则在法治或者法律意识形态上完全获胜有关。"就是在法学上,类推也扮演着一个重要的角色,只是这个角色一直都被许多方法论者所低估。人们分配给他的只是一个可怜的角色,亦即在法律例外地有必须填补的漏洞时,作为方法论上的工

① [德]阿图尔·考夫曼:《法律哲学》(第2版),刘幸义等译,法律出版社2011年版,第95页。

② [德]阿图尔·考夫曼、温弗里德·哈斯默尔主编:《当代法哲学和法律理论导论》,郑永流译,法律出版社2013年版,第180页。

③ 杜宇:《刑法上之"类推禁止"如何可能——一个方法论上的悬疑》,载《中外法学》2006年第4期。

具。”[①]本书所称之类推是与比较同义的、思维结构层面的类推。“法律发现过程的科学性不在于把这个过程化约成为包摄的逻辑推论，相反，它的科学性只在于：澄清这个过程的复杂性，而且合理地反思所有在该过程中不是以形式逻辑得出的一切事物。法学方法必须认真地了解到：法学方法的核心不在于一个逻辑推论，而是在于一个比较——很可能是在一个‘案例比较’中，这种比较没有规范、没有规则、没有比较点是不可能的。”[②]等置模式意在说明司法裁判过程的核心思维模式是比较。“类推与其说是一种司法上的特别适用制度，不如说是一种思考上之根本方法，一种法律推理的思维模式。”[③]无论是以制定法为裁判依据的大陆法系，还是以判例或者先例为裁判准则的英美法系，都以比较作为基本和根本的思维模式。

（二）类推与类比的关系

有学者认为类推与类比是两种不同的推理形式。“类推能否等同于类比呢？我认为，类推与类比还是有所不同的。类比推理更是一种认识的形式，通过类比可以获得对某些事物的未知特征或者性质的认识。”[④]“在类比推理的情况下，这种类似是一种强类似，即相同大于相异，因而可以根据事物之本质将其归入某一概念或者类型之中。而在类推推理的情况下，这种类似性是一种弱类似，即相异大于相同，因而不能按照一般的法律解释方法将其涵括在某一概念或者类型之中，也就是属于法无明文规定的情形。在这种情况下，

① ［德］阿图尔·考夫曼：《法律哲学》（第2版），刘幸义等译，法律出版社2011年版，第94页。

② ［德］阿图尔·考夫曼：《法律哲学》（第2版），刘幸义等译，法律出版社2011年版，第106页。

③ 杜宇：《刑法上之“类推禁止”如何可能——一个方法论上的悬疑》，载《中外法学》2006年第4期。

④ 陈兴良：《刑法的知识转型（方法论）》，中国人民大学出版社2012年版，第107页。

非要适用这一法律,就需要类推推理。类推推理以类推解释为前提,将大前提法律规定的涵括面加以扩大,然后由此出发进行司法三段论的演绎推理,最后得出结论。因此,类推推理与类比推理是有所不同的。"①本书不赞同这种以事后的视角或者立场区分类推与类比的观点,而是认为类推即类比推理,类推与类比完全是一回事,它们的核心内容和结构都是比较。

首先,从词义角度出发,类推即是类比。上述观点在介绍考夫曼关于法律发现的过程不是逻辑推论而是一种比较的观点时指出:"考夫曼阐述了在法律发现过程中类比推理方法运用的可能性。"②但考夫曼认为:"法律发现过程的核心就是类推。"③"类推:它不是逻辑的推论,而是一种比较。"④上述观点为了论证类推与类比的区别,将考夫曼的类推表述为"类比推理方法"。我国台湾地区学者吴从周在翻译考夫曼的《类推与"事物本质"——兼论类型理论》一书时指出:"在本文中,作者不仅在法认识论层次上使用 Analogie 这个字,同时也涉及法存有论的层次。以前一层次而言,译为'类推',尚称稳妥,但若要兼顾后一层次,恐怕译为'类比'较为妥当。"⑤可见,德语中的 Analogie 就是类比。我们不能简单地以"类推"中的"推"与"类比"中的"比"的字面含义作为区分类推与类比的语言依据。

其次,从内容和结构上讲,类推即是类比。上述观点认为类比

---

① 陈兴良:《刑法的知识转型(方法论)》,中国人民大学出版社 2012 年版,第 108 页。

② 参见陈兴良:《刑法的知识转型(方法论)》,中国人民大学出版社 2012 年版,第 108 页。

③ [德]阿图尔·考夫曼:《法律哲学》(第 2 版),刘幸义等译,法律出版社 2011 年版,第 109 页。

④ [德]阿图尔·考夫曼:《法律哲学》(第 2 版),刘幸义等译,法律出版社 2011 年版,第 86 页。

⑤ [德]亚图·考夫曼:《类推与"事物本质"——兼论类型理论》,吴从周译,台北,学林文化事业有限公司 1999 年版,译序,第 15 页。

包括比较和推导两个环节。“类比本身包含两个环节:第一个环节是比较,也就是类比。这种类比是建立在类似性之上的。类似性是一种比较,即在两个事物之间进行相同性的比较,当两个事物具有某些大于不同点的相同点的情况下,我们就可以对这两个事物作出类似性的判断。第二个环节是推导,即基于类似性进行逻辑上的推理,这种推理在逻辑学上是一种特殊的归纳推理。如果从两个对象(现象、范围)的某些类似性和一个对象的一个已知特性推出另一个对象也具有这种类似性,那么这就是类比推理的逻辑定义。”①考夫曼认为以类推为核心内容的等置模式包括设证、归纳、类推和演绎等四种因素。② 设证是大胆地假设某事实能够符合规则并能得出某种结论;归纳则是提炼某些共同之处以形成规则,亦即回顾或者重温规则的形成过程;类推是一种比较,在某种比较点上衡量某事实与此前被归纳事实的相同点;演绎则是通过运用规则而得出结论。上述观点指出类比包括比较和归纳两部分内容,若这种类比的方式运用于法律适用过程中,其首先必须以设证为开端从而将事实与规则发生联系,也必须以演绎为终点从而作出裁判结论。因此,类比也如同类推一样具有设证、归纳、比较和演绎等四种因素。类比与类推的内部因素及其运作机制完全相同。

另外,上述观点还认为:“美国学者孙斯坦在论述法律推理时有一章专门讨论类推推理。但从其内容来看,似乎应当译为类比推理。”③但是,从孙斯坦对法律中类推思维的典型形式的总结来看,无须刻意对类推与类比予以区分。类推思维的过程大致分为五个步

① 参见陈兴良:《刑法的知识转型(方法论)》,中国人民大学出版社 2012 年版,第 106 ~ 107 页。

② 参见[德]阿图尔·考夫曼:《法律哲学》(第 2 版),刘幸义等译,法律出版社 2011 年版,第 102 页。

③ 陈兴良:《刑法的知识转型(方法论)》,中国人民大学出版社 2012 年版,第 107 页。

骤:“(1)某种事实模式A(‘源’案例)有某些特征;我们可以把这些特征称作X,Y和Z。(2)事实模式B(‘目标’案例)有特征X,Y和A,或者X,Y,Z和A。(3)A在法律中是以某种方式处理的。(4)在思考A、B以及之间相互关系的过程中建立或发现了一些能够揭示为什么那样处理A的原则。(5)因为B与A具有共同之处,B也应当得到同样的处理。这为同一原则所涵盖。”①其实,类推思维的五个步骤与考夫曼等置模式的四种因素无异。其中,(1)和(2)相当于设证,亦即假设目标案件B会受到源案件A那样的对待;(3)和(4)既包含从A中归纳某种规则的活动,又包含在A与B之间进行共同之处的比较;而(5)则是同时开展设证、归纳和比较之后作出的演绎。而且,与考夫曼对比较点的确定极为重视一样,孙斯坦指出:“类推推理者的主要任务是确定何时存在相关的相似点和不同点。”②此外,孙斯坦还认为类推思维不仅存在于普通法中,而且还适用于成文法,“原因是人类的思考方式、法规和类别是根据典型的情节来定义的”。③

最后,类推与类比的难以区分,令上述观点也不得不承认:“在罪刑法定原则下,包含在可能文义范围之内的类比推理是允许的,超出可能文义范围的类推推理则是被禁止的,这是一条不可逾越的原则界限。当然如何区分两者是一个复杂而困难的问题,它关涉对可能文义的界定。”④可能的文义范围一直被认为是划分法律解释与法律续造、扩张解释与类推适用的界限。由于类推与类比在内容、

---

① [美]孙斯坦:《法律推理与政治冲突》,金朝武等译,法律出版社2004年版,第77页。

② [美]孙斯坦:《法律推理与政治冲突》,金朝武等译,法律出版社2004年版,第79~80页。

③ [美]孙斯坦:《法律推理与政治冲突》,金朝武等译,法律出版社2004年版,第100页。

④ 陈兴良:《刑法的知识转型(方法论)》,中国人民大学出版社2012年版,第108页。

性质和功能上是完全一致的，在刑法领域内只能将未超出可能文义范围的类推思维及其适用称作刑法解释，而将超出可能文义范围的类推思维及其适用认为是违反罪刑法定原则的、应当严格予以禁止的错误做法。“正如解释和类推的纠缠一样，我们需要的并不是二者区分的实质，而只是二者区分的形式，实际上我们也难以做到所谓清晰的区分。所以，解释和类推的缠绕并不是一个划界或区分的问题，而是一个判断或立场的问题。”①在刑法扩张解释与类推适用之间难以提出一个具有可操作性的标准，可能的语义的确定取决于解释者的精神理解。类推与类比之间不可能存在区分的界限。

总之，等置模式的核心要素或者结构是类推，而类推与类比的完全含义相同，它们都表达了比较的意涵。比较的方法在大陆法系和英美法系的司法过程中普遍存在、不可或缺。

第三节　类推之普遍属性

类型是在平面式的概念所描述的事物特征和结构的范围内所建立的立体形象。虽然类型位于一般与特别之间，但类型并不是一种纯粹的理论观念。之所以给人以难以琢磨和无从把握的感受，是因为类型通常表现为一种隐藏在可视的概念之后的朦胧的主观印象。这种印象关涉主体对法律目的之定位。在立法过程中，类型来源于裸的生活事实；裸的生活事实比类型更加生动、现实和可触，类型则是在立法者意图的控制下对裸的生活事实掇菁撷华的结果；类型并非无迹可寻而是被立法语言所描述，也可以说，概念包含着类型。在适用过程中，从概念中释放出来的蕴含着意图或者目的的类型与进入法律调整范围的新的裸的生活事实遭遇，对两者异同之处

① 沈玮玮、赵晓耕：《类推与解释的缠绕：一个类推的刑法史考察》，载《华东政法大学学报》2012 年第 5 期。

的择选和衡量是判断它们是否相符的关键。

类推具有普遍性。比较在法律思维中所占比重超乎想象。“通过类推的推理是这样一种推理：如果甲原则适用于乙案件，目前这个案件在所有重要的方面都与乙案件相似，则甲原则也应该适用于目前这个案件。英美判例法中大量使用类推。类推从逻辑上讲，并非必然作出一个固定的判决，但是它是一种普遍适用的方法。”①例如，当司法者遇到涉嫌故意杀人案件时，首先会联想到《刑法》第232条的规定，“故意杀人的，处死刑、无期徒刑或者十年以上有期徒刑；情节较轻的，处三年以上十年以下有期徒刑”。由于刑法自身并未讲清楚什么样的行为才属于故意杀人，司法者在法学训练时所习得的关于故意杀人罪的解释和示例就成为主要的理解依据。曾经接触过的故意杀人案或者故意伤害案会不自觉地映入眼帘，生活中的关于故意杀人的新闻事件或者影视作品也会为行为定性提供直观和形象的参考，甚至烹羊宰牛之类的体验都可能为价值判断助一臂之力。司法者以上所作的思考即在进行各种各样的比较。比较在思维中所占的比重简直超乎想象，可以说，类推具有普遍性。

类推的普遍性旨在说明，在人类的思维活动中类推、比较、类比是必然的和不可避免的。类推、比较、类比不只是法律领域中类型思维的运作模式，它还普遍存在于其他科学领域和生活领域，甚至可以说，它是整个人类思维的核心模式。国外心理学的有关研究成果已经表明，类比是人类思维的源头、核心、本质和动力。类比是每时每刻都在发生的本能，是人类无法抑制的心理条件反射。类比与范畴化完全等同；范畴化表现为大脑自动对各种事物予以分类，而类比则是这种自动分类的真正运作机制。由于所划定的事物类别之间的界限是模糊的和变动的，范畴化和类比只是相对意义上的分

---

① [英]戴维·M.沃克：《牛津法律大辞典》，李双元等译，法律出版社2003年版，第47页。

类，而不是绝对的、清晰的、严格的、固定不变的分类。在心理活动中，类比和范畴化的作用是帮助人类根据已有经验和认识理解和处理新事物。相关研究的代表作是侯世达和桑德尔的《表象与本质》。

范畴化是将新事物与已认知的旧事物进行关联的过程。范畴是一种长时间建立起来的包含着在适当情况下能够被提取的有组织信息的心理结构。范畴与类别是同义词。范畴化的本质是尝试性的。但是，范畴化的过程往往令人产生其具有确定性和绝对性的误解：大脑把我们身边的不同事物放进事先存在并且泾渭分明的范畴中，就好像人们在整理衣服时把衣服分门别类放进衣橱的各个抽屉里；世界上的每一个物体在根本上都属于某一贴上了特定标签的大脑抽屉，而这一大脑结构也适用于同一类型的不同个体。"事实上，每种文化都在持续不断且悄然无声地加深一种错误印象：词语本都是大脑里自然形成的、属于不同事物的固有标签。如果某个范畴有处于边缘的成员，那么这些成员会被认为是非常奇怪反常的。这意味着大自然被我们所知的各种范畴（在它们的交界处）精确地切分开了。由此产生了一个错误的想法，即范畴的边界几乎是完全确定和清晰的。这又对理解范畴和范畴化的心理过程造成了困扰。事实上，范畴成员的资格，即某事物是否归属某一范畴，永远是连续渐变的，而不是非黑即白的。"①换言之，范畴化即大脑对事物的分类，这种分类活动具有动态性和模糊性特点。范畴是范畴化的结果，是通过分类活动产生的包含特定信息的类别。由于范畴化是一个相对不确定的过程，因此作为其结果的范畴也是动态和模糊的。

语言学中的轭式搭配现象可以展现大脑的自动分类活动。轭式搭配的特点是，某个词语虽然在一个句子中只出现一次，但它却具有多个意义。在"琴棋书画样样精通的他是和那年初冬的第一场雪

---

① 参见［美］侯世达、［法］桑德尔：《表象与本质：类比，思考之源和思维之火》，刘健等译，浙江人民出版社2018年版，第17～18页。

一同来到这世界的"一句中,存在两个轭式搭配现象。第一个是"来到",它对人而言是"出生"的意思,对雪而言是"下雪"的意思。第二个是"精通",精通琴意味着深明乐理和演奏艺术,精通棋表明下棋的布局战略胜人一筹,精通书是指书法熟练造诣高超,精通画的意思是笔下之山水花鸟栩栩如生。"我们通过轭式搭配能窥视一个词语背后所代表的概念,或者更准确地讲,是其所代表的多个不同概念。……这样的修辞手法把人类大脑迅速分类的能力展现得淋漓尽致。无论遇到什么样的词,无论不同类别之间的界限如何模糊,无论脑中存储的类别有多少,我们的大脑都可以在瞬息之间,以我们毫无察觉的方式完成分类。"轭式搭配现象表明一次词语可以代表多个不同概念。① 此现象意味着语言与其所指代的事物之间不存在绝对和固定不变的对应关系。一句话中的同一词汇可以对不同的事物表达在形式上大致相同但又存在细致差别的含义和意义。之所以运用同一词汇涵盖不同的事物,是因为在不同事物之间存在某种由事物特征或者特定语境所决定的共通性。通过轭式搭配这种语言现象,我们可以看到大脑根据相同点自动地对事物所进行的永不停休的分类活动。

可以用大城市的有层次发展来比喻范畴边界的不确定性和延伸性。在发展初期于城中心筑起城墙所划定的范围是老城,在老城外面的是并不太重要的城市居住圈,再往外则是城市郊区;其中,老城是已成型的大城市的本质。老城会随着时间而经历现代变化,昔日的郊区会变成今日的市区。刚刚发展起来的市区在城市中如此重要,以至于完全不能想象这些地方曾是人迹罕至的郊区。范畴与城市一样,有中心区域、不断向外延伸和边界具有变动性。对范畴而言,词语的原有用法是范畴的本质;词语最新、最近、最有创意的

① 参见[美]侯世达、[法]桑德尔:《表象与本质:类比,思考之源和思维之火》,刘健等译,浙江人民出版社2018年版,第6、16页。

用法就像是城市郊区的向外扩张发展,范畴的每一次延伸都源于一次类比;词语新用法的广泛应用会随着时间推移而变得平淡无奇,以至于没有人会再将之当作新用法。[①] 范畴总是处于更新和扩展的状态之中,这种更新从其核心区域随着时间推移而向外有层次地延展,导致范畴的边界经常发生变动,其核心区域的范围也发生变化。在类比思维的影响下,曾经根本不曾使用的用法被纳入范畴之中,范畴的通常用法也随之扩张。也许最新的用法在短时间内难以被大部分人接受,但那些半新半旧的用法却逐渐稳定下来而变为范畴的传统用法。

类比与范畴化完全是一回事。在最基础的认知活动(如这是个桌子)和最宏大的认知活动(如广义相对论)之间,我们每时每刻都在进行理解新情况、判断事物性质、作出决定和学习新事物的心理活动。所有这些心理活动都有相同的基本认知机制,即通过类比实现范畴化。类比无时无刻地存在。"人在思考的时候,每时每刻都在发现类比,因此类比乃是思维的核心。我们不是每周、每天、每小时或者每分钟做一次类比,而是每秒钟!我们一直遨游在类比的海洋中,小的、大的、不大不小的、平淡无奇的、惊世骇俗的,不一而足。"我们大脑中的类比,有的是为了让我们能够准确找到词汇来描述日常生活中的事物和活动,有的是为了让我们能够处理新情况。当遇到复杂的新情况时,若想通过与某个已知概念作类比而准确把握新情况的本质,就必须对该情况有深刻和全方位的理解,这比给新情况里我们所熟悉的各个小部分简单地贴上标签要难得多。这个更深层次的认知过程是通过类比来提取一个深埋的久远记忆。类比在生活中占据着中心位置,我们已经习以为常,以至于将其忽略,更未思考它的存在原因和发生机制。"我们认为认知是由持续

---

① 参见[美]侯世达、[法]桑德尔:《表象与本质:类比,思考之源和思维之火》,刘健等译,浙江人民出版社2018年版,第73~74页。

不断、具有流动性的范畴化来实现的。而其根源,并不是把东西分门别类地放进固定的、边界清晰的大脑储物盒里这样简单的分类,而是通过类比来分类这一心理机制,正是它使人类思考变得非常灵活。"①类比是认知的源头。只有通过类比,才能开启和实现范畴化和分类,而范畴化的过程也是一个作类比的心理过程。类比是心理活动的基础性机制。所有的认知活动都是建立在类比的基础之上的。

范畴化是我们进行思考和行动的基础。"我们脑中的范畴将许多方面的现象综合起来,为我们带来好处。它能将事物、行为和情境中不易察觉的方面,呈现在人眼前。因此,范畴化能帮助人更好地理解自己的处境。""一刻不停歇的范畴化就像我们一刻不停歇的心跳一样,在生命中不可或缺。如果没有'范畴化发动机'永不停歇的搏动,我们将无法理解身边的事物,无法进行理性思考,无法与任何人进行交流,我们的行动也找不到根基。"②

更重要的是,类比或者范畴化使人具备了应对未来的能力。"正是因为能够通过类比进行范畴化,我们才能发现相似的东西,并且利用事物之间的相似性去处理新事和怪事。当我们把刚遇到的新情况,和很早之前就遇到,并且编码处理然后保存在记忆中的先前经历联系起来时,我们就能利用先前的经历来指引现在的行为。""正是因为有这种无意识却又永不停歇的心理过程,我们才能对自身处境建立心理表征、产生复杂的情感,才能拥有普通寻常或者崇高伟大的思想。没有过去的经历,就没有现在的思想;或者更准确

---

① 参见[美]侯世达、[法]桑德尔:《表象与本质:类比,思考之源和思维之火》,刘健等译,浙江人民出版社2018年版,第21~24页。

② [美]侯世达、[法]桑德尔:《表象与本质:类比,思考之源和思维之火》,刘健等译,浙江人民出版社2018年版,第18页。

地说，只有用类比将今昔的经验联系起来，思维才有可能存在。”①在以往的经历与当下的问题之间，类比思维能够让人借助已有的知识结构和生活经验分析未知的事物，进而做出相对合理、稳定、安全的判断。

总而言之，类比是思维的元结构。这种元结构是人类本能的一部分，其既不可能被构建，也不能被剥夺。甚至可以说，类比是人类的存在基础和生存能力。“实际上，没有类比思维，人类就不可能存在。想象几百万年前东非一个炎热的中午，我们的祖先停下来到小溪边喝水的情景，可以推测出，有些人能够更快、更准确地区分潜在水下的多节棕色鼻子的鳄鱼与多节棕色突出的木头之间模糊又不完整的图案，便能更好地探测到危险，从而享有明显优势而获得生存机会。有些人看不出木头和鳄鱼之间的差异，陷入缺失的视觉间隙中，暗示着这些潜在危险会使他们成为鳄鱼的午餐。”②

这种元结构表现为，人类的心理活动以类比为思考的开端，以类比为理解的内核，以类比为认知的本质，以类比为创新的动力。在刑法领域中，尽管我们殚精竭虑地试图区分扩张解释与类推以维护罪刑法定原则，但实际上扩张解释与类推的结构却是完全相同的，它们都以比较为思考和判断的基本和核心方式。因此，对两者作彻底的、结构式的区分是不可行的。由于世界上只有相似的案件而没有完全相同的案件，解释者不得不面对这样一种处境：现在呈于公堂之上的案件永远是一个崭新而不同于以往的案件，只能根据法律的规定、法学的知识和法务的经验，通过将过往与当下的各种条件、情境和结果进行专业而又审慎的比较，追寻具有合法性和合

① [美]侯世达、[法]桑德尔：《表象与本质：类比，思考之源和思维之火》，刘健等译，浙江人民出版社2018年版，第24页。

② [美]约翰·波拉克：《创新的本能——类比思维的力量》，青立花等译，中信出版社2016年版，第4页。

理性的结论。在此前提下，扩大解释与类推的分野不在于它们的结构差异，而只能寄希望于不同场合下的语言习惯或者语言的可接受性。

第四节　类型思维之运用

在刑法解释活动中，类型思维能够提示解释者以行为类型为解释的核心任务，从而有效提升刑法解释活动的准确性。明确行为类型是妥当地理解、解释和应用刑法分则具体犯罪所不可或缺的解释环节。以下以对利用影响力受贿罪的解释为示例，说明在解释中类型思维主要具备的突出行为类型、回应生活事实、遵循立法目的的功能。

《刑法》第388条之一第1款规定："国家工作人员的近亲属或者其他与该国家工作人员关系密切的人，通过该国家工作人员职务上的行为，或者利用该国家工作人员职权或者地位形成的便利条件，通过其他国家工作人员职务上的行为，为请托人谋取不正当利益，索取请托人财物或者收受请托人财物，数额较大或者有其他较重情节的，处三年以下有期徒刑或者拘役，并处罚金；数额巨大或者有其他严重情节的，处三年以上七年以下有期徒刑，并处罚金；数额特别巨大或者有其他特别严重情节的，处七年以上有期徒刑，并处罚金或者没收财产。"第2款规定："离职的国家工作人员或者其近亲属以及其他与其关系密切的人，利用该离职的国家工作人员原职权或者地位形成的便利条件实施前款行为的，依照前款的规定定罪处罚。"利用影响力受贿罪的罪状描述较为复杂。在增设《刑法》第388条之一利用影响力受贿罪之后，刑法学界通常将"影响力""近亲属"和"关系密切的人"等新颖语词作为重点诠释对象，却忽略了解放、还原和重塑本罪的行为类型。

有观点主张，离职国家工作人员本人及其近亲属等人通过两种行为方式为请托人谋取不正当利益,一是直接利用或者通过该离职国家工作人员的原职权或者地位形成的便利条件;二是通过离职国家工作人员对其他国家工作人员的斡旋行为。[①] 本书认为,“离职”的本质决定第一种行为方式不具备现实的实施可能性,前后两者其实是同一种行为类型。

详言之,“离职的国家工作人员,是指离开国家工作人员岗位的人员”。[②] “离职”意味着国家工作人员不再履行原职务和掌握原职权。“国家工作人员的认定显然应当以是否从事公务为实质判断标准”,[③]因此,无论是经过离休、退休、辞职、辞退、开除、解聘等程序在形式和实质上都不再具有国家工作人员身份的个人,还是处于长期病假、内部退休、待退休、离岗等在形式上仍具有国家工作人员身份但实际上已不再掌握职权状态的个人,都属于离职国家工作人员。由于离职国家工作人员已失去领导和管理公共事务的相应权力,其不可能以直接利用原职权的方式为请托人谋取不正当利益。为达到收人钱财、替人谋利的目的,离职国家工作人员只能利用原职权或者地位所形成的权力余威或人情往来等影响因素,通过其他国家工作人员的职务行为为他人谋利。这种行为方式实际上就是对其他国家工作人员所展开的斡旋活动。除此之外,离职国家工作人员无法再采用其他手段实施利用影响力受贿行为。正因如此,离职国家工作人员的近亲属等人为请托人谋取不正当利益只能通过离职国家工作人员的斡旋行为或者直接通过其他国家工作人员的职务行为这两种方式,而不可能直接通过离职国家工作人员的原职权。盖因离职与“离权”同义等值,第一种行为类型不具备现实的实施可

---

① 参见张明楷:《刑法学》(第4版),法律出版社2011年版,第1080页。

② 张智辉:《论〈刑法修正案(七)〉第13条的法律适用》,载《法学杂志》2009年第7期。

③ 刘宪权、谢杰:《贿赂犯罪刑法理论与实务》,上海人民出版社2012年版,第168页。

能性。前述解释结论有失妥当的主要原因在于,解释者未运用类型思维及时发掘具有联结生活事实和法律规范功能的行为类型,以致仅从规范和文义层面分析本罪的行为方式,却脱离了作为规范的生成根基和作用对象的现实生活。

有观点认为,国家工作人员的近亲属或者其他关系密切的人"利用该国家工作人员职权或者地位形成的便利条件,通过其他国家工作人员职务上的行为"仅指"通过国家工作人员对其他国家工作人员的斡旋行为"这一种行为方式。① 但本书认为,除此斡旋方式外,行为人还可以采用直接通过其他国家工作人员的职务行为的方式。

理由之一,设立本罪的主要目的是惩治国家工作人员"身边人"的受贿行为,因此不必依照《刑法》第388条②斡旋受贿的规定解释本罪条款。

从立法理由来看,设立利用影响力受贿罪的主要原因是,某些国家工作人员的近亲属或者其他与该国家工作人员关系密切的人,利用该国家工作人员职务上的行为,或者利用该国家工作人员职权或者地位形成的便利条件,通过其他国家工作人员职务上的行为,为请托人谋取不正当利益,索取或者收受请托人财物的现象较为严重。而且,还存在某些已经离职的国家工作人员利用其在职时形成的影响力,通过其他国家机关工作人员的职务行为,为请托人谋取不正当利益,索取或收受请托人财物的现象。而反腐败法律体系无法规制这些有损党风、政风和社会风气的行为。③ 增设本罪是为了

① 参见张明楷:《刑法学》(第4版),法律出版社2011年版,第1080页。

② 《刑法》第388条规定:"国家工作人员利用本人职权或者地位形成的便利条件,通过其他国家工作人员职务上的行为,为请托人谋取不正当利益,索取请托人财物或者收受请托人财物的,以受贿论处。"

③ 参见全国人大常委会法制工作委员会刑法室:《〈中华人民共和国刑法〉条文说明、立法理由及相关规定》,北京大学出版社2009年版,第789~790页。

处罚国家工作人员的近亲属等人和离职国家工作人员本人及其近亲属等人利用影响力收取贿赂、干扰公权力正常运作的行为。

该观点之所以将“利用该国家工作人员职权或者地位形成的便利条件,通过其他国家工作人员职务上的行为”限定为该国家工作人员对其他国家工作人员的斡旋行为,可能是受斡旋受贿条款文本表述的影响。但是,斡旋受贿的行为主体是国家工作人员,而本罪第1款的行为主体是国家工作人员的近亲属或者其他关系密切的人。行为主体的差异意味着在斡旋受贿中只能由国家工作人员本人对与其有工作联系的其他国家工作人员展开斡旋,而对利用影响力受贿的国家工作人员的近亲属等人而言,其无论是经过该国家工作人员的斡旋,还是直接通过其他国家工作人员,只要能操纵其他国家工作人员的职务行为以实现收取贿赂和为请托人谋取不正当利益的目的即可,无须以该国家工作人员的斡旋活动为必要方式。

需要指出的是,对“职权或地位形成的便利条件”也应进行广义上的理解,国家工作人员与其他国家工作人员的工作关系既可以是隶属、制约关系,也可以是非隶属、制约关系。这显然不同于对斡旋受贿中“职权或者地位形成的便利条件”的理解。2003年11月13日最高人民法院《全国法院审理经济犯罪案件工作座谈会纪要》第3条规定:“刑法第三百八十八条规定的‘利用本人职权或者地位形成的便利条件’,是指行为人与被其利用的国家工作人员之间在职务上虽然没有隶属、制约关系,但是行为人利用了本人职权或者地位产生的影响和一定的工作联系……”换言之,在斡旋受贿中,国家工作人员与其他国家工作人员之间只能是非支配性的、松散的工作联系。

虽然作为反腐败刑事法律体系临近条款的利用影响力受贿罪与斡旋受贿中都有“职权或者地位形成的便利条件”的相同表述,但不同的规制目的却决定了它们各自不同的法律意义。设立斡旋受贿条款是为了弥补国家工作人员通过非隶属或制约关系的其他国家工作人员的职务行为为请托人谋取不正当利益的处罚漏洞;因此,斡旋受贿中的国家工作人员与其他国家工作人员之间的关系只能是非支配性的、松散的工作联系。《刑法》第 388 条之一第 1 款是为了处罚国家工作人员的近亲属等人利用影响力收取贿赂而侵害职务行为公正性的行为。通观本罪第 1 款,如果行为人不直接通过该国家工作人员的职务行为,就只能通过其他国家工作人员的职务行为。在此情形中,行为主体既利用了自身因与国家工作人员的某种紧密关系而形成的影响力,又利用了国家工作人员与其他国家工作人员的工作关系。相对于"通过其他国家工作人员职务上的行为"这种对于行为人收取贿赂和为请托人谋取不正当利益具有实质作用的客观行为方式,"职务或者地位形成的便利条件"只是行为人为实现对其他国家工作人员职务行为的操纵所凭借的无形因素。如果像斡旋受贿那样将此无形因素限定于隶属、制约关系,就会导致本罪适用范围的不当限缩。

例如,国家工作人员甲的情妇乙,在收受丙的财物后,直接要求其他国家工作人员丁按照丙的请托事项办理,而丁与甲之间虽然没有隶属、制约关系,但仍有一定的工作联系。乙利用自己与甲的特殊情感或利益关系而形成的影响力,直接要求丁办理请托事项,侵害了职务行为的公正性,已成立利用影响力受贿罪。或许有人认为,宜将乙视为丁的关系密切人,进而直接认定其通过丁的职务行为为请托人谋取不正当利益。但问题是,乙所具备的能够操纵丁职权的影响力肇始于乙与甲的特殊关系,乙首先利用的是基于不正当关系而产生的自身影响力,然后再对甲与丁之间的工作联系加以利用。又如,国家工作人员甲的情妇乙,在收受丙的财物后,直接要求甲的直接下级丁办理丙的请托事项。乙利用自身影响力直接操纵丁的职务行为,显然属于影响力交易行为。根据当然解释中的"举轻以明重"解释规则,既然前例中乙直接通过与甲只有一定工作联系的丁的职务行为即可构成本罪,那么后例中乙直接通过与甲具有隶属、制约关系的丁的职务行为亦应成立本罪。

理由之二,《联合国反腐败公约》(以下简称《公约》)并未严格限定影响力交易行为的具体方式,只要公职人员或者其他人员滥用本人影响力左右权力正当运行即属于影响力交易行为。

从立法理由来看,中国已经签署和批准了《公约》,《公约》第18条要求各缔约国将影响力交易行为规定为刑事犯罪。增设本罪是在履行在全球反腐形势下将国际公约转化为国内立法的承诺。[①]《公约》第18条规定:"各缔约国均应当考虑采用必要的立法和其他措施,将下列故意实施的行为规定为犯罪:……(二)公职人员或者其他任何人员为其本人或者他人直接或者间接索取或者收受任何不正当好处,以作为该公职人员或者该其他人员滥用本人的实际影响力或者被认为具有的影响力,从缔约国的行政部门或者公共机关获得任何不正当的好处的条件。"利用影响力受贿罪即是此项国际公约的国内化成果,鉴于高效有力地打击和预防腐败是《公约》的宗旨之一,应当在利用影响力受贿罪构成要件的文义范围内穷尽各种行为类型以保证本罪司法适用的严密性。因此,国家工作人员的近亲属或者其他关系密切的人利用影响力而直接通过其他国家工作人员的职务行为为请托人谋取不正当利益,索取或者收受财物的,无论该国家工作人员与其他国家工作人员之间是否具有支配性的工作关系,该行为侵害了职务行为的公正性,理应成立利用影响力受贿罪。

总之,国家工作人员的近亲属等人"利用该国家工作人员职权或者地位形成的便利条件,通过其他国家工作人员职务上的行为"实施影响力交易行为,既包括行为人通过国家工作人员对其他国家工作人员进行斡旋的方式,也包括直接通过其他国家工作人员职务

① 参见全国人大常委会法制工作委员会刑法室:《〈中华人民共和国刑法〉条文说明、立法理由及相关规定》,北京大学出版社2009年版,第790页。

行为的方式。

依此逻辑,本罪第 2 款中离职国家工作人员的近亲属等人"利用该离职的国家工作人员原职权或者地位形成的便利条件"实施影响力交易行为的,也可以采用直接通过其他国家工作人员职务行为的方式,而不必以通过离职国家工作人员的斡旋行为为必要方式。对本罪第 2 款中"原职权或者地位形成的便利条件"亦应进行广义上的理解,离职国家工作人员在离职前与其他国家工作人员之间的关系既可以是隶属、制约关系,也可以是非支配性的、松散的工作联系。

尽管罪名是对犯罪构成要件高度抽象的结果,其可助益解释者简明扼要地了解犯罪构成要件的大致轮廓,但在确定犯罪的有无和样态时,刑法解释的对象应该是刑法分则罪状,而非由最高司法机关所确定和颁布的罪名。但是,一些关于利用影响力受贿罪的理论成果脱离了本罪构成要件而将罪名中的"影响力"一词作为主要的解释对象。忽视行为类型而以罪名作为解释对象和解释活动切入点的构成要件解释思路会徒增理解困扰。例如,有学者主张,利用影响力受贿罪的行为类型是非国家工作人员利用国家工作人员的权力性影响为他人谋利;所谓权力性影响是指因担任职务而产生的影响。[①] 本书认为,本罪罪名中的影响力只能是行为主体的非权力性影响力。

一方面,根据《公约》第 18 条的规定,影响力是指"本人的实际影响力或者被认为具有的影响力",亦即该影响力只能属于行为主体个人,而不属于行为主体所利用的任何他人。《公约》作为制定本罪的国际公法依据,是解释影响力的性质和来源的权威文献。利用影响力受贿罪的"影响力",是本罪主体因与正在或者曾经掌握公权力的人发生某种密切的社会关系,抑或因本人曾经掌握公权力而获

① 参见黎宏:《刑法学》,法律出版社 2012 年版,第 962 页。

得的足以影响公权力运行的个人能力。此能力虽然发端于公权力并且最终能够操纵职务行为,但其本质上不是某种权力,而是依附于权力的特殊利益。

另一方面,若认为本罪的影响力具备权力属性,则会破坏权力性影响力与非权力性影响力的区分。权力性影响力与非权力性影响力的划分以影响力是否直接来源于权力为标准。[①] 以此标准评定,实施受贿行为的国家工作人员因直接掌握职权而具有“职务上的便利”,其所凭据的是自身的权力性影响力;实施斡旋受贿的国家工作人员以通过其他国家工作人员的职务行为为必要手段,其之所以能左右其他国家工作人员的职务行为皆因“本人职权或者地位形成的便利条件”;虽然国家工作人员的职权在很大程度上引发或者促进了便利条件的形成,但隐藏在便利条件背面的权力因素始终只是发挥间接作用。因此,实施斡旋受贿的国家工作人员所凭据的是非权力性影响力。增设利用影响力受贿罪的目的是处罚国家工作人员和离职国家工作人员的近亲属等人以及离职国家工作人员本人的受贿行为,由于这些行为主体收取贿赂和操纵职权并不直接凭据职务权力,所以本罪的影响力也属于非权力性影响力。“从影响力的权力属性来说,利用影响力受贿罪中的‘影响力’限于非权力性影响力。”[②]根据当然解释中的“举重以明轻”解释规则,以国家工作人员为特殊身份主体的斡旋受贿尚且属于利用非权力性影响力所实施的受贿行为,主要处罚公务人员“身边人”受贿行为的利用影响力受贿罪的影响力则更应属于非权力性影响力。如果将本罪影响力认定为权力性影响力,则会造成反腐败刑法体系中诸罪名的影响

---

① 参见舒洪水、贾宇:《〈刑法修正案(七)〉第13条的理解与适用》,载《华东政法大学学报》2009年第3期。

② 陈国庆、卢宇蓉:《利用影响力受贿罪法律适用问题探讨》,载《中国刑事法杂志》2012年第8期。

力性质和归属的混淆。

上述观点所主张的行为类型与本罪罪名中的“利用”“影响力”“受贿”等语词形成顺位的对应关系。可见,其采用了通过分析罪名来理解罪状的解释思路。归根结底,这是一种单向度的运用先罪名后罪状、先语词后语句、由小及大和从个别到整体的解释思路,其未运用类型思维探求本罪的具体行为类型。行为类型的缺失直接导致解释对象局限于某些新颖的语词表述上,以至于将“影响力”这种溢出罪状的语词作为优先的解释对象。在刑事司法实践中,解释对象是包括总则和分则在内的刑法条文,其中最引人关注的当属刑法分则中的罪状描述,它决定行为人是否成立犯罪以及成立何种犯罪,进而关系到相应法定刑的宣告与执行。有关行为类型的思考方式首先要求解释者在面向刑法分则时重点考察刑法意欲规制何种行为,进而要求在事实与规范之间逐步和反复地取得联系、沟通和融合。行为类型以及作为其思想基础的类型思维方式共同在解释者的头脑中搭建了一个既保持事物独立又发现事物关联、既分析具体案件事实又受到法律规范和法律理念指导、既回顾历史因素又关切时代精神的整体性法律适用思维框架,这尤其有助于解释者摆脱仅将具体语词作为解释活动的起点和归宿的理解陷阱。

结　论

刑法解释以文义为开端。可能的语义范围是一个模糊的界限,其既是在生活中生动运用本国语言的国民的可能预测范围,也是不会致使国民产生惊讶、错愕等不良心理感受的文本含义和意义的范围。这条不断变动的界限的确定需要在具体案件中综合运用各种刑法解释方法,但从根本上讲,是由一定时期内国民的语言习惯、文化氛围和价值观念所主导的。

在这些被运用的刑法解释方法之间缺乏一个固定的先后顺序。事实上,不可能要求解释者或者司法者按照特定先后顺序对刑法解释方法进行思考。没有思考的顺序并不代表没有思考的逻辑。位阶问题的唯一结论是,法律解释从法律文本的文义开始至法律文本的目的结束。目的是人类活动的依据。让各种解释方法遵守固定的秩序是基于自然科学的思维方式所提出的过分要求。体系解释既有从属于文义解释的一面,又有从属于目的解释的一面。现行刑法在一定程度上存在罪状欠明确和法定刑欠均衡的问题,因此,刑法体系解释的主要任务是通过以刑释罪和同类解释来合理框定构成要件的适用范围。

既然可能的语义之确定具有精神化的特征,因而有必要区分描述性概念与规范性概念,从而让解释者对归属于自然科学研究对象的、不依赖文化规范存在的、客观的事实概念进行自然和日常意义上的保守理解,对归属于社会科学研究对象的、依赖文化规范存在的、主观的价值概念进行实质和功能意义上的正义阐释。因此,宜对枪支和汽车等自然科学意义上的概念进行客观和日常的理解,对毁坏和丢失等社会科学意义上的概念进行主观和实质的理解。道理在于,让事实的回归事实,让价值的回归价值。

从刑法方法论的角度观察,形式解释论与实质解释论都试图对可能语义的确定机制提供理论证明。在形式解释论看来,一种新的事实能否被构成要件涵盖皆由先在的可能的语义范围决定。在实质解释论看来,一种新的事实能否被构成要件涵盖由处罚必要性对可能的语义范围之弹性的影响决定。形式解释论与实质解释论的对立起源于对构成要件的形式判断或者实质判断。实质解释论通常将刑法理论发展史所展现出的对构成要件的理解存在由客观向主观、由事实向价值、由形式向实质的总体转变趋势作为主要论证理由。仅从刑法方法论视角出发,形式解释即是不可行的,因为具有延展性的语义在脱离了具体语境和价值评价的情况下根本无法确定。所有在具体场景下进行的主观衡量和评判活动都是在进行实质解释。形式解释论与实质解释论已有所触及但并未围绕展开的问题是扩张解释与类推适用的区分以及可能的语义范围的具体确定标准。这两个问题虽然不在形式解释论与实质解释论的论争范畴之内,但关于此两者的理论探讨是以形式解释论与实质解释论之争为宏观背景的。

扩张解释与类推适用的思考结构或者思维逻辑是完全相同的,

它们都依靠类推、类比或者比较获得结论。尚在可能的语义范围内的结论属于被允许的法律解释,超过了可能的语义范围的结论属于被禁止的类推适用。法律文本能够承载的意义决定了得出的结论到底被称为法律解释还是被叫作类推适用。类型思维、类推理论、类比理论和等置理论揭示了法律解释的思维方式。虽然法律解释的思维方式并不具有强制性,也无法必然保证得出妥当的个案解释结论,但其总体上是一套受到法律共同体普遍遵循和无从回避的思维规律。思维方式叙明法律人要如何看待案件事实与法律规范的关系,并在两者之间思考解决问题的方案。这不但涉及法律发现和法律推理中的大前提和小前提的形成机理,而且关系到主观解释论与客观解释论之间的对立是否具备思维方面的妥协基础。

主观解释论和客观解释论只是对主观解释活动和客观解释活动的片面描述。主观解释和客观解释本来即为一体,它们是整体的解释活动在两种不同角度的外在表现。主观解释论与客观解释论在理论形态上处于对立关系。由于主观解释论不可能脱离客观解释论而存在,目前基本已没有学者再主张纯粹的主观解释论,这些事实似乎意味着客观解释论取得了重大胜利。从表象上看,客观解释论处于上风地位是由忠实遵从立法者意图的原始观念向积极回应新型情形的现实需求转变的结果;从主观解释论到客观解释论的转变,并非解释者刻意抛弃立法者的离经叛道和另辟蹊径,而是现实生活向解释者提出的要求——必须应对时变境迁所衍生出的新事实和新情境。由于法律语言无法超越语言天然的含混和多变的特点以及人类受理性能力所限,立法者在制定和颁布法律之时既难以将条文中的法律概念与生活中的可罚事实绝对和固定地对应起来,也无法预估所有未来的情形并为之提供解决方案。解读法律的人始终面对着相对稳定的法律文本和绝对运动的现实时空。当两者之间的差距不太大时,只要尚在语言范畴和生活经验所能容许的范围之内,解释者用主观解释方法即可从容应对当下问题;当两者之间的差距逐渐拉大时,解释者会有意或者无意地向正义观念求助,尽管此时已经是在从事客观解释活动,但其操作痕迹可以被主观解释的理由所掩盖,解释者仍然是立法者忠实的仆人;当两者之间的差距从语言、习俗、文化等角度表现得让法学家、法官、检察官、当事人或者公共舆论不容忽视时,解释者是采用主观解释还是客观解释就成为一个棘手的问题。尽管主观解释和客观解释的选择貌似只是一个司法技术问题,但这个技术问题却有一个复杂的法律方法意识形态前提:解释者究竟是忠诚于虽然难以寻觅但正统的立法者意图,还是顺服于实事求是却具有解释者乾纲独断色彩的立法目的。在主观解释与客观解释相伴相生的过程中,两者之间矛盾的缓和必须由其中一方作出妥协。由于权威的法律不可能频繁变动如同儿戏,面对新事实和新情境对原有秩序的冲击,也只能依靠客观解释随机应变。主观解释论与客观解释论的对立只是对上述这种过程某个环节或者状态的局部描述。主观解释论者与客观解释论者只是通过理论宣示让自身与正义站在一边。客观解释论的胜利也并不是论战的胜利,真实的情况是,主观解释与客观解释相生相克、此消彼长。

客观解释论没有必要以伽达默尔的哲学诠释学作为自身的哲学基础。哲学诠释学的产生晚于主观解释论与客观解释论之争。在20世纪下半叶哲学诠释学经由胡塞尔的现象学和海德格尔的存在主义而得以形成之前,客观解释论对主观解释论的主要批判于19世纪下半叶即已完成。即使在19世纪上半叶的萨维尼那里,我们同样可以看到他在主观解释与客观解释之间的矛盾与纠结。哲学诠释学是关于理解的本体论的哲学,其内容并不涉及技术层面的理解的方法论。客观解释论者试图借助哲学诠释学以获得知识创新的勇气或者抗拒立法者意图的力量。在哲学诠释学的加持下,客观解释论的合法属性非但未获加强,反而加重了其固有的主观风险。哲学诠释学不可能被客观解释论独占,主观解释论同样也可以从哲学诠释学中得到关于“历史”和“传统”的理论资源。

客观解释论者之所以排斥主观解释论，是基于一种维护自由主义的内在心理动机，即主观解释方法容易被极权政体利用。然而，客观解释方法也存在同样的危险。客观解释论立足于社会中一般人或者大多数人的正义观念，但是这种正义观念何处可寻、由谁评判？客观解释论者所归纳的大概率只是法学家们个人视野中的普遍观念。而法学家们可以保证无论身处险境还是面对诱惑都能够始终公正地作为多数人正义观念的代言者吗？只要稍微了解德国某些著名法学家在纳粹德国时期的理论表现就自然有答案了。因此，客观解释论者所忧虑的主观解释的潜在危险，并不是一个通过在法学方法论中提前设置理论防卫装置即可解决的问题。

在适用刑法的时代找寻制定刑法时代的意图和精神，意味着融合事实与规范的刑事司法过程涉及对刑事立法过程的“回溯”。刑法分则中的罪状是对犯罪构成要件的文本描述，但其真正的描述对象是源自具体、生动和复杂的生活事实的行为类型。行为类型是立法者在刑法创制过程中通过比较和归类塑造而成的。当司法者适用刑法裁判具体案件时，刑法文本并不会自动地与案件事实和正义的裁判结论发生关联，裁判结论是由生活事实和法律规范相互接近并最终融合的产物。在此过程中，法律文本中的法律规范由构成要件细化为行为类型，而生活事实则被拥有专业知识和职业经验的司法者提炼成案件事实，并进一步升华为行为类型。在刑事司法过程中，这种同化的过程也是依赖比较和归类才能得以实现。行为类型是在生活事实和法律规范之间所开展的认知、分析、评价和决断等活动的中间环节，其具有真实生动的实践品格。刑法适用是经由行为类型发挥中介作用从而使刑事案件与刑法规范逐步联接的双向互动过程。类推或者类比将生活事实和法律规范连接起来，突出构成要件与生活事实的紧密联系，从而避免产生脱离现实生活的解释结论。

有些类型理论使用哲学式语言而使类型变得神秘化,类型仿佛成了一种存在于具体与抽象之间的不可名状的事物。类型应当是对立法过程和司法过程的理论描述。简单地讲,刑事立法过程中的类型化体现为,当某些具有共同特征的具有严重法益侵害的行为受到舆论强烈的批评反对或者对稳定秩序造成不可容忍的侵扰之时,立法者将这些行为的相同点高度提炼出来并用精准语言将之描述在刑法之中。刑事司法过程中的类型化则与上述立法过程相向而行;当司法者面对刑法条文与案件事实时,需要借助对先前立法过程的追寻、对以往类似裁判的梳理,让刑法条文的语言文字从骨感变得丰满,最终还原出被立法者规制的那些具有共同点的行为。因此,类型确实是在事实与概念之间的某种事物,但若说其不可以被定义,就言过其实了。类型到底是什么?类型包括静态的目的和动态的比较。无论是立法者还是司法者,在建立或者重构类型时都抱有特定的目的,这种目的是对秩序恢复期待的回应;同时,无论是立法的归纳过程还是司法的演绎过程,都必须立足于通过动态的比较活动来认识判断材料之间的关系,因为只有比较才能发现异同。可以说,类型就是基于特定目的进行比较的结果,类型思维就是比较思维。类推、类比和比较在法律思维模式上具有同一性。

参考文献

一、著作

1. 周少华:《刑法之适应性——刑事法治的实践逻辑》,法律出版社 2012 年版。

2. 周少华:《刑法理性与规范技术——刑法功能的发生机理》,中国法制出版社 2007 年版。

3. 张明楷:《刑法学》,法律出版社 2016 年版。

4. 张明楷:《刑法分则的解释原理》,中国人民大学出版社 2011 年版。

5. 张明楷:《罪刑法定与刑法解释》,北京大学出版社 2009 年版。

6. 张明楷:《犯罪构成体系与构成要件要素》,北京大学出版社 2010 年版。

7. 张明楷:《刑法的基本立场》,中国法制出版社 2002 年版。

8. 张明楷:《法益初论》,中国政法大学出版社 2003 年版。

9. 张明楷:《刑法格言的展开》,北京大学出版社 2013 年版。

10. 陈兴良:《罪刑法定主义》,中国法制出版社 2010 年版。

11. 陈兴良:《刑法的知识转型(方法论)》,中国人民大学出版社 2012 年版。

12. 陈兴良主编:《刑法各论精粹》,人民法院出版社 2015 年版。

13. 赵秉志主编:《刑法解释研究》,北京大学出版社 2007 年版。

14. 赵秉志、田宏杰、于志刚:《妨害司法罪》,中国人民公安大学出版社 2003 年版。

15. 刘艳红:《实质刑法观》,中国人民大学出版社 2009 年版。

16. 刘艳红:《走向实质的刑法解释》,北京大学出版社 2009 年版。

17. 刘艳红:《实质犯罪论》,中国人民大学出版社 2014 年版。

18. 刘艳红主编:《刑法学》,北京大学出版社 2016 年版。

19. 梁根林、[德]埃里克 · 希尔根多夫主编:《中德刑法学者的对话——罪刑法定与刑法解释》,北京大学出版社 2013 年版。

20. 梁根林主编:《刑法方法论》,北京大学出版社 2006 年版。

21. 梁根林主编:《刑法体系与犯罪构造》,北京大学出版社 2016 年版。

22. 梁根林主编:《刑法教义与价值判断》,北京大学出版社 2016 年版。

23. 梁根林主编:《刑事政策与刑法变迁》,北京大学出版社 2016 年版。

24. 黎宏:《刑法学》,法律出版社 2012 年版。

25. 周光权:《刑法各论》,中国人民大学出版社 2016 年版。

26. 周光权:《刑法客观主义与方法论》,法律出版社 2013 年版。

27. 周光权:《行为无价值论的中国展开》,法律出版社 2015 年版。

28. 邓子滨:《中国实质刑法观批判》,法律出版社 2009 年版。

29. 林维:《刑法解释的权力分析》,中国人民公安大学出版社2006年版。

30. 王政勋:《刑法解释的语言论研究》,商务印书馆2016年版。

31. 李希慧:《刑法解释论》,中国人民公安大学出版社1995年版。

32. 李国如:《罪刑法定视野中的刑法解释》,中国方正出版社2001年版。

33. 徐岱:《刑法解释学基础理论建构》,法律出版社2010年版。

34. 梁慧星:《裁判的方法》,法律出版社2012年版。

35. 梁慧星:《民法解释学》,法律出版社2015年版。

36. 王泽鉴:《法律思维与民法实例——请求权基础理论体系》,中国政法大学出版社2001年版。

37. 王利明:《法学方法论》,中国人民大学出版社2012年版。

38. 何勤华、严存生编著:《西方法理学史》,清华大学出版社2008年版。

39. 何勤华、夏菲主编:《西方刑法史》,北京大学出版社2006年版。

40. 陈金钊:《法律解释学——权利(权力)的张扬与方法的制约》,中国人民大学出版社2011年版。

41. 陈金钊等:《法律方法论研究》,山东人民出版社2010年版。

42. 陈惠馨:《德国近代刑法史》,台北,元照出版有限公司2014年版。

43. 段匡:《日本的民法解释学》,复旦大学出版社2005年版。

44. 焦宝乾:《法律论证:思维与方法》,北京大学出版社2010年版。

45. 姜福东:《法律解释的范式批判》,山东人民出版社2010年版。

46. 梁漱溟:《中国文化要义》,上海人民出版社2011年版。

47. 梁治平主编:《法律解释问题》,法律出版社 1998 年版。

48. 黄茂荣:《法学方法与现代民法》,法律出版社 2007 年版。

49. 黄奇中:《刑法解释的沟通之维》,中国人民公安大学出版社 2011 年版。

50. 洪汉鼎:《当代西方哲学两大思潮》,商务印书馆 2010 年版。

51. 洪汉鼎主编:《理解与解释——诠释学经典文选》,东方出版社 2006 年版。

52. 疏义红:《法律解释学实验教程——裁判解释原理与实验操作》,北京大学出版社 2008 年版。

53. 苏永钦:《合宪性控制的理论与实际》,台北,月旦出版有限公司 1994 年版。

54. 吴庚:《宪法的解释与适用》,台北,三民书局 2004 年版。

55. 吴从周:《概念法学、利益法学与价值法学——探索一部民法方法论的演变史》,中国法制出版社 2011 年版。

56. 吴耿:《政法理论与法学方法》,中国人民大学出版社 2007 年版。

57. 王凯石:《刑法适用解释》,中国检察出版社 2008 年版。

58. 王瑞君:《罪刑法定的实现:法律方法论角度的研究》,北京大学出版社 2010 年版。

59. 王彬:《法律解释的本体与方法》,人民出版社 2011 年版。

60. 吴丙新:《修正的刑法解释理论》,山东人民大学出版社 2007 年版。

61. 魏东主编:《刑法观与解释论立场》,中国民主法制出版社 2011 年版。

62. 徐松林:《以刑释罪:一种刑法实质解释方法》,法律出版社 2015 年版。

63. 徐光华:《刑法文化解释研究》,中国政法大学出版社 2012 年版。

64. 夏勇主编:《法理讲义》,北京大学出版社 2010 年版。

65. 谢晖:《法律的意义追问——诠释学视野中的法哲学》,商务印书馆 2003 年版。

66. 杨仁寿:《法学方法论》,中国政法大学出版社 2013 年版。

67. 严平:《走向解释学的真理——伽达默尔哲学评述》,东方出版社 1998 年版。

68. 张志铭:《法律解释学》,中国人民大学出版社 2015 年版。

69. 赵运峰:《刑法解释论》,中国法制出版社 2012 年版。

70. 郑永流:《法律方法阶梯》,北京大学出版社 2012 年版。

71. [德]萨维尼、格林:《萨维尼法学方法论讲义与格林笔记》,杨代雄译,法律出版社 2014 年版。

72. [波]耶日·施特尔马赫、巴尔托什·布罗泽克:《法律推理方法》,陈功伟译,中国政法大学出版社 2015 年版。

73. [德]萨维尼:《当代罗马法体系Ⅰ》,朱虎译,中国法制出版社 2010 年版。

74. [德]阿图尔·考夫曼:《法律哲学》,刘幸义等译,法律出版社 2011 年版。

75. [德]亚图·考夫曼:《类推与“事物本质”——兼论类型理论》,吴从周译,台北,学林文化事业有限公司 1999 年版。

76. [荷]伊芙琳·T. 菲特丽丝:《法律论证原理:司法裁决之证立理论概览》,张其山等译,商务印书馆 2005 年版。

77. [德]阿图尔·考夫曼、温弗里德·哈斯默尔主编:《当代法哲学和法律理论导论》,郑永流译,法律出版社 2013 年版。

78. [德]克劳斯·罗克辛:《德国刑法学总论》(第 1 卷),王世洲译,法律出版社 2005 年版。

79. [德]克劳斯·罗克辛:《刑事政策与刑法体系》,蔡桂生译,中国人民大学出版社 2011 年版。

80. [德]卡尔·拉伦茨:《法学方法论》,陈爱娥译,商务印书馆

2003 年版。

81. [德]卡尔·恩吉施:《法律思维导论》,郑永流译,法律出版社 2013 年版。

82. [德]拉德布鲁赫:《法学导论》,米健译,法律出版社 2012 年版。

83. [德]G. 拉德布鲁赫:《法哲学》,王朴译,法律出版社 2005 年版。

84. [德]古斯塔夫·拉德布鲁赫:《法律智慧警句集》,舒国滢译,中国法制出版社 2001 年版。

85. [德]鲁道夫·冯·耶林:《法学是一门科学吗?》,李君韬译,法律出版社 2010 年版。

86. [德]鲁道夫·冯·耶林:《法学的概念天国》,柯伟才等译,中国法制出版社 2009 年版。

87. [德]汉斯·海因里希·耶塞克、托马斯·魏根特:《德国刑法教科书》,徐久生译,中国法制出版社 2001 年版。

88. [德]汉斯—格奥尔格·伽达默尔:《真理与方法》,洪汉鼎译,商务印书馆 2010 年版。

89. [德]伯恩·魏德士:《法理学》,丁晓春、吴越译,法律出版社 2013 年版。

90. [德]哈贝马斯:《在事实与规范之间——关于法律与民主法治国的商谈理论》,童世骏译,三联书店 2011 年版。

91. [德]齐佩利乌斯:《法学方法论》,金振豹译,法律出版社 2009 年版。

92. [德]罗伯特·阿列克西:《法律论证理论——作为法律证立理论的理性论辩理论》,舒国滢译,中国法制出版社 2002 年版。

93. [德]H. 科殷:《法哲学》,林荣远译,华夏出版社 2002 年版。

94. [德]英格博格·普珀:《法律思维小学堂——法律人的 6 堂思维训练课》,蔡圣伟译,北京大学出版社 2011 年版。

95. [德]弗里德里希·卡尔·冯·萨维尼:《历史法学派的基本思想》,郑永流译,法律出版社2009年版。

96. [德]马丁·海德格尔:《存在与时间》,陈嘉映译,三联书店2012年版。

97. [法]卡斯东·斯特法尼:《法学刑法总论精义》,罗结珍译,中国政法大学出版社1998年版。

98. [德]N. 霍恩:《法律科学与法哲学导论》,罗莉译,法律出版社2005年版。

99. [加]让·格朗丹:《哲学解释学导论》,何卫平译,商务印书馆2009年版。

100. [德]安塞尔姆·里特尔·冯·费尔巴哈:《德国刑法教科书》,徐久生译,中国方正出版社2010年版。

101. [比]马克·范·胡克:《法律的沟通之维》,孙国东译,法律出版社2008年版。

102. [爱尔兰]约翰·莫里斯·凯利:《西方法律思想简史》,王笑红译,法律出版社2010年版。

103. [美]安德雷·马默主编:《法律与解释》,张卓明等译,法律出版社2006年版。

104. [美]E. 博登海默:《法理学:法律哲学与法律方法》,邓正来译,中国政法大学出版社1999年版。

105. [美]布赖恩·比克斯:《法理学——理论与语境》,邱昭继译,法律出版社2008年版。

106. [美]欧文·费斯:《如法所能》,师帅译,中国政法大学出版社2008年版。

107. [美]凯斯·R. 孙斯坦:《法律推理与政治冲突》,金朝武等译,法律出版社2004年版。

108. [日]山口厚:《刑法总论》,付立庆译,中国人民大学出版社2011年版。

109.［日］西田典之：《日本刑法总论》，刘明祥、王昭武译，中国人民大学出版社2007年版。

110.［日］大谷实：《刑法总论》，黎宏译，中国人民大学出版社2008年版。

111.［日］大塚仁：《刑法概说（总论）》，冯军译，中国人民大学出版社2003年版。

112.［日］伊东研祐：《法益概念史研究》，秦一禾译，中国人民大学出版社2014年版。

113.［英］弗里德里希·A.哈耶克：《科学的反革命——理性滥用之研究》，冯克利译，译林出版社2012年版。

114.［英］弗里德里希·奥古斯特·哈耶克：《自由宪章》，杨玉生等译，中国社会科学出版社2012年版。

115.［英］弗里德里希·奥古斯特·冯·哈耶克：《致命的自负》，冯克利等译，中国社会科学出版社2000年版。

116.［英］沙龙·汉森：《法律方法与法律推理》，李桂林译，武汉大学出版社2010年版。

117.［法］保罗·利科：《诠释学与人文科学——语言、行为、解释文集》，J.B.汤普森编译，中国人民大学出版社2012年版。

118.［美］侯世达、［法］桑德尔：《表象与本质：类比，思考之源和思维之火》，刘健、胡海、陈祺译，浙江人民出版社2018年版。

119.［丹麦］威廉·汤姆逊：《十九世纪末以前的语言学史》，黄振华译，科学出版社1960年版。

120.［苏］H.A.康德拉绍夫：《语言学说史》，杨余森译，武汉大学出版社1985年版。

121.［英］R.H.罗宾斯：《简明语言学史》，许德宝等译，中国社会科学出版社1997年版。

122.［美］理查德·E.帕尔默：《诠释学》，潘德荣译，商务印书馆2012年版。

123. [美]沃尔特·约斯特、迈克尔·J. 海德编:《当代修辞学与解释学读本》,黄旺译,商务印书馆 2018 年版。

124. [法]米歇尔·福柯:《主体解释学》,佘碧平译,上海人民出版社 2018 年版。

125. [法]保罗·利科:《解释的冲突》,莫伟民译,商务印书馆 2017 年版。

126. [加]让·格朗丹:《诠释学真理? ——论伽达默尔的真理概念》,洪汉鼎译,商务印书馆 2015 年版。

127. [芬]冯·赖特:《解释与理解》,张留华译,浙江大学出版社 2016 年版。

128. [德]海德格尔:《存在论:实际性的解释学》,何卫平译,人民出版社 2009 年版。

129. [美]W. W. 克莱恩、C. L. 布洛姆博格、R. L. 小哈伯德:《基督教释经学》,尹妙珍等译,上海人民出版社 2011 年版。

二、论文

1. 周少华:《刑法解释的观念和方法》,载《东方法学》2009 年第 2 期。

2. 劳东燕:《刑事政策与刑法解释中的价值判断》,载《政法论坛》2012 年第 4 期。

3. 陈金钊:《法律解释规则及其运用研究(上)——法律解释规则的含义与问题意识》,载《政法论丛》2013 年第 3 期。

4. 陈金钊:《法律解释规则及其运用研究(中)——法律解释规则及其分类》,载《政法论丛》2013 年第 4 期。

5. 陈金钊:《法律解释规则及其运用研究(下)——法律解释规则运用所遇到的难题》,载《政法论丛》2013 年第 5 期。

6. 陈金钊:《法学话语中的法律解释规则》,载《北方法学》2014 年第 1 期。

7. 陈金钊:《文义解释:法律方法的优位选择》,载《文史哲》2005年第6期。

8. 陈国庆、卢宇蓉:《利用影响力受贿罪法律适用问题探讨》,载《中国刑事法杂志》2012年第8期。

9. 陈弘毅:《当代西方法律解释学初探》,载《中国法学》1997年第3期。

10. 范进学:《法治反对解释吗?》,载《法制与社会发展》2008年第1期。

11. 黄卉:《合宪性解释及其理论检讨》,载《中国法学》2014年第1期。

12. 黄明涛:《两种"宪法解释"的概念分野与合宪性解释的可能性》,载《中国法学》2014年第6期。

13. 姜福东:《司法过程中的合宪性解释》,载《国家检察官学院学报》2008年第4期。

14. [德]乌尔斯·金德霍伊泽尔:《法益保护与规范效力的保障——论刑法的目的》,陈璇译,载《中外法学》2015年第2期。

15. 李亚东:《我们需要什么样的法律解释学——法律解释规则理论研究》,载《法学论坛》2015年第4期。

16. 陈弘毅:《亚洲国家宪政发展的道路初探:五大国家的比较研究》,载《政法论丛》2013年第1期。

17. 欧阳竹筠、杨方泉:《刑法当然解释论》,载《中国刑事法杂志》2005年第3期。

18. [德]克劳斯·罗克辛:《刑法的任务不是法益保护吗?》,樊文译,载陈兴良主编:《刑事法评论》(第19卷),北京大学出版社2007年版。

19. 魏东:《刑法解释学基石范畴的法理阐释——关于"刑法解释"的若干重要命题》,载《法治现代化研究》2018年第3期。

20. 曲新久:《区分扩张解释与类推适用的路径新探》,载《法学家》2012 年第 1 期。

21. 沈玮玮、赵晓耕:《类推与解释的缠绕:一个类推的刑法史考察》,载《华东政法大学学报》2012 年第 5 期。

22. 刘明祥:《论刑法学中的类推解释》,载《法学家》2008 年第 2 期。

23. 张明楷:《实质解释论的再提倡》,载《中国法学》2010 年第 4 期。

24. 陈兴良:《形式解释论的再宣示》,载《中国法学》2010 年第 4 期。

25. 陈兴良:《形式解释论与实质解释论:事实与理念之展开》,载《法制与社会发展》2011 年第 2 期。

26. 陈兴良:《罪刑法定主义的逻辑展开》,载《法制与社会发展》2013 年第 3 期。

27. 周详:《刑法形式解释论与实质解释论之争》,载《法学研究》2010 年第 3 期。

28. 杨兴培:《刑法实质解释论与形式解释论的透析和批评》,载《法学家》2013 年第 1 期。

29. 劳东燕:《刑法解释中的形式论与实质论之争》,载《法学研究》2013 年第 3 期。

30. 刘艳红:《形式与实质刑法解释论的来源、功能与意义》,载《法律科学》2015 年第 5 期。

31. 欧阳本祺:《走出刑法形式解释与实质解释的迷思》,载《环球法律评论》2010 年第 5 期。

32. 周光权:《论中国刑法教义学研究自主性的提升》,载《政治与法律》2019 年第 8 期。

33. 董邦俊:《刑法解释基本立场之检视》,载《现代法学》2015 年第 1 期。

34. 张明楷:《刑法解释的理念》,载《国家检察官学院学报》2008

年第6期。

35. 陈兴良:《刑法的明确性问题:以〈刑法〉第225条第4项为例的分析》,载《中国法学》2011年第4期。

36. 王作富、刘树德:《非法经营罪调控范围的再思考——以〈行政许可法〉若干条款为基准》,载《中国法学》2005年第6期。

37. 田宏杰、阮柏云:《非法经营罪内涵与外延扩张限制思考》,载《人民检察》2012年第23期。

38. 徐松林:《我国刑法应取消"非法经营罪"》,载《法学家》2003年第6期。

39. 冯军:《论刑法解释的边界和路径》,载《法学家》2012年第1期。

40. 黎宏:《平野龙一及其机能主义刑法观》,载《清华法学》2015年第6期。

41. 黎宏:《"禁止类推解释"之质疑》,载《法学评论》2008年第5期。

42. 刘志远:《刑法解释的限度》,载《国家检察官学院学报》2002年第5期。

43. 陈志军:《论刑法扩张解释的根据与限度》,载《政治与法律》2005年第6期。

44. 周少华:《"类推"与刑法之"禁止类推"原则——一个方法论上的阐释》,载《法学研究》2004年第5期。

45. 魏治勋:《类推解释的思维结构及其与类推(适用)的根本区分》,载《东方法学》2018年第1期。

46. 蒋熙辉:《刑法解释限度论》,载《法学研究》2005年第4期。

47. 魏玮编译:《英国法律解释三个规则之应用》,载《法律适用》2002年第2期。

48. 徐明:《文义解释的语用分析与构建》,载《政法论丛》2016年第3期。

49. 致远:《文义解释法的具体应用规则》,载《法律适用》2001年第9期。

50. [日]关哲夫:《论禁止类推解释与刑法解释的界限》,王冲译,载陈兴良主编:《刑事法评论》(第20卷),北京大学出版社2007年版。

51. 何荣功:《论刑法扩张解释的根据、类型及适用》,载《中国刑事法杂志》2004年第4期。

52. 任彦君:《论逆向定罪机制在刑事疑难案件审判中的适用》,载《法商研究》2013年第5期。

53. 冯亚东:《罪刑关系的反思与重构——兼谈罚金刑在中国现阶段之适用》,载《中国社会科学》2006年第5期。

54. 高艳东:《量刑与定罪互动论:为了量刑公正可变换罪名》,载《现代法学》2009年第5期。

55. 徐松林:《以刑释罪:一种可行的刑法实质解释方法》,载《法商研究》2014年第6期。

56. 叶良芳:《量刑反制定罪:实践和理论的双重批判》,载《东南大学学报》(哲学社会科学版)2018年第1期。

57. 刘宪权、胡荷佳:《罪刑逆向制约关系的实现路径》,载《人民检察》2016年第19期。

58. 张明楷:《"存疑时有利于被告"原则的适用界限》,载《吉林大学社会科学学报》2002年第1期。

59. 张明楷:《许霆案的刑法学分析》,载《中外法学》2009年第1期。

60. 苏力:《法条主义、民意与难办案件》,载《中外法学》2009年第1期。

61. 张训:《扩张解释、存疑有利被告与择一认定》,载《中国刑事法杂志》2014年第4期。

62. 秦宗文:《"疑罪"应当"从无"吗?》,载《法律科学》2007年第1期。

63. 吴学斌:《论"存疑时有利于被告人"的原则与例外》,载《法学杂志》2006年第6期。

64. 姜涛:《经济刑法之"兜底条款"的解释规则》,载《学术界》2018年第6期。

65. 朱虎:《萨维尼的法学方法论述评》,载《环球法律评论》2010年第1期。

66. 王政勋:《范畴理论与刑法解释立场》,载《法律科学》2009年第6期。

67. 王政勋:《论客观解释立场与罪刑法定原则》,载《法律科学》2011年第1期。

68. 许发民:《论刑法客观解释论应当缓行》,载赵秉志主编:《刑法论丛》(第23卷),法律出版社2010年版。

69. 许发民:《论刑法解释不能类比于文学艺术类解释》,载《甘肃政法学院学报》2012年第9期。

70. 陈坤:《论刑法主观解释论的正确性》,载《浙江社会科学》2015年第5期。

71. 熊伟:《主观解释论之提倡》,载《中国人民公安大学学报》2013年第5期。

72. 刘艳红:《网络时代刑法客观解释新塑造:"主观的客观解释论"》,载《法律科学》2017年第3期。

73. 贾敬华:《刑法客观解释的约束困境及其对策》,载《法学论坛》2010年第3期。

74. 赵运锋:《刑法解释立场:在形式主义与现实主义之间》,载《东方法学》2011年第4期。

75. 徐光华:《刑法解释立场的历史考察——主观解释论之提倡》,载《河北法学》2008年第2期。

76. 魏东、田维:《立法原意对刑法解释的意义》,载《人民检察》

2013 年第 13 期。

77. 何卫平:《圣经解释学的内涵及其发展概略》,载《江苏社会科学》2001 年第 4 期。

78. 潘德荣:《信仰与知识——奥利金诠释方法论探析》,载《华东师范大学学报》(哲学社会科学版)2008 年第 6 期。

79. 章雪富:《论奥利金的寓意解经法》,载梁工主编:《圣经文学研究》(第 2 辑),人民文学出版社 2008 年版。

80. 高峰枫:《奥利金论〈圣经〉三重义》,载申丹、秦海鹰主编:《欧美文学论丛》(第 3 辑),人民文学出版社 2003 年版。

81. 苏彩霞:《刑法解释方法的位阶与运用》,载《中国法学》2008 年第 5 期。

82. 梁根林:《刑法适用解释规则论》,载《法学》2003 年第 12 期。

83. 程红:《论刑法解释方法的位阶》,载《法学》2011 年第 1 期。

84. 戚劲松:《刑法解释方法的位阶与运用》,载《国家检察官学院学报》2015 年第 4 期。

85. 孙光宁:《反思法律解释方法的位阶问题》,载《政治与法律》2013 年第 2 期。

86. 温登平:《刑法解释方法位阶关系否定论》,载陈金钊、谢晖主编:《法律方法》(第 13 卷),山东人民出版社 2013 年版。

87. 周光权:《刑法解释方法位阶性的质疑》,载《法学研究》2014 年第 5 期。

88. 苏力:《解释的难题:对几种法律文本解释方法的追问》,载《中国社会科学》1997 年第 4 期。

89. 桑本谦:《法律解释的困境》,载《法学研究》2004 年第 5 期。

90. 周少华:《罪刑法定在刑事司法中的命运》,载《法学研究》2003 年第 2 期。

91. 周少华:《"类推"与刑法之"禁止类推"原则——一个方法论

上的阐释》,载《法学研究》2004 年第 5 期。

92. 杜宇:《再论刑法上之“类型化”思维》,载《法制与社会发展》2005 年第 6 期。

93. 杜宇:《刑法上之“类推禁止”如何可能——一个方法论上的悬疑》,载《中外法学》2006 年第 4 期。

94. 杜宇:《刑法体系构建的三种思路——兼论“类型”的体系形成功能》,载《浙江社会科学》2009 年第 7 期。

95. 杜宇:《刑法规范的形成机理——以“类型”构建为视角》,载《法商研究》2010 年第 1 期。

96. 杜宇:《刑法解释的另一种路径:以“合类型性”为中心》,载《中国法学》2010 年第 5 期。

97. 杜宇:《基于类型思维的刑法解释的实践功能》,载《中外法学》2016 年第 5 期。

98. 马荣春:《警醒刑法学中的过度类型化思维》,载《法律科学》2012 年第 2 期。

99. 陈保亚、陈樾:《意义即用法,规则即类推》,载《北京大学学报》(哲学社会科学版)2015 年第 1 期。

100. 齐文远、苏彩霞:《刑法中的类型思维之提倡》,载《法律科学》2010 年第 1 期。

101. 郑永流:《出释入造:法律诠释学及其与法律解释学的关系》,载《法学研究》2002 年第 3 期。

102. 张翔:《刑法体系的合宪性调控——以“李斯特鸿沟”为视角》,载《法学研究》2016 年第 4 期。

103. 张翔:《两种宪法案件:从合宪性解释看宪法对司法的可能影响》,载《中国法学》2008 年第 3 期。

104. 陈爱娥:《萨维尼:历史法学派与近代法学方法论的创始者》,载《清华法学》2003 年第 2 期。

105. 舒国滢:《格奥尔格 · 弗里德里希 · 普赫塔的法学建构:理

论与方法》,载《比较法研究》2016 年第 2 期。

106. 舒国滢:《德国 1814 年法典编纂论战与历史法学派的形成》,载《清华法学》2016 年第 1 期。

107. 谢鸿飞:《萨维尼的历史主义与反历史主义——从历史法学派形成机理角度的考察》,载《清华法学》2003 年第 2 期。

108. 朱虎:《萨维尼视野中的法律关系的界定——法律关系、生活关系和法律制度》,载《比较法研究》2009 年第 3 期。

109. [德]约阿希姆·吕克特:《弗里德里希·卡尔·冯·萨维尼:法律方法与法律现代性》,盛桥译,载《清华法学》2006 年第3 期。

110. [德]斯特凡·科里奥特:《对法律的合宪性解释:正当的解释规则抑或对立法者的不当监护》,载《华东政法大学学报》2016 年第 3 期。

111. 周少华:《中国刑法学的文化际遇和理论前景》,载《法学研究》2013 年第 1 期。

后　记

本书是在本人博士学位论文的基础上进行一定程度增删补易而来的。在写作过程中,随着键盘的敲击和字符的跳动,博士生涯的点点滴滴又重现在眼前。在东南大学学习是一种珍贵的人生体验,十分庆幸能拥有这样一段经历。

感谢恩师周少华教授！他是一位对我的人生轨迹有着极其重要影响的师长。周老师是我硕士阶段和博士阶段的指导老师。至今仍对与周老师的第一次会面印象深刻。在《法律科学》编辑部所在的那栋旧式三层小楼上,硕士研究生与指导老师第一次会面,当时周老师询问哪些同学有志于继续攻读博士学位,刚以较优秀成绩考取西北政法大学刑法学硕士研究生的我自诩风华正茂、意气风发,欣然举手、莽撞应诺。然而,那一刻我对读博的难度和意义并不完全了解,只是想当然地认为需要多读一些书,同时隐约感觉还需要发表一些论文。硕士期间,周老师总是提醒我要勤奋阅读专著和文章以夯实专业知识基础,并鼓励写一些简短的论文以锻炼写作能力。坦诚地讲,由于疏于练笔,我并未在硕士期间收获写作和发表论文的足够经验,并以这样一种懵懵懂懂的状态走进东南大学。东南大学法学院给人的印象是朝气蓬勃、志存高远、斗志昂扬、热血澎湃的,无论是在教室、餐厅还是在寝室,师兄弟们经常热情高涨地讨论学术话题和分享论文写作心得。在浓厚的学术氛围中,我收获了丰富而有益的学习经验和生活体验。踏上学术之路的过程中有很多磕磕绊绊和迷茫困惑,周老师总能不疾不徐地点明问题之所在和指明道路之方向,有时语重心长,有时言近旨远。在周老师的悉心指导下,我得以完成学业并获得法学博士学位。当我在西北大学参加工作后,周老师时常对我的科研和教学方法给予温馨的建议,并在生活中提供雪中送炭式的帮助。感激之情,无以言表!

感谢刘艳红教授和周佑勇教授!两位法学家以身作则、率先垂范,在法学研究上长期保持极高水准的精力投入和成果产出,为东南学子树立了优秀榜样。没有他们对每位博士生的点拨、提携、鼓舞和鞭策,就没有一届届博士的飞速进步和茁壮成长。刘老师经常关心博士生们的学习进度和生活近况,耐心地指点研究方向和研究方法,及时地给予鼓励和表扬。在学习上,每次向刘老师请教,都有醍醐灌顶、豁然开朗之感。在生活中,刘老师对我们的照料亦可谓细致入微、关怀备至。他们对待学术的严谨作风、对待事业的忘我精神和对待生活的乐观态度极大地影响了我们。由校园步入社会后,每当遇到工作挫折或者生活难题时,总会想起他们的优秀品格和言传身教,并以此作为学习的榜样和前进的动力。能够在东南大学遇到我国法学界著名的"神雕侠侣",幸甚至哉!本书稿的修改工作拖拖拉拉、断断续续;每逢约定的交稿时间,我屡次地食言而肥都得到刘老师的宽宏大量。本书能够最终完稿和顺利出版,有赖于刘老师在百忙之中的亲自督促。

能在这个时代碰触法学知识和从事相关工作是幸运的。学习刑事法的体验和经验让我认识到，世间万物如此复杂多变，不宜动辄以单一的、固定的、精细的利益衡量指标和价值判断标准对个体的生存方式和生活理想进行绝对化的评价。我国作家莫言在发表诺贝尔文学奖获奖感言时曾说："当众人都哭时，应该允许有的人不哭；当哭成为一种表演时，更应该允许有的人不哭。"即使是一种广受推崇的理念或者一项举世瞩目的成就，也未必能够引起每一个时刻受到纷扰繁复世事纠缠和困扰的生命个体的认同或者追求。个体之所以在认知和行动上有所不同，既有受不同价值观念影响的原因，也有受身体状况、性情禀赋、物质条件等局限的原因。不同的价值观念和生活处境的形成和变化与个体的家庭环境、经历阅历、教育背景、人生际遇和个人潜能等息息相关。这其间包含着复杂的由因而果、果亦成因的因果循环形式。

尽管目的和利益是利益法学和价值法学的关键词，但利益法学和价值法学并未止步于发现和平衡利益或者对其作出评价和判断，归根结底，它们旨在追求更为坦率和公平的人间秩序。以利益为基础的秩序最终指向个体的情感，因为利益是否分配得当说到底是可以由个体的情绪感受到和表现出来的。自此角度观察，法律问题从根本讲上是情感问题。以存在主义为基底的哲学诠释学让人明白，生命个体能够在理解中发现并有机会实现自我，个体的孤独思考与整体的文明累积之间有着复杂、丰富的互动关系，理解活动让个体的生存方式和表现形式变得更加精神化和意义化。理解是站在人文主义的视角上进行人类自我的内在和本质观察，旨在关注思考的条件、模式和场域、释放理解的自由和空间。在这种意义上，生存问题从本质讲上是精神问题。好的哲学体系应当保有充分的人性温度，良善的法学和法律亦复如是。作为刑法铁则的罪刑法定原则的核心精神是自由主义。可以说，自由主义刑法学说将刑法典所欲通过国家刑罚权力规范的现实秩序形塑为以自由主义为基底的个体理想秩序。虽然刑法的外观是冰冷的,但其内核应当是有温度的,其理应包含着直抵心灵的温暖。可是,理想与现实之间总有一条或宽或窄的鸿沟。刑法适用的风险在于:刑法中的强力因素容易因忽略而导致对生命个体貌似不重要的生活利益的“疏忽大意”,而刑法中的理性因素容易因贬损而造成对生命个体的生活方式多样性的“过于自信”。生活领域的多样性、因果性、历史性和意义性能够帮助我们在应用含有价值因素的法律时得出更为妥当的判断结论。

最后,感谢色彩斑斓、百端交集的生活。感谢我的亲人,感谢我爱的和爱我的人。

图书在版编目(CIP)数据

刑法解释基础理论研究 / 葛恒浩著. -- 北京 : 法律出版社, 2020
ISBN 978-7-5197-4855-5

Ⅰ. ①刑… Ⅱ. ①葛… Ⅲ. ①刑法-法律解释-研究-中国 Ⅳ. ①D924.05

中国版本图书馆 CIP 数据核字(2020)第 150716 号

东南大学 **法学博士文库**	**刑法解释基础理论研究** **XINGFA JIESHI JICHU LILUN YANJIU**	葛恒浩 著	责任编辑 黄琳佳 装帧设计 鲍龙卉

出版 法律出版社
总发行 中国法律图书有限公司
经销 新华书店
印刷 三河市龙大印装有限公司
责任校对 晁明慧
责任印制 陶 松
编辑统筹 学术·对外出版分社
开本 A5
印张 9
字数 217 千
版本 2020 年 10 月第 1 版
印次 2020 年 10 月第 1 次印刷

法律出版社/北京市丰台区莲花池西里 7 号(100073)
网址/www. lawpress. com. cn
投稿邮箱/info@ lawpress. com. cn
举报维权邮箱/jbwq@ lawpress. com. cn
销售热线/400-660-8393
咨询电话/010-63939796

中国法律图书有限公司/北京市丰台区莲花池西里 7 号(100073)
全国各地中法图分、子公司销售电话:
统一销售客服/400-660-8393/6393
第一法律书店/010-83938432/8433 西安分公司/029-85330678 重庆分公司/023-67453036
上海分公司/021-62071639/1636 深圳分公司/0755-83072995

书号:ISBN 978-7-5197-4855-5 **定价:**68.00 元
(如有缺页或倒装,中国法律图书有限公司负责退换)